KB047431

체계이론의 실제

개인·부부·가족치료에의 적용

Shelly Smith-Acuña 저 | 강은호·최정은 공역

Systems Theory in Action: Application to Individual, Couples, and Family Therapy

학지사

역자 서문

이 책은 Shelly Smith-Acuña 교수의 『Systems Theory in Action』을 번역한 것이다. 본문에 소개된 대로 체계이론은 여러 학문 분야의 역사에 오래 내재돼 있던 개념의 틀을 몇몇 선구자가 개별적인 학문의 형태로 정립한 것이다. 그리고 이는 다시 다른 개별학문 분야에 영향을 주었다. 따라서 체계이론은 개별 학문 분야인 동시에 개별 학문이 아니기도 한 역설적인 특성을 가지고 있다. 이는 체계이론이 갖는 메타이론의 특성이 강하기 때문일 것이다.

이 책은 체계이론이 갖는 이러한 근간에 해당하는 일곱 가지의 주요 개념에 대해 소개하고 있다. Acuña 교수도 말하고 있듯이, 부부치료나 가족치료, 집단치료의 역사에서 체계이론이 지대한 영향을 미쳐 왔고, 지금도 이론적으로나 임상적으로 중요한 분야로 인식되고 있음에도 불구하고, 이 분야를 공부하는 이들에게 쉬운 길잡이가 될 만한 책이 거의 없었다는 것은 이상하기도 하고 안타까운 일이기도 하다. 그런 면에서 이 책의 가장 큰 특징은 굉장히 명쾌하면서도 자세하고, 동시에 각 개념에 적용되는 많은 실제 임상 사례들을 생생히 보여 주고 있다는 점이다. 이 분야에 관심 있는 학생이나 전공자라면 이 말이 무슨 뜻인지 책을 읽어 가는 동안 충분히 실감하리라 생각한다. 비슷한 이유에서, 애초에 간략한 해제 같은 내용을 역자 서문에 실을 생각도 있었으나 그럴 필요가 없을 것 같은 생각이 들어 역자들의 해설은 생략하기로 한다. 책을 펼치면 '백문이 불여일견'이라는 흔한 속담에 다시 한 번 공감하리라 생각한다.

책 내용 외적인 면에서 몇 가지 덧붙이자면, 우선 이 책이 체계 이론에 관심 있는 일반인에게도 일정 정도 도움이 될 것이라 생각은 하지만 기본적으로는 전공자들을 위한 책이다. 따라서 이론가나 학자들의 이름은 영어로 그대로 표기했다(증례에 나오는 이름들은 한국어로 표기). Bowen이나 Minuchin처럼 워낙 유명한 사람들이야 크게 문제가 없겠지만, 많은 이론가의 이름을 보고 추가적인 자료를 찾으려 할 때 한글 표기가 어려움을 줄 우려 때문이었다.

둘째, 이 책은 2011년 가을 서울부부가족치료연구소의 체계론적 상담연구회에서 출판하기로 하여 번역이 시작되었다. 당시 번역 및 출판 의도는 서울사이버대학교 가족상담학 교재와 서울부부가족치료연구소 내 체계론적 상담워크숍의 교재로 활용하기 위한 것이었는데 예상치 못한 일로 번역팀이 해체되었고 출판은 중단 위기에 놓였다. 그로 인해 이 책이 출판되기까지 8년여의 시간이 흘렀다. 그러나 돌이켜 보면 8년 전 번역을 시작한 역자 중 한 사람(최정은)에게 그 지난한 시간들은 기존의 치료적 인식의 틀을 변화시키고 체계론적 상담자로서 많은 상담사례를 실제로 경험하며 거듭나기에 필요하고도 충분한 시간이었다. 또한 새로운 역자가 이 책을 처음부터 다시 원문과 대조하며 번역을 정교하게 한 시간까지 포함한다면 책의 내용이나 질적인 측면에서도 충분히 많은 도움이 되었으리라 믿고 있다.

　아울러 추후에 오역이나 문제가 있는 부분이 발견되면 지속적으로 수정해 갈 것을 약속하는 바이다. 모쪼록 심리, 상담, 정신건강 영역에서 공부하는 분들과 교육계, 법조계, 종교계, 정치계 등 우리 사회 각계각층의 지도자들에게도 '나무와 숲'을 동시에 볼 수 있는 지평을 여는 데 도움이 되었으면 하는 바람이다.

　역자들이 아는 한, 심리학 분야에서 체계이론의 개념을 『수학의 정석』처럼 잘 정리하여 실제적 사례로 적용한 국내 번역서로는 이 책이 처음이다. 이 책이 여러 이유로 출판되지 못하고 있을 때 "처음이라 어렵습니다."라고 격려하시며 기꺼이 출판을 허락해 주신 학지사 김진환 대표님, 친절한 한승희 부장님, 다정한 소민지 대리님, 그리고 꼼꼼하게 편집 및 교정을 도와주신 유가현 대리님께 이 자리를 빌려 깊은 감사의 마음을 전한다.

강은호, 최정은

저자 서문

이 책에 나오는 사례들은 모두 실제 이야기이다. 나는 17년 동안 박사과정 1년차 학생들에게 심리학의 체계이론을 강의하고 있고, 이 체계이론을 가족치료의 일부가 아닌 일반적인 심리치료의 기본 모델로 사용하고 있다. 하지만 체계이론을 실제 사례와 함께 설명한 자료들이 부족하다는 것을 알고 이 책을 써야겠다는 마음을 먹었다. 이어지는 장(chapter)들에서도 이야기하듯이 체계이론은 흥미롭지만, 체계적 원칙들을 사회 집단에 적용한 문헌들은 많았어도 대부분 이해하기 어려웠다. 그리고 가족치료를 제외한 다른 치료에 체계이론의 원칙들을 적용한 문헌은 많지 않았다. 가족치료에 관한 글들은 대부분 초기의 체계이론가들과 관련이 있다. 하지만 체계에 대한 일반적인 이론들이 특정 접근법에서 조금 벗어나 소개된다면 오히려 가족치료 개요에 보탬이 될 수 있으리라 생각한다.

이 책의 많은 사례는 내 임상 경험을 바탕으로 하였고, 나는 이 책을 임상가들을 위하여 썼다. 심리치료의 장점은 그것이 활기 있고 역동적인 과정이라는 것이고, 체계이론은 내가 전문가로서 심리치료 작업을 하는 데 길잡이 역할을 해 준다. 그런 이유로 내 연구가 진화하고 발전할수록 통찰력을 얻고 명확한 이해를 하기 위해서 체계의 기본적인 개념으로 되돌아가곤 한다. 체계이론을 바탕으로 한 나의 임상 경험을 다 같이 공유하는 것은 심리치료의 지식을 넓혀 주고 흥미와 만족을 얻는 의미 있는 일이다. 그리고 우리의 연구를 더 발전시키는 데 도움을 준다. 이 책을 통해 치료자들이 체계이론의 기본적인 개념을 이해하고 그들 자신의 사례 경험을 다시 되돌아볼 수 있기를 바란다.

대부분의 임상 전공 학생은 치료자가 되고 싶어 하고, 대부분의 치료자도 평생 새로운 것을 배우며 사는 학생들인 셈이다. 이 책은 학생과 치료자 모두를 위한 것이다. 나는 체계론적 사고에서 일반적으로 쓰이는 기술적인 용어들을 이해하기 쉬운 말로 풀어 쓰고자 했다. 또 초기의 체계이론에서 사용된 포괄적이고 광범위한 인간 행동의 흥미로운 서술들을 그대로 옮기고자 노력했다. 아울러 체계를 통한 인간의 상호작용을 관찰함으로써 실용적인 가치를 얻고자 했다. 일반체계이론, 가족 심리치료, 부부치료에 관한 책들을 많이 참고하였고, 개인적으로 선호하는 개인치료의 문헌들도 참고하였다. 또한 독자가 핵심을 잘 이해하고 흥미를 갖고 더 깊이 있게 공부할 수 있도록 하기 위해 앞의 모든 것을 엮어 보려고 노력하였다. 이 책을 통해 독자들이 체계론적 사고에 대한 기본적이고 핵심적인 요소들을 잘 배울 수 있기를 바란다.

한국 독자들에게

이 책이 한국어로 번역되어 출판된다는 이야기를 듣고 나는 매우 기뻤다. 특히 반기문 UN 사무총장을 만나서 그의 가족에 관해 이야기를 나눌 수 있는 영광스러운 시간을 보낸 후라 더욱 더 의미가 있다. 여러 가족 및 부부들과 함께 작업을 하면서 내 삶은 질적으로 매우 풍요로워졌다. 독자 여러분도 이 책을 통해 나와 같은 것을 느낄 수 있었으면 좋겠다. 체계이론의 응용이 좀 더 나은 세계를 만들 수 있을 것이라 생각한다.

Shelly Smith-Acuña

차례

제1장

체계론적 사고

체계이론이란 무엇인가
일곱 가지 체계론적 개념

나는 종종 체계이론에 대한 강의를 다음과 같은 게임으로 시작하곤 한다. "이 게임의 이름이 바로 게임의 규칙이에요. 이 게임의 이름은 '단어와 의미 대신 글자와 패턴'입니다." 그리고 나서 다음과 같은 예시를 주고 학생들로 하여금 각자 예를 만들어서 참여하게 한다.

예시: *puppies*와 *kittens*에는 있고 *dogs*와 *cats*에는 없다.
*summer*와 *fall*에는 있고 *spring*과 *winter*에는 없다.
*cotton*과 *wool*에는 있고 *silk*와 *nylon*에는 없다.
*mommy*와 *daddy*에는 있고 *grandma*와 *grandpa*에는 없다.

이후 점차 최소한 몇몇 학생들은 자신들이 만든 예시를 소개하기 시작한다.

*beer, pizza, cheese*에는 있고 *wine, bread, chocolate*에는 없다.
*football*과 *soccer*에는 있고 *skating*과 *snowboarding*에는 없다.

그리고 나면 나는 다시 규칙을 살짝 비틀어서 다른 종류의 예시를 준다.

*bedroom*에는 있고 *jockey*에는 없다.
*broom*에는 있고 *steak*에는 없다.

그리고 마지막으로 나는 좀더 쉬운 예시를 낸다.

*running*에는 있고 *run*에는 없다.
*bopping*에는 있고 *boping*에는 없다.

가끔씩 어떤 학생은 틀린 예시를 용감하게 주장하기도 한다 ('swimming에는 있고 skiing에는 없다". 사실 그건 두 단어 모두에 있다!). 그러나 보통 이 게임의 규칙을 알아내지 못한 학생들은 어안이 벙벙한 표정으로 내 설명을 기다리게 된다. 앞의 예시들에서 독자들은 아마도 일정한 패턴을 발견했을 수도 있을 것이다. 그리고 그 패턴을 알게 됐을 때 대부분의 사람에게서 "아하!" 하는 반응을 볼 수 있다. 앞의 게임 규칙은 중복되는 활자와 중복되지 않는 활자를 구분하는 것이다. 사실, 이 게임은 매우 간단하면서도 인간의 인지 기능에 대한 흥미로운 점을 시사하고 있다. 게임의 이름에서 명확하게 단어나 의미가 중요하지 않다고 명시하고 있음에도 불구하고, 학생들은 늘 그 단어들의 목록에서 어떤 개념들을 찾게 된다고 말한다. 예시를 줄 때, 나는 서로 의미 면에서 연관성이 있는 단어들을 선택하게 되는데, 그러면 대부분의 사람이 그러한 의미나 의미의 연관성 분석에 바로 돌입하게 된다. 이 게임은 우리가 정보를 조직화하는 특성에 있어서의 강점과 문제점을 잘 보여 주고 있다.

내 강의를 이 게임으로 시작하는 또 다른 이유는 이 게임에서 학생들이 경험하게 되는 인지적 전환이 체계이론을 공부할 때 경험하게 되는 인지적 전환을 상징한다고 보기 때문이다. 나는 체계이론을 통해 이론적 통찰의 측면에서 포괄적이고도 지대한 영향을 받았는데, 이를 통해 내 사고 구조나 아니면 아마도 우리의 현재 과학적 전통 안에 내재된 많은 잘못된 기본 전제를 수정하는 데 큰 도움을 받았다. 서구 과학의 전통으로부터 고안 및 발전되어 오긴 했지만, 체계이론은 현상을 고립시키고 환원시켜서 분석하는 선형적 방법을 넘어선다. 이 전환은 단순하기도 하지만 동시에 매우 심오하기도 하다.

체계이론 치료자들이 대개 그렇듯이 나는 커플과 가족을 치료하면서 이 이론을 배웠다. 그전에는 초등학교 교사로 일했는데, 당시에 나는 학생들의 관리와 지도에 행동주의적 이론을 적용하는 데 익숙해 있었다. 아이들을 가르치는 데 있어 좋아했던 부분도 많았지만, 정서적인 문제나 학습장애 문제를 가지고 있는 학생들을 지도해야 할 때는 내 한계를 좀 더 많이 느끼게 되었다. 결국 나는 대학원에 진학해서 임상심리학을 공부하기로 결심했다. 나는 정신역동이론에 많이 끌리게 되었는데, 이 이론이 내 교사 시절 학생들의 문제를 독특하고 의미 있는 방식으로 설명할 수 있다고 생각했기 때문이다. 그래서 내 관점은 행동주의적 시각에서 대상관계이론의 입장으로 옮겨졌다. 인턴을 하던 정신분석 기관의 가족치료 클리닉에서 세부 전공 수련을 받을 수 있었는데, 이 당시 치료적으로 이론과 실제가 내 안에서 "아하!" 하면서 한 줄기로 꿰어지는 소위 문리가 트이는 느낌을 경험하게 되었다. 그 경험들을 통해 나는 체계이론이 행동주의적 이론과 정신역동이론을 하나로 연결시키는 가교 역할을 할 수 있음을 깨닫게 되었다.

또한 체계이론은 다양한 이론적 관점의 기초를 제공할 뿐만 아니라, 내 임상치료 활동들에도 흥미로운 변화를 가져오게 되었다. 나는 아직도 내가 체계이론을 배우고 있을 때 상담하기 시작했던 이혼 위기의 한 부부를 생생히 기억하고 있다. 그 사례는 여러 면에서 상당히 복잡하고 어려운 경우였다.

모린과 빈센트 이야기

모린(42세)과 빈센트(44세)는 둘 다 밝은 성격에 학력도 높고 호감 가는 형으로 직장에서도 잘 지냈고 세 자녀에게도 헌신적이었다. 어느 한쪽도 외도나 약물 남용, 가정 폭력과 같이 서로에게 고통을 줄 만한 문제는 일으키지 않았다. 그럼에도 불구하고 모린은 부부 생활이 만족스럽지 못하고 외로움을 많이 느껴 빈센트와 별거할 것을 고민 중이었다. 빈센트는 이런 모린의 불만이 당혹스러웠고, 이 불만이 최근 모린 주변의 이혼한 친구들 영향 때문이라고 생각했다.

나는 이 문제를 들여다보면서 부부 각자의 문제점을 발견하기 시작했다. 빈센트는 이민자 가정에서 태어나 많은 성취를 한 인물이었고, 그의 표면적인 허세는 내면 깊은 곳에 자리한 불안감에 대한 일종의 방어 같은 것이었다. 모린은 20년 전 어머니의 사망 후 결혼을 피난처 삼아 급히 혼인을 결정한 것으로 보였다. 그러다가 그녀의 첫째 자녀가 독립하여 집을 떠나게 되면서 친정어머니와의 사이에서 해결되지 못한 애도 문제가 다시 표면에 떠오른 것으로 나는 생각했다. 그러나 이러한 개별적인 문제들에 대한 설명만으로는 기대했던 만큼 도움이 되지 않았다. 결국 나는 무엇인가 중요한 것을 놓치고 있다는 것을 깨달았다.

그들과 상담실에서 치료를 더 진행해 가면서, 결국 나는 그들 각자의 개별적인 문제들을 이해함과 더불어 그들의 상호관계 문제에 대해 좀 더 유심히 살펴보아야 한다는 것을 알게 되었다. 인기 있는 TV 프로그램인 〈CSI: Crime Scene Investigation)〉를 보면, 카메라는 범죄 현장을 자주 보여 주면서 미세한 주요 단서들을 강조하기도 하지만, 때로는 한 발짝 물러나서 일정한 패턴을 보여 주려 하기도 한다. 그리고 드라마에서 이러한 카메라 앵글과 초점의 변화는 늘 애초에 쉽게 놓쳤던 중요한 단서들을 다시 잡아낸다. 드라마 속에서 그 카메라가 일상적인 시선 너머의 어떤 것들을 잡아내는 것처럼, 체계이론 수련을 통해 나는 모린과 빈센트 각자의 개별적인 문제 너머 그들의 관계 속에서 일어나는 문제를 볼 수 있는 경험을 하게 되었다. 그래서 나는 모린과 빈센트를 각자의 문제와 개별성을 지닌 존재로 생각하는 동시에, 그들 사이의 관계와 공간 안에서 일어나는 일들을 충분히 인식할 수 있게 되었던 것이다. 그것은 내담자들의 개별적인 문제들뿐만 아니라 그들의 관계 자체도 중요한 문제로 다루어야 한다는 깨달음이었다.

물론 이런 나의 깨달음이 이 부부가 관계를 계속 이어 나가야 할지 아니면 끝내야 할지를 바로 말해 줄 수 있는 것은 아니었다. 하지만 결혼 생활이라는 체계에 초점을 맞춤으로써 나는 그 부부 각자의 개별적인 욕구들과 결혼 생활에서 요구되는 것들 사이에서 균형감각을 가질 수 있는 기회를 갖게 되었다. 나는 미시적인 수준에서 각자가 상대방에게 무시당하거나 소외되었다고 느꼈던 부분들을 세밀하게 살펴볼 수 있었고, 다시 이러한 미시적이고 부분적인 측면들이 어떻게 전체 결혼 생활과 관계라는 큰 그림의 틀에 연관되는지 알 수 있었다. 각자의 개별적인 문제에서 전체 체계의 문제로 대화가 옮겨지면서, 그 두 사람 모두 그들이 어떻게 상대방을 외면해 왔는지에 대해서, 결혼 생활에서 만족을 얻기 위해 서로 노력하기보다는 일이나 원가족의 문제들로 관심을 돌려 왔다는 것에 대해서도 알게 되었다. 나아가 이러한 인식은 부부 각자가 새롭고 의미 있는 방식으로 그들의 관계를 바라볼 수 있도록 도와주었다. 그래서 모린은 빈센트가 단순히 밖에서 돈만 벌어 오는 역할에서뿐 아니라 가족 내의 일들에 참여하는 것에서도 뿌듯함을 느낄 수 있도록 신경을 써 주게 되었다. 빈센트도 예전에는 잘 하지 않으려던, 영화나 연극을 모린과 함께 보러 가는 일들을 좀 더 하려고 애쓰게 되었다. 함께하는 활동이 많아질수록, 그들은 서로에게 좀 더 따뜻하게 대했고 부부 사이의 애정도 깊어져 갔다. 그들은 그들이 좀 더 끈끈한 관계를 맺고 있던 초기 시절을 떠올리기도 하고, 아이들이 독립한 이후의 노후 생활에 대해 즐겁게 얘기를 나누기도 했다.

솔직히 나는 모린과 빈센트의 관계가 변화하는 것을 보면서 좀 놀랐다. 그들 각자의 개인적인 문제에 초점을 맞추고 있을 때, 나는 그들의 부부 관계 갈등이 각자의 내면에 해결되지 않은 어떤 심리적 문제들에서 기인한다고 생각했기 때문이다. 이제 나는 관계 문제에서 개인들의 내면에 있는 어떤 문제들만 너무 강조하는 것은 오히려 문제 해결의 가능성을 해칠 수도 있는 위험성을 내포하고 있다고 생각한다. 체계이론의 관점은 각자의 개별적인 문제에만 집중한 탓에 내가 중요한 무언가를 놓치고 있다는 것을 일깨워 주는 역할을 했던 것이다. 물론 내가 이러한 관계나 부부 문제에 대해 성공담만 가지고 있는 것은 아니다. 그러나 나는 그런 경우들에서조차 그들의 관계라는 맥락 속에서 각자의 심리적인 문제들을 이해하는 동시에 관계 문제 자체에 대해서도 관심을 기울이는 작업이 내 임상치료 작업들에 대단히 중요한 역할을 해 왔다고 믿고 있다.

체계이론에 대한 지식은 부부나 가족 치료에서뿐만 아니라 개인 상담에서도 상당히 도움이 되었는데, 이러한 임상 상담의 경우들 외에도 여러 면에서 내게는 매우 유용했다. 내가 체계이론 전공자라는 것을 알고 있는 내 동료들은 내가 모린과 빈센트를 상담할 때 처음 겪었던 그 어려움과 비슷하게, 종종 자신들이 내담자들 사이에서 무언가 중요한 걸 놓치고 있고 체계이론이 도움이 될 수 있을 거라고 얘기하곤 한다. 그러나 그들이 내게 체계이론에 대해 공부할 자료들을 요청하거나 물어볼 때마다, 나는 어떻게 해야 할지 모를 때가 많았다. 그럴 때마다 나는 그들의 상담 사례에 대해 물어보고 체계이론을 어떤 식으로 적용해야 할지 답해 줄 수는 있었지만, 문제는 체계이론에 대해 개괄적으로 공부하는 데 도움이 될 만한 자료는 찾기 힘들었다는 것이다.

현시점에서 나는 네 가지 정도의 선택지를 추천할 수 있지만, 문제는 이들 중 어느 것도 그 동료들의 기대치에 딱 부응하지 못한다는 것이다. 어쨌든 첫 번째 책은 내가 가장 좋아하는 고전이자 심리학에 체계이론 개념을 최초로 적용한 Watzlawick, Bavelas와 Jackson의 공저서인 『의사소통 화용론(Pragmatics of Human Communication)』(1967)이다. 이 책은 체계이론의 많은 기초 개념에 대한 매우 훌륭한 참고 서적이다. 수학과 물리학에 기반을 두어,

체계이론의 개념을 아주 우아하고 정교하게 설명하고 있다. 그러나 물리학이나 수학에서 많은 용어를 빌려 와 쓰고 있기 때문에, 다소 이질적으로 느껴지거나 심리학적으로 이해하기에 어려운 부분들이 많다. 이 책에 대해 정말 궁금한 사람에게는 추천할 만하지만, 대부분의 임상가나 학생에겐 그다지 유용하지는 않을 것 같다. 두 번째는 Hanson(1995), Laszlo(1972), Weinberg(2001) 등이 쓴 다양한 인간의 체계들을 설명하는 데 유용한 일반체계이론 서적들이다. 그러나 이러한 책들 또한 유용한 개념들을 다루고는 있지만, 심리상담이나 임상에 적용하기에는 제한이 있다. 세 번째는 여러 가족치료의 고전적인 방법들에 대한 일반체계이론의 개념과 적용을 다루고 있는 시중에 나와 있는 좋은 가족치료 서적들이다 (Nichols, 2010; Nichols & Schwartz, 2001). 이 책들은 가족치료의 역사와 함께 현대 가족치료의 핵심들을 잘 기술하였지만, 가족치료를 전문으로 하지 않는 임상가들에게는 역시 제한점이 있다. 마지막으로, 가족체계이론의 개념을 개인 상담에 적용한 훌륭한 책이 있다(Wachtel & Wachtel, 1986). 하지만 아직까지는 심리학 분야에서 명확한 언어와 개념, 풍부한 임상 사례들을 가지고 체계이론의 다양한 적용에 대해 기술한 자료는 없는 상태이다.

이처럼 가족치료, 가족이라는 체계에 대한 자료들 말고는 체계이론에 대한 책이 거의 없다는 사실은 '체계이론=가족치료'라는 등식을 거부하는 내게는 불만스러운 일일 수밖에 없다. 많은 학생이 내게 이렇게 얘기하곤 한다. "체계이론이 매우 흥미롭긴 한데요, 저는 가족치료를 전공할 생각은 아니라서 저한테는 별 필요가 없을 것 같아요." 그중 혹시나 운이 없어 잘못 걸리는 학생은 내게 아주 한참을 붙잡혀서 체계이론이 가족 문제뿐만 아니라 모든 심리학 분야에 적용된다는 일장 연설을 들어야 할 수도 있으리라. 물론 체계이론의 적용 방식 중 많은 부분이 1960년대와 1970년대 흥행하던 가족치료로부터 나왔기 때문에 그런 오해와 혼동이 있는 것이 일정 부분 이해가 안 가는 바는 아니다. 그러나 이런 혼동은 체계이론의 적용 가능성을 제한한다는 점에서 안타까운 일이다. 사실 체계이론은 비즈니스와 다른 영역에서도 많이 활용되어 왔기 때문에, '체계이론 = 가족치료'의 등식은 이미 불필요한 것이다(V. A. Anderson, 1997; Haines, 1998; Senge, 1990). 나는 체계이론의 기본 개념들을 내 실제 임상치료 작업의 기본 골격으로 여겨 왔다. 그리고 나는 이러한 핵심 개념들이 일관되고 유용한 치료적 기반을 제공하고 있다고 생각한다. 또한 최근 의료 체계나 교육 체계에 심리상담을 포함시키려는 요구가 늘어나고 있는데, 나는 이에 대한 여러 논의에 있어 체계론적 개념이 많은 도움이 될 것이라고 본다. 따라서 나는 현시점이 체계이론의 기본 지식과 원리들을 다시 돌아보기에 적절한 시기라고 생각한다. 이 책이 모든 종류의 체계 문제를 다룰 수 있는 기초를 제공해 줄 수 있으면 하는 바람이다.

체계이론이란 무엇인가

그렇다면 체계이론이란 무엇인가? 이 책에서 살펴볼 여러 개념은 철학이나 과학 등의 분야에서 그간 논의되어 온 것과 비슷하다. 어떻게 보면 체계이론은 '이론'이라고 하기엔 다소 어폐가 있을 수 있다. 체계이론을 단독적이고 구체적인 실체를 가진 '단일' 이론이라고 보기는 어렵기 때문이다. 대신에, 체계이론은 체계들의 구조와 기능에 대한 통합된 원리들의 집합이라고 폭넓게 정의할 수 있다. 그리고 다시 체계는 각 부분들의 상호작용에 의해 유지되는 의미 있는 전체로 정의된다(Laszlo, 1972). 체계의 구체적인 예로는 생명체나 사회 단체들, 심지어는 전자 기기 등도 들 수 있다. 내가 설명할 대부분의 개념은 1901년 비엔나 태생의 생물학자인 Ludwig von Bertalanffy의 연구에 기초를 두고 있다(Bertalanffy, 1968; Davidson, 1983). Bertalanffy의 학생이었던 Mark Davidson은 그의 전기에서 체계이론이 지난 세기의 첨단 연구들의 개념들을 어떻게 통합해서 이론 체계를 정립했는지 잘 보여 주고 있다. 다음 장에서 자세히 논의되는 것처럼, Bertalanffy는 생물학적 현상들에서 나타나는 전일적이고 유기적인 방식의 개념을 이용해서 당대의 과학적 논쟁들을 해결하고자 하였다. Bertalanffy의 1968년 저작은 『일반체계이론(General System Theory)』이라는 제목으로 영문 번역되었다. 그러나 체계이론가인 Ervin Laszlo(1972)는 『일반체계강의(General Systems Teachings)』가 좀 더 정확한 번역일 것이라 지적하기도 하였다. Bertalanffy의 작업이 사실 새로운 이론을 창조했다기보다는, 과학 탐구의 진전을 위한 다양한 지식 분야에 공통적으로 적용될 수 있는 일반 원칙들을 밝혀낸 것이었기 때문이다. 그는 다양한 연구 분야에서 공통어가 사용될 수 있는 메타시각의 유형을 만들고자 했다.

여러 면에서, 체계이론의 원칙들이 다양한 과학적 패러다임에 포함되기를 원했던 Bertalanffy의 바람은 이루어져 온 셈이다. 생물학에서의 Bertalanffy의 연구와 같은 흐름으로 수학자 Norbert Wiener(1948)도 인공지능의 기초가 된 체계론적 아이디어를 연구했다. Bertalanffy와 Wiener의 기본 아이디어를 바탕으로, 제2차 세계대전 이후 체계이론을 이용한 학제 간 연구가 발전하기 시작했다. 이러한 움직임은 미국 내 여러 전국적 학술 모임에서 정점을 이루었는데, 그중 가장 눈에 띄는 것이 1946년부터 1953년까지 개최된 Macy 학회였다(Heims, 1991). 이 학회들에는 Norbert Wiener부터 신경심리학자 Warren McCulloch, 사회심리학자 Kurt Lewin 그리고 인류학자 Gregory Bateson과 Margaret Mead까지 체계이론 분야의 대표적인 석학들이 참석했다. 하지만 불행하게도, 초창기 학회들에 대해 기록된 것이 없어서 그 안에서 어떤 이야기들이 오갔고, 그 내용들이 이후의 학문 연구에 어떤 영향을 끼쳤는지 알기는 어렵다. 다만 분명한 것은 체계이론의 아이디어들이 현재 비즈니스 분야나 사회학, 인류학, 수학 등의 영역에 많은 영향을 미치고 있다는 것이다(Davidson, 1983). 기초적인 개념이 놀라울 정도로 비슷하긴 하지만 체계론적 사고의 구체적인 응용 방법은 분야마다 조금씩 다르다. 각 분야에서 체계론적 접근은 문제를 맥락의 관점에서 이해하고자 하고, 부분들의 상호작용이 어떤 식으로 문제를 유발하고 유지시키는지에 초점을 둔다. 또 전체적인 패턴이 일정하게 지속되거나 혹은 변화하는 방식에 대한 연구에 중점을 둔다.

심리학에서 이용되는 체계이론은 세 분야에서 출발하였다(Nichols & Schwartz, 2001). 우선, 체계이론적 관점에서 정신병리를 연구한 Gregory Bateson이 있다. 1954년에 Bateson은 캘리포니아의 팰로앨토에서 Don Jackson과 함께 조현병 환자의 가족 연구를 시작하였다. 그들은 1959년에 정신건강연구소(Mental Research Institute)를 설립하였는데, 심리학자 Paul Watzlawick과 John Weakland 그리고 가족치료의 다른 선구자였던 Jay Haley와 Virginia Satir가 여기에 합류하였다. 둘째, 1946년 Murray Bowen이 메닝거 클리닉(Menninger Clinic)에서 조현병 환자들과 그들의 어머니들에 대한 연구를 시작으로 1950년대 중반에는 다른 가족 구성원들까지 포함된 연구로 넓혀 갔다(Bowen, 1985). 그는 체계론적 개념을 적용하여 가족이 개인의 정신병리에 영향을 미치는 방식을 이해하고자 하였다. 셋째, 1950년대 Nathan Ackerman(1966)이 뉴욕의 가족정신건강 클리닉(Family Mental Health Clinic)에서 관계 문제에 대한 전통적인 정신역동이론을 좀더 확대시켰던 작업이다. 이들 치료자나 연구자들이 초점을 맞추었던 체계이론의 요소들은 조금씩 달랐지만, 모두가 내담자들의 개인적인 요인에서 문제를 찾거나 단순히 선형적인 인과론적 관점을 견지하는 것에서 벗어나 맥락과 관계의 문제를 좀 더 강조하고 비선형적인 인과관계를 중요시했다는 공통점을 가지고 있다.

많은 사람이 가족치료가 1970년부터 1980년대 초반까지 번성했지만, 그 이후로는 치료 효과에 대한 회의감이 많아졌다고 주장하기도 한다. 물론 1970~1980년대에 가족치료에 대한 엄청난 관심과 기대가 있었고, 전공자들 중 많은 이가 심리적인 문제들에 대한 궁극적인 해결 방법을 찾아냈다고까지 생각했던 건 사실이다. 그러나 이후로 이러한 치료가 성공적이지 못한 환자들을 많이 보게 되면서, 지금에 와서는 초창기의 가족치료에 대한 그런 이상적인 기대가 이상해 보일 정도가 되었다. 현재 우리는 인간의 심리와 행위에 있어 심리치료만으로는 변화가 불가능하거나 쉽지 않은 유전이나 생물학적인 요소들이 영향을 많이 미친다는 것을 좀 더 잘 알고 있다. 또한 폭력 문제나 트라우마와 같은 문제들 역시 충분히 치유되기 어려운 경우도 많다는 현실을 인정하고 있다. 게다가 커플치료와 가족치료가 어느 정도 인기를 유지해 오기는 했지만, 이 치료들을 적용하는 과정에서의 복잡성에 대해서도 더 인지하게 되었다. 동시에 많은 체계론적 개념은 가족치료 외의 다양한 치료 모델에도 통합이 되어 왔다. 그리고 체계이론에서 직접적인 영향을 받지 않았다 하더라도, 맥락이나 문화, 양방향성 영향 등의 아이디어는 거의 모든 현대 심리학 이론들에서 중요한 역할을 하고 있다. 우리가 논의할 이런 주요 개념들 중 어느 하나라도 마주치지 않고 하루를 보내기란 심리학자로서는 거의 불가능한 일이다.

나는 체계이론 모델의 핵심이 되는 이론적 개념들을 강조하는 동시에 체계이론이 적용된 사례들을 이 책에 충분히 담고자 했다. 또한 각각의 개념을 다른 개념들의 관계 속에서 생각할 수 있도록 구성하였는데, 이를 통해 독자들이 체계이론에 대해 전체적인 차원과 각 개념들의 부분적인 차원에서 동시에 생각해 볼 수 있기를 바란다. 체계이론의 핵심 장점 중 하나는 메타적인 시각이 가능하다는 점이다. 그리고 나는 과학자나 연구자로서 전체적인 그림의 핵심 전제, 메타적인 문제에 대한 의문을 언제든 제기할 수 있다는 것은 중요하다고 믿고 있다. 대학원 시절에 내가 즐겨 읽었던 Thomas Kuhn의 『과학혁명의 구조(The Structure of Scientific Revolutions)』(1970)는 과학 지식이 어떤 방식으로 발전해 가고 변화하는지, 그리고 어떻게 폐기되는지를 제시하고 있다. 그는 '정상 과학'이라고 그가 명명한 지배적인 패러다임에 의해 과학 활동이 지배된다고 생각했다. 즉, 과학적인 증거가 당대의 정상 과학에 부합하면 받아들여지지만 그렇지 않으면 버려진다는 것이다. 최소한 전체 이론의 구조를 다시 구성해야 할 정도로 모순되는 근거들이 충분해질 때까지는 말이다. 그는 이러한 재조직화를 과학 혁명이라 불렀다. 그가 설명하는 이러한 일련의 과정은 앞으로 이후의 장들에서 우리가 다루게 될 불연속적인 변화 유형과 일맥상통한다. Kuhn의 이론은 심리학자로서의 삶이란 무언가가 끊임없이 불연속적으로 창발하는 과정의 일부라는 것을 내게 상기시킨다. 체계이론 또한 마찬가지로 지식 체계의 근간이 계속 진화하고 역동적으로 변화하는 종류의 어떤 것이라고 생각한다.

일곱 가지 체계론적 개념

여기에서는 일단 이 책의 다음 장들에서 다루어질 원리들과 기본적인 집필 체계에 대해 소개하고자 한다. 각 장들마다 주요 개념 하나씩을 깊이 있게 다룰 것이고, 그 개념들이 실제 심리치료에 어떻게 적용되는지도 기술할 것이다. 물론 소개할 모든 심리학적 이론들은 내가 다룰 여러 체계론적 개념을 동시에 하나 이상 포함하고 있기 때문에 한 이론에 한 개념씩만 연결시키는 것은 다소 인위적일 수도 있기는 하다. 또한 내가 사용한 많은 참고문헌이 대부분 가족치료와 관련된 자료들이어서 자칫 체계이론이 가족치료 기법과 동일한 것으로 오인될 여지도 있다. 하지만 나는 체계이론의 일반적인 개념과 이를 치료에 적용한 구체적인 방식을 계속 제시함으로써, 많은 종류의 체계에 체계이론의 일반적인 개념이 관련되고 유용하다는 것을 보여 주고 싶었다. 아울러 일반적인 개념과 구체적인 적용 방법을 함께 제시함으로써 체계이론이 독자들에게 좀 더 생생하게 와 닿길 바란다. 이 책에서 살펴볼 체계론의 개념들은 기본적이면서도 매우 중요한 의미들을 내포하고 있기에, 각 개념들을 깊은 수준에서 제대로 이해하기 위해서는 이들을 다양한 방식으로 응용해 봐야 한다고 생각한다. 나는 내담자(client)와 환자(patient)라는 용어를 번갈아 사용할 텐데, 이는 두 단어가 서로 다른 역사를 가지고 있을 뿐 아니라 각각의 장단점을 지니고 있기 때문이다. 마지막으로, 책에 소개하고 있는 임상 사례들은 내가 실제 경험한 것들이지만 사생활 보호를 위해 내용을 조금씩 각색하였다. 여러 임상 사례로부터 부분부분 조금씩 떼어와 재구성한 것들이므로 어떠한 사례도 단일 임상 사례는 아님을 밝혀 둔다. 나의 바람은 사례 속에서 심리학적 진실을 찾아내는 것이지 상담 내용을 누설해서 내담자를 희생시키고 싶은 것이 아니기 때문이다.

모린과 빈센트의 관계 문제로 다시 돌아가서, 이 책에서 다룰 일곱 가지 체계론적 개념을 생각해 보자. 우리는 곧 몇 차례의 기초 상담 내용만 가지고도 체계이론이 다른 심리 이론들보다 좀 더 넓은 시야를 제공해 줄 수 있다는 것을 알게 될 것이다. 맥락이라는 아이디어를 가지고, 우리는 우선 그들의 관계를 하나의 전체로 볼 수 있다. 그리고 나서 그 결혼 관계가 어떻게 다른 관계들 속에서 관련을 맺고 있는지 살펴볼 수 있을 것이다. 예를 들어, 빈센트와 모린은 모두 아이들을 무척 사랑하고 중요하게 생각하지만, 자녀들과의 관계라는 맥락은 그들의 부부 관계를 돈독히 하는 데는 별 도움이 되지 않고 있다. 빈센트의 직장 동료 관계나 모린의 친구 관계도 마찬가지이다. 이 시점에서는 이러한 다른 관계 맥락들이 결혼 관계에 도움이 되기보다는 일종의 경쟁 양상을 보이고 있다. 두 사람이 부부 관계 자체보다 다른 관계 맥락들에 시간과 에너지를 더 쏟으며 그 안에서 좀 더 긍정적인 경험을 많이 하고 있기 때문이다.

빈센트와 모린이 속해 있는 하위체계(subsystem)들에 해당하는 모든 관계 맥락 그리고 그 하위체계들의 상호 관련성을 알아본 후에, 우리는 체계이론에서의 독창적인 인과관계에 대해 살펴볼 수 있다. 좀 더 전통적인 인과관계 방법은 결혼 생활에 영향을 주는 모린과 빈센트 각자의 개인적인 문제들을 짚어 보는 것이다. 반면, 인과관계에 대한 체계론적 아이디어는 빈센트의 나르시시즘이나 모린의 우울증이 부부 문제의 원인이라고 비난하는 대신 빈센트가 왜 자꾸 자기 혼자서 돌리려고 하는지, 모린은 왜 회피적이고 수동적인 태도만을 취하는지에 대한 여러 요소를 탐색한다는 것이다. 나아가 우리는 이 모든 하위체계가 서로서로 영향을 주고받으면서 결국 의도치 않게 소원하고 불만족스러운 결혼 생활을 초래하는 순환적 패턴을 확인할 수 있다. 이러한 순환적이고 다중적인 인과관계의 관점은 선형적 접근에 비해 당사자 중 누군가가 문제의 원인이라고 비난하는 것을 피하게 해 주면서 동시에 해결 방식에 있어 더 폭넓은 관점을 제공해 준다.

체계이론은 어떻게 그리고 왜 그런 문제적인 패턴들이 잘 변하지 않는지, 그리고 반대로 그 패턴들이 어떻게 변화될 수 있는지 이해하는 데 도움이 된다. 체계론적 관점에서 바라보면 경우에 따라 왜 어떤 대화들은 오히려 문제를 더 고착시키고, 또 어떤 대화들은 변화의 길을 열어 주는지 좀 더 쉽게 이해하게 되기도 한다. 아이러니하게도 빈센트는 모린이 자신이 아닌 그녀의 친구들에게 도움을 청할 때 오히려 더 안도감을 느꼈다. 자녀들이 독립해서 떠나가는 것에 대한 모린의 슬픔에 대해 얘기하는 것이 빈센트에게는 뭔가 쉽지 않고 불편하게 느껴졌기 때문이다. 반면, 모린은 빈센트가 자신의 말을 귀담아듣고 위로해 주지 않는 이유는 그가 이기적이고 그녀에게 관심이 없기 때문이라고 생각했다. 그래서 그녀는 빈센트로부터 거리를 두게 되었던 것이다. 그럴수록 빈센트는 그녀의 회피 행동이 우울증이나 갱년기 증상 탓이라고 단정 짓게 되었는데, 이는 다시 그로 하여금 모린의 감정 문제를 건드리지 않고 적당히 거리를 두는 게 낫겠다는 생각을 강화하는 것으로 이어졌다. 여기서 우리는 빈센트와 모린의 소통 문제가 그들의 문제를 더 악화시키고, 부부 관계라는 한 체계 안에서 제대로 기능하지 못하는 어떤 구조를 만들고 유지시키는 것을 볼 수 있다. 예를 들어, 결국 모린이 남편보다 친구들과 자녀들에게 더 친밀감을 느끼게 됐다는 것은 이미 그들의 부부 관계라는 체계 안에 경계(boundary)와 근접성(proximity)의 문제가 발생하여 고착되었다는 것을 시사하는 것이었다(경계와 근접성의 문제는 6장에서 자세히 다루어진다-역자 주).

　가족사와 성장 배경은 현재의 결혼 생활 문제들에 영향을 미친다. 빈센트는 소원하고 딱딱한 부모 밑에서 자랐고, 모린은 너무 젊어서 어머니를 여의었다. 이러한 성장 배경으로 인해 그들은 자녀들이 독립해 집을 떠나고 둘만 남게 되었을 때 따뜻하고 만족스러운 부부 관계를 어떻게 만들고 유지할 수 있을지에 대한 생각을 가질 수가 없었다. 여기서 우리는 유년기의 경험 패턴이 성인이 됐을 때의 어려움들을 어떤 식으로 증폭시키는지 잘 볼 수 있다. 즉, 관계에 대한 빈센트의 기본 생각의 틀은 사회적인 성공을 통해 타인의 인정을 얻는 것이었다. 반면, 모린에게 있어 좋은 관계란 자신이 실제 원하는 것은 억누르면서 주위 사람들에게 신경 써 주고 잘해 주는 것에서 얻어지는 어떤 것이었다. 각자의 가족사와 성장 배경의 문제가 현재의 부부 문제와 교차하는 이러한 경우에는, 자녀들과 관련된 부분이 시야에서 사라지면서 그 문제의 의미가 더 커지고 고통스럽게 다가올 수 있다는 것을 시사하기도 한다.

　마지막으로, 체계이론은 부부 사이의 문제에 대한 의미 있는 해석을 제공하기도 하지만 동시에 변화 가능성도 제한하는 문화적 해석 방식에 대해 사회구성주의의 관점을 취한다. 모린이 아이들이 독립한 후 이혼해서 오히려 편하게 잘 살고 있는 여러 친구를 본 후 자신도 결혼 생활을 끝낼 시간이 되었다고 좀 더 쉽게 생각한 측면도 있었다. 또한 상담 중에 빈센트와 모린은 중년의 시기에 대한 서로 다른 문화적 신념을 얘기했다. 예를 들어, 빈센트는 모린의 우울감을 그저 중년 여성의 갱년기 위기라고만 생각했고,

모린은 남자들이 중년이 되면 성격을 바꾸기는 어려울 것이라며 빈센트의 변화 가능성에 대해 비관적이었다.

　지금까지 논의한 여러 주제를 하나로 엮어 내면서 나는 어떻게 그들의 문제가 시작되고 지속되어 왔는지 알 수 있었다. 또한 그 문제를 해결하는 효과적인 여러 방법을 시도해 볼 수 있었다. 그리하여 나는 빈센트와 모린이 자신들의 결혼 관계에 대해 공통된 가치관을 찾는 데 도움을 줄 수 있었고, 이 과정에서 그들의 삶을 잠시 돌아볼 수 있는 기회도 제공해 줄 수 있었다. 일반적으로 체계이론에서 예측하듯이 결혼이라는 전체 체계의 문제가 해결되면서 두 사람은 각자 개인적으로도 더 행복해졌고 그들의 결혼 생활은 더욱더 만족스러워졌다. 소통 방식도 질적 · 양적으로 모두 나아졌고, 이는 다시 그들의 유대를 증대시켰으며, 그들의 결혼과 가족 관계 양상을 변화시켰다. 이러한 변화 과정에 있어 나는 그들이 각자의 가족사 및 성장 배경과 관련된 문제에 대해 다시 심리적인 고찰 과정을 겪었을 뿐만 아니라 그들의 자녀들에게도 새로운 가족 관계의 본보기를 대물림해 주었다고 믿고 있다. 이렇게 관계 맥락의 차원과 개인적 수준에서의 변화 사이에서의 상호 작용을 지켜보는 것은 대단히 보람 있고 값진 경험이었다. 게다가 실제 사례를 통해 체계이론의 효과를 경험할 수 있었던 것도 내겐 큰 수확이었다. 이 책을 공부하는 독자들도 내가 그랬던 것처럼 지적 성장과 역량강화의 경험을 하기를 기원한다. 이러한 내 바람은 원자에서부터 우주까지 모든 것에 대한 설명을 시도하려 하는 이론의 맥락과도 분명히 일맥상통하리라 생각한다.

제 2 장

맥락

장님과 코끼리에 대한 이야기를 다들 한 번쯤은 들어 봤을 것이다. 이 이야기는 인도에서 처음으로 유래되었다고 알려져 있으며, 수피교, 불교, 자이나교, 힌두교에도 비슷한 내용들이 있다. 관점은 약간씩 다르지만 기본 줄거리는 거의 비슷하다. 일곱 명의 장님이 학식 있는 종교적 스승으로부터 가르침을 배운다. 스승은 제자들에게 코끼리를 최대한 자세히 관찰해 오라는 과제를 내주었다. 그러고는 그 장님들에게 관찰한 것들을 말해 보라고 하였다. 그들 중 한 명이 말했다. "저는 코끼리에 대해서 무엇이든지 압니다. 코끼리는 나무통 같아요. 어떤 코끼리는 지름이 100cm나 되고, 힘도 매우 세고 튼튼합니다." 그러자 다른 장님이 말했다. "아니야, 아니야, 당신이 틀렸어요. 코끼리는 벽과 같아요. 매우 넓지만 당신이 말한 것처럼 둥글지는 않아요. 튼튼한 건 맞지만 모양이 틀렸어요." 그러자 또 다른 제자가 말했다. "말도 안 돼. 코끼리는 밧줄 같아요. 그 안에 실들 같은 게 꽉 차 있고 엄청 뻣뻣하다고요." 그들은 이렇게 모두 자기 말이 맞다며 다투고 있었다. 그러자 스승은 잠시 듣고 있다가 말했다. "너희 모두가 맞지만, 또 한편으론 모두 틀렸다. 너희 모두 코끼리에 대해 설명하고 있지만 아무도 진짜 코끼리가 뭔지는 모르고 있다. 코끼리는 너희가 말한 것들 전부이기도 하지만, 그중 어느 하나도 진짜 코끼리는 아니다."

다중 관점

앞의 이야기는 맥락에 대한 체계론적 개념을 몇 가지 다른 방식으로 제시하고 있다. 우선, 가장 기본적으로 어떤 종류의 현상에 대한 본질을 이해하는 데 있어서의 오류 가능성을 보여 준다. 우리의 지각(知覺)은 언제나 일정 정도 제한적이다. 그리고 이러한 지각의 폭이 좀 더 좁아지고 협소해질 때는 문제가 생기기 마련이다. 그렇다면 우리가 좁지 않은 지각을 어떻게 유지할 수 있을까? 충분히 넓은 시야에서 현상을 바라보는 것은 종종 거의 불가능한 일처럼 보이기도 한다. 코끼리 이야기의 교훈은 현상 또는 진실에 대한 이해는 늘 인간이 각자 처한 상황, 즉 맥락에 따라 영향을 받는다는 것이다. 다시 말하면, 우리가 갖는 이해라는 것은 각자 앞에 놓인 코끼리의 어느 부분을 더듬느냐에 따라 좌우된다는 것이다. 치료 장면에서도 나는 늘 이와 비슷한 생각을 하게 된다. 부부치료나 가족치료에 오는 내담자들이 대부분 코끼리를 연구했던 그 장님들과 비슷한 상황에 놓여 있기 때문이다. 예를 들어, 내담자들은 자주 다음과 같은 얘기들을 하곤 한다.

> "당신은 애들을 좀 더 엄하게 훈육해야 해. 애들이 당신 머리 꼭대기 위에 앉아 있잖아. 당신이 그렇게 애들한테 모든 걸 다 맞춰 주면 애들이 어떻게 스스로 뭘 하는 걸 배우겠어? 아닐 땐 아니라고 하고, 자기들 해야 할 것들 정도는 알아서 하게 해야지. 이젠 좀 스스로 하게 하고 책임감을 길러 주는 게 부모 역할이야."

"아니. 하지만 당신은 늘 애들한테 잘못했다고 소리만 지르잖아. 가정에서라도 따뜻하고 즐거운 경험을 많이 해야지. 여기가 무슨 극기 훈련하는 데는 아니잖아. 당신은 늘 애들한테 명령만 내리잖아. 나는 애들이 긍정적인 자아상을 가졌으면 좋겠어."

이러한 논쟁에서 아이러니한 점은 두 부모의 입장이 모두 맞을 가능성이 매우 높다는 것이다. 장님들이 코끼리가 나무통 같은지, 밧줄 같은지를 놓고 싸웠던 것처럼, 조금만 뒤로 물러서서 보면 부모들도 아이들 양육에서 책임감과 자신감 중에 어떤 것을 더 많이 갖도록 해야 할지를 놓고 싸울 필요가 없다는 것을 알게 된다. 대부분의 부모는 자신의 아이가 그 두 가지를 다 가지기를 바라기 때문이다. 인간이 각자의 직접적인 경험을 통해서 어떤 상황을 이해한다는 것을 생각해 볼 때, 체계이론은 같은 상황이라고 하더라도 다른 관점들이 동시에 존재할 수밖에 없다는 것을 깨닫게 해 준다. 체계이론에서 이러한 관점의 변화는 '둘 중 하나/모 아니면 도'와 '둘 다/이럴 수도 저럴 수도'와 같은 사고방식들의 차이를 생각해 볼 수 있는 여지를 만들어 준다. 우리가 '둘 다/이럴 수도 저럴 수도'의 방식으로 생각하게 되면, 상황이 이전과는 다르게 보이기 시작한다. 즉, 둘 중 어느 관점이 맞는가보다는 '이 두 가지 것이 서로 어떻게 관련을 맺고 있을까?' '이 사람의 관점은 어떤 맥락에서 비롯되었는가?' '이 관점들의 공통점은 무엇이고 차이점은 무엇인가?' '각각의 관점들은 어느 때 잘 들어맞고 어느 때 잘 맞지 않는가?' 하는 질문들을 던져 볼 수 있게 되는 것이다. 이런 방식으로 앞의 부부 사이의 언쟁을 다시 들여다볼 수 있을 것이다. '이 집안에서는 어떨 때 아이들한테 훈육이 잘 먹히고 어느 때 지지가 도움이 되는가?' '훈육과 책임감을 지우는 것과 돌봐 주고 자존감을 키워 주는 것은 어떤 관계가 있을까?' '이러한 가치들이 어떻게 하면 상충되지 않고 서로 보완될 수 있을까?' 앞서 보았던 코끼리 이야기로 돌아가 본다면, 코끼리의 본성을 이해하기 위해서는 서로 다른 관점들을 잘 살펴봐야 한다는 것을 쉽게 알 수 있을 것이다. 이러한 특성은 인간관계에도 그대로 적용되는데, 어떤 문제를 그 맥락에서 제대로 이해하기 위해서는 관련된 모든 사람의 관점들에 충분히 귀를 기울여야 한다는 인식이 그러하다.

다중 관점(multiple perspectives)의 개념은 심리치료의 기초이기도 하다. 내담자에게 "제 생각엔 이 문제를 다른 관점에서도 볼 수 있겠네요."라고 말할 수 있다는 것은 치료자로서 가질 수 있는 대단히 매력적인 부분이다. 많은 내담자는 자기 문제에 얽매여 있어 한 발짝 뒤로 물러나 다른 관점이나 대안을 생각하기가 어렵다. 우리는 치료자로서 내담자들의 삶에 대해 좀 더 넓은 맥락과 치료자로서 갖는 전문적 지식과 경륜이라는 맥락, 그리고 상담실에서 해당 내담자들과 겪게 되는 경험의 맥락에 맞추어 내담자의 문제를 살펴볼 수 있다. 우리는 앞의 코끼리 이야기 속의 현자가 되어 내담자의 문제들에 대한 메타시각을 가질 수 있고 이를 내담자와 공유할 수 있게 되는 셈이다. 물론 한편으론, 우리가 일단 그러한 현자처럼 행동하게 되면 가끔 우리가 정말로 그 코끼리의 본성을 모두 알 수 있다고 믿게 될 함정도 있다. 말하자면, "이 문제를 다른 관점에서 바라본 적이 있었던가요? 당신이 겪고 있는 문제를 다른 관점에서도 생각해 볼 수 있지 않을까 싶네요. 다른 관점에서 생각해 보면 어떨까요?"라고 우리가 제시해 볼 수 있지만, 자칫하면 치료자가 내담자의 삶에 대해 내담자 자신보다 더 잘 안다고 믿어 버릴 위험성이 상존한다는 것이다. 체계이론에 내재하고 있는, 전체적인 큰 그림을 보아야 한다는 아이디어는 좋지만 우리의 관점이 우리 자신이 속한 맥락에 의해 제한될 수 있다는 것도 체계이론에서 그만큼 중요한 부분이다. 8장에서 문화와 포스트모더니즘적 접근 방식에 대해 언급할 때 더 깊게 다뤄지겠지만, 상담가가 이론의 맥락에서 얻어진 전문가적 식견을 적용하는 것과 내담자들 자신이 자신의 관점과 생각을 가질 수 있도록 허용하고 장려하는 것 사이에서 균형을 잡는 것은 쉽지 않은 일이다.

의미 있는 전체

맥락의 개념과 관련해서 체계이론에서 다중 관점만큼 중요한 두 번째 개념이 있다. 이는 비총합성(nonsummativity)이라는 개념으로, 전체는 부분들의 합보다 크다는 것이다(Watzlawick, Bavelas, & Jackson, 1967). 이 개념은 그리스의 철학자 아리스토텔레스로 거슬러 올라갈 정도로 새로운 개념은 아니다(Hanson, 1995). 비총합성은 어떤 현상을 의미 있는 전체로 조직화해서 파악하려는 인간의 성향과 관련된다. 20세기 초의 게슈탈트 심리학을 생각해 보면, 우리는 Max Wertheimer의 인간 지각에 대한 연구를 들 수 있다(King & Wertheimer, 2005; Wertheimer, 1959). 그의 연구는 우리가 애매모호한 그림을 볼 때 우리의 뇌가 어떻게 필요한 정보를 추가

[그림 2-1] 젊은 여인/노파의 지각 전환

로 채워서 해당 그림을 의미 있게 이해하게 되는지를 알려 준다.

[그림 2-1]은 인간의 지각이 전체로서 이루어진다는 예시를 보여 주기 위해 자주 사용되는 그림이다. 이 그림은 1915년에 W. E. Hill이 『퍽(Puck)』이라는 개그 잡지에 처음 게재한 것이다 (Weisstein, 2010). 보통 피험자들은 그림에서 젊은 여인(그림을 보는 사람 쪽으로부터 고개를 돌려서 왼쪽 턱과 목걸이가 부각되는)을 보거나 코가 크고 아래를 바라보고 있는 노파 둘 중 하나를 보게 된다. 이런 문제는 우리가 세상을 파악하는 전형적인 무의식적 과정을 보여 준다는 면에서 매우 흥미롭다 하겠다. 대부분의 사람이 자연스레 둘 중 하나의 형상을 인지하게 되는데, 이는 인간이 저런 그림을 바라볼 때 일관성 있는 무언가로 거의 즉시 조직화한다는 것을 뜻한다. 이러한 조직화 성향은 왜 그 장님들이 자신이 알고 파악하게 된 코끼리의 한 부분이 단지 부분이 아닌 코끼리 전

체라고 생각하게 되는지를 설명해 준다. 많은 이에게 [그림 2-1]의 다른 버전(젊은 여인 대 노파)을 본다는 것은 그 그림의 여러 요소에 대한 해석이 바뀐다는 것을 전제한다(예를 들어, 젊은 여성을 보는 경우 턱선과 목걸이가 노파를 보게 되는 경우에는 자동적으로 그리고 즉각적으로 각각 코와 입술로 바뀌게 된다-역자 주). 이러한 예시는 우리의 지각이 맥락의 변화에 따라 매우 급격히 전환될 수 있음을 보여 준다. 학생들이 그림을 보면서 한 형상만 보고 다른 형상을 계속 보지 못하고 있을 때, 나는 그림의 한 부분만 유심히 보면 맥락이 바뀌면서 그 맥락에 따라 전체적인 그림을 볼 수 있다는 사실을 일깨워 준다. 예를 들어, 그들이 노파를 보고 있다면, 나는 그들에게 노파의 코를 여자의 턱으로 보라고 알려 줄 것이다. 보이지 않는 형상 전체를 보려고 집중하는 대신 대상의 중요한 부분에 먼저 집중한 후 전체 그림이 무엇인지 볼 수 있게 되는 것은 우리의 지각 방식에 핵심적인 측면으로 보인다. 어느 특정 부분에 집중하게 되면 우리가 보는 인물과 배경을 바꾸어서 볼 수 있게 되는 것이다. 나는 이러한 인물-배경에 대한 지각의 전환이 심리치료 과정에서 내담자들이 자신들에게 가장 의미 있고 중요하다고 느끼는 것에 집중하게 되는 방식과 비슷하다고 생각한다. 다양한 방식으로 문제를 생각하기 시작하면, 지각이 새로운 전체로 조직화되면서 관점에 변화가 생긴다. 또한 이러한 전환이 일어나게 되면, 처음의 지각 방식으로 돌아가는 것은 역시나 매우 어렵다는 것도 알 수 있게 된다.

비총합성을 보는 비슷한 방식은 어떤 대상이나 사물들의 모음이 하나의 전체적인 실체로 변화하는 과정을 탐색하는 것이다.

Laszlo(1972)는 땅콩 한 그릇은 그저 한 줌의 땅콩들일 뿐이지만 땅콩 식물 줄기는 한 전체라는 비유로 사물들의 단순한 집합과 유기적인 전체를 구분한다. 체계의 정의로 돌아가면, 우리는 땅콩 한 그릇은 그 요소들인 땅콩 한 알 한 알이 서로 상호작용하는 조직화된 전체가 아니지만, 땅콩 식물 줄기는 하나의 조직화된 전체로서 정의할 수 있다. 일련의 사람들 집단이 체계의 정의에 해당하는지 아닌지를 판단하는 것은 그보다는 좀 더 어려운 문제이다. 비총합성의 개념을 가지고 판단하면 그러한 집단을 의미 있는 전체로 만드는 상호작용과 관계를 쉽게 파악할 수 있다. 각 구성원들을 개별적으로 아는 것만으로는 예측할 수 없고, 특정한 방식으로 조직을 구성해서 만들어지는 어떤 분위기가 시너지를 유발하는 경우가 있다는 것을 우리 모두는 알고 있다. 내가 시카고에서 살 당시 마이클 조던이 시카고 불스 팀에서 한창 전성기를 누리고 있었다. 그때 나는 그 팀을 보면서 개인의 성과와 조직의 성과 간의 상호관계 양상을 보고 매우 놀랐다. 마이클 조던 같은 최고의 선수가 있다면 어느 팀에든 당연히 도움이 되겠지만, 초기의 불스 팀은 조던 혼자만의 재능과 활약만으로는 우승을 담보할 수 없었다. 그러나 필 잭슨이 코치를 맡게 되면서 그 팀 전체에 무언가 변화가 일어나기 시작했다. 뛰어난 리더십과 충분한 시간과 훈련을 통해 팀의 구성원들은 하나의 전체적인 어떤 것으로 기능하기 시작했다. 많은 농구 팬이 알고 있는 것처럼 잭슨 코치의 지도하에서 시카고 팀은 여섯 번이나 월드 챔피언십을 거머쥘 수 있었다. 이 같은 예는 전체가 부분의 총합보다 더 크다는 것을 잘 보여 주고 있다.

체계를 하나의 전체 개념으로 보는 것이 언뜻 보면 매우 당연하고 그럴듯하게 들리지만, 많은 서구 과학은 오히려 이와는 전혀 반대의 개념에 바탕을 두고 있다. 체계이론의 창시자들 중 한 명인 Ludwig von Bertalanffy에 따르면, 서구 과학에서 행해진 많은 실험은 변동성을 최소화하기 위해 실험의 대상이나 현상을 그 환경으로부터 분리 내지 격리시킨 상태에서 이루어져 왔다. 맥락의 사고 체계에서 보면, Bertalanffy 당시의 생물학에서는 두 가지의 상반되는 의견이 주류를 이루고 있었다(Bertalanffy, 1968; Davidson, 1983). 첫 번째 관점인 유물론 및 기계론적 시각은 모든 생명체를 구성하는 근원이 주요 물질들이라고 주장했다. 이러한 관점에서 과학자가 해야 하는 가장 중요한 일은 살아 있는 것들을 주요 물질적 구성 요소로 쪼개 가며 분석하는 것이다. 생기론자들은 기계론자들과는 달리 생명 과정을 이끄는 매우 중요한 힘이 있다고 생각했다. 이러한 관점들은 진화적 적응에 관한 두 가지 시각을 통해서도 설명될 수 있다. 기계론적 관점은 환경에 적합하거나 또는 적합하지 않은 성질을 가진 유전적 돌연변이가 무작위적으로 우연히 생겨날 수 있다고 본다. 반면, 생기론에서는 궁극적이고 합목적적인 어떤 생명의 설계도에 의해 진화가 이루어진다고 주장한다.

Bertalanffy는 명민하게도 이 두 가지 관점을 절충하여 새로운 생물학적 관점을 제시했다. 그는 단순히 어느 쪽이 옳은가를 따지는 대신에 한 발짝 뒤로 물러나서, 이 두 관점 사이의 관계와 이 이론들이 간과하고 있는 것들에 대해 생각해 보았다. 그리하여 그는 기계론이 개방 체계(open system)보다는 폐쇄 체계(closed system)

에서 더 잘 작용한다는 것을 발견하였다. 폐쇄 체계에서는 한 가지 현상이 그 환경으로부터 격리될 수 있고, 더 나아가 구성 요소들로 환원될 수 있다. 반대로 개방 체계에서 유기체는 지속적으로 환경과 상호작용을 하면서 서로에게 영향을 미치고 적응을 하게된다. 개방 체계의 관점에서 보면 생물체는 항상 더 큰 체계의 일부인 동시에 더 작은 하위체계들로 구성되어 있다. 과학자로서 우리는 관심 대상을 가장 기본적이고 중요한 요소들로 쪼개어 관찰하고 싶어 하는 성향이 있다. 물론 이는 오늘날 과학의 눈부신 발전을 가져오긴 했지만, Bertalanffy식 관점의 미덕은 이처럼 전체를 생각하지 않고 부분 부분으로 쪼개어서 보는 방식에 내재된 한계들을 찾아냈다는 것이었다.

선형적 관점의 한계

과학자들은 여전히 선형적 관점의 한계와 씨름을 하고 있다. 이 한계에 대해 내가 가장 좋아하는 예 중 하나는 Michael Pollan(2006, 2008)에게서 나온 것인데, 그는 영양에 대한 연구가 많아질수록 그로 인해 오히려 음식 섭취와 관련된 질병이 증가했다고 주장했다. 지난 수십 년 동안, 건강한 식단에 대한 과학적 제시들이 몇 번이나 정반대로 뒤집혀 왔다. Pollan은 그 과정에서 오류들을 가져온 과학적 연구 방법과 적용의 결함과 한계에 주목했다. 환원주의적 사고를 기반으로 과학자들은 음식을 화학적 성분으로 분해하고, 이러한 기본적 화학 지식을 바탕으로 영양 관련

질병의 원인들을 연구했다. 이러한 논리는 비만 문제에 적용됐고, 이는 예상 밖의 놀라운 결과로 이어졌다. 예를 들어, 지방이 탄수화물이나 단백질보다 더 높은 칼로리를 가지고 있다는 것을 알게 됐으니, 칼로리 섭취를 줄이려면 음식에서 지방량을 줄이는 것이 논리적일 것이다. 그리고 이는 대중의 건강 증진에 도움이 되고, 저지방 음식을 개발하는 음식 산업에 큰 이익을 가져다주어야만 할 것이다. 하지만 일견 그럴듯해 보이는 이러한 접근은 사람들의 비만도가 오히려 증가하는 예상치 못한 결과를 가져왔다. 왜 이렇게 논리적으로 당연해 보이는 일이 실패로 돌아갔는지 아직 정확히 알지는 못하지만, 이처럼 식단과 영양에 대한 선형적이고 환원주의적인 접근이 본질적으로 결함을 가지고 있다는 것을 보여 주는 사례는 많다.

반면, 개방 체계론적 사고는 비만 문제에 대해 다른 접근 방식을 취할 것이다. 개방 체계론적 사고는 식단에서 고칼로리 요소를 줄이고 이를 저칼로리 음식으로 대체하는 방식보다는, 비만 문제를 좀 더 전체적으로 크게 보고 부분 부분들이 서로 어떻게 연결되는지를 관찰할 것이다. 즉, 단순히 비만을 일으키는 음식의 한 가지 성분만을 찾는 것이 아니라, 비만 환자들과 비만이 아닌 사람들 사이의 식단이나 운동 등의 패턴에 어떤 차이가 있는지를 살펴보려 할 것이다. 예를 들면, 음식 섭취량과 종류, 운동량과 시간대, 그리고 체중 안정 또는 증가 시의 가족 관계 패턴 등의 상호작용을 볼 수 있을 것이다.

물론 문제를 작게 보지 않고 큰 전체로 보게 될수록 답을 찾기가 더 어려워질 수도 있다. 앞에서 언급했던 '둘 다/이럴 수도 저럴 수도'의 사고방식에서 보면, 유전, 섭취되는 칼로리의 양, 음식의 신선도, 문화, 운동량, 운동 강도 등이 모두 체중을 결정짓는 데 작용한다는 이야기는 충분히 그럴듯한 설명이다. 하지만 이러한 관점은 우리가 어떠한 변수를 놓치고 있는지, 또 문제 해결을 위해 어디서부터 시작해야 하는지를 알려 주지는 않는다. 비만 환자들의 치료를 위해 그들의 DNA를 먼저 변화시켜야 하는가, 아니면 운동 계획에 초점을 맞추어야 하는가, 그도 아니면 가공된 음식을 먹지 않게 해야 하는가 등과 같은 문제가 다시 생겨나게 되는 것이다.

맥락적 연결

체계론적 관점의 적용에 있어 가장 큰 장점은 특정 문제를 다양한 층위의 맥락에서 고찰해 볼 수 있다는 것이다. 나에게는 이것이 구글 어스를 떠올리게 한다. 구글 어스로 처음에는 지구 전체를 보다가 초점을 높여 가며 우리가 살고 있는 어느 특정 공간으로 한정해 들어간다. 구글 어스에서는 우리의 인근 동네는 우리가 살고 있는 도시의 일부이고, 도로들은 우리 동네의 한 부분이며, 우리가 살고 있는 집 주소는 다시 도로 시스템의 일부가 된다. 이러한 경험은 구글 어스를 통해 우리가 생생하게 경험해 볼 수 있는 체계이론의 부분과 전체에 대한 한 예로 생각할 수 있다. 체계이론의 이 같은 맥락적 관점은 생태학적 체계이론(ecological systems theory)을 개발한 발달심리학자 Uri Bronfenbrenner(1979)의 연구를 떠올리게 한다.

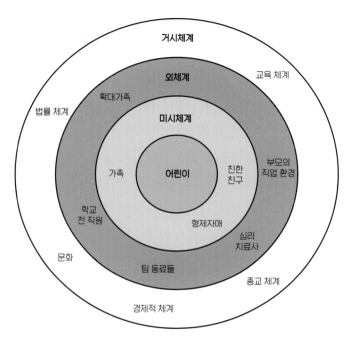

[그림 2-2] 가족 체계에 적용된 Bronfenbrenner의 생태학적 모델의 적응

출처: Bronfenbrenner (1979).

[그림 2-2]의 모델은 개별 아동들이 언제나 다양한 환경 속에 속해 있기 때문에 이러한 맥락과 환경적 변수들을 생각하지 않은 채 아이들을 이해하려는 시도는 문제라는 것을 말해 준다. 이 맥락들에서 각 체계는 치료를 요하는 아이의 특정 문제에 대해 각각 다른 차원에서 영향을 미친다. 물론 실제 치료에서는 모든 변수가 다 다루어지지는 않는다. 하지만 모든 맥락의 차원들과 각각의 맥락들이 어느 정도의 영향을 미치는지를 인지하고 염두에 두고 있다면, 문제 상황의 파악에 있어 좀 더 풍부하고 현실적인 관점을 갖는 데 도움이 될 수 있다.

이러한 맥락적 모델을 이용하여 라이언(16세)의 사례를 보자. 라이언은 최근 학습장애 진단을 받았다. 그리고 라이언을 검사했던 심리학자가 그의 부모를 내게 의뢰해서 나는 이들에 대한 부부치료를 시작하게 되었다. 라이언의 학업 성적은 평균에 약간 못 미쳤지만 사회성이 좋았고 각종 스포츠에 능했다. 학생회 간부를 맡아 활발히 활동하는 등 리더십도 꽤 있어 보였다. 그는 세 살 어린 에린(13세)과도 사이좋게 지냈는데, 에린은 반에서 공부로도 1등이었고 다른 과외 활동에도 열심이었다. 학습장애 진단은 왜 그간 라이언의 학업 성적이 좋지 않았는지, 그리고 그로 인해 부모가 오랫동안 어떻게 서로 반목해 왔는지를 이해하는 데 도움이 되었다.

라이언의 엄마 리사(44세)는 큰 법률사무소에서 변호사로, 아빠 빌(43세)은 작은 부동산 회사에서 중개인으로 일하고 있었다. 리사의 부모는 아일랜드에서 온 가톨릭 이민자들이었다. 리사는 동부의 대도시 근교에서 자라면서 계속 사립학교를 다녔고, 대학까지 계속 장학금을 받았다. 그녀는 성인이 된 이후 우울증과 불안증으로 몇 번 약물치료를 받은 적이 있었다. 빌은 와이오밍의 한 작은 동네에서 태어났다. 그의 아버지는 지역 은행의 장이었고, 어머니는 개신교와 관련 있는 여러 자선 단체에서 활동하였다. 빌은 학창 시절 내내 개인 과외를 많이 받아야만 했다. 라이언이 학습장애 진단을 받게 되자, 빌은 자신에게도 아마 비슷한 문제가 있지 않았을까 생각하게 되었다. 리사는 자신을 매우 주도적이고 근면한 사람으로 평가했고, 자신의 그런 모습이 자녀들에게도 이어지길 바랐다. 반대로 빌은 자신의 사회적 성공이 공부보다는 자신의 대인 관계 능력 때문이라 여겼고, 따라서 붙임성과 사회성을 매우 중요시했다. 리사는 빌이 라이언을 좀 더 엄하게 다루고, 라이언이 스스로의 학업 성적에 책임을 많이 느끼도록 해야 한다고 생각했다. 반면, 빌은 리사가 라이언을 좀 더 따뜻하게 품어 주고 지지해 주어야 한다고 생각했다.

추가적인 정보들을 수집해 가다 보면, 우리는 맥락의 변수들 하나하나가 치료의 초점을 조금씩 바꿀 수 있다는 것을 확인할 수 있을 것이다. 예를 들어, 우리는 빌과 리사가 천성적으로 서로 다른 기질을 가지고 태어났다고 말할 수도 있을 것이다. 이런 맥락에서 보면, 리사는 애초부터 빠릿빠릿하고 칼 같은 성격을 가지고 태어난 데 비해 빌은 체계를 세우거나 계통에 따라서 사고하는 것이 힘든 기질을 가지고 태어났다고 볼 수도 있다는 것이다. 다른 맥락의 차원에서 보면, 빌과 리사가 일하는 환경의 문제가 가정에 대해 다른 관점을 갖도록 영향을 준다고 볼 수도 있다. 아니면 그들의 종교가 훈육에 영향을 미칠 수도 있고, 다른 환경에서 태어난 점이 서로를 이해하는 데 방해 요소로 작용했다고 생각해 볼 수도 있을 것이다. 이처럼 잠재적인 맥락들을 하나씩 더 알아 가게 될수록, 우리는 전체 문제를 유발한다고 생각되는 항목들의 수를 늘려 갈 수 있을 것이다.

이처럼 맥락의 문제는 치료자들에게 치료적 개입의 여러 가능성을 넓혀 주기도 하지만, 동시에 혼란과 불확실성을 야기하기도 한다. 이 책을 통해 보게 될 것처럼, 체계이론의 개념들이 모두 함께 고려될 때 가장 좋은 효과를 가져올 수 있다. 동시에 맥락의 요소들 중 가장 핵심적인 문제를 선택해서 다룰 수 있는 여러 특정 이론들에 기반한 각기 다른 치료법들이 존재한다는 것도 사실이다. 그러나 맥락의 여러 요소들에 초점을 맞추는 것과 동시에 내담자나 내담자의 체계를 개방 체계로 생각하는 것도 가능한 오류를 줄이는 데 도움이 되는 일이다. 여기서 좀 더 나아가 생각해 보면, 심리치료 자체가 맥락적 과정이라고 볼 수도 있다. 나는 특히 공연 내지 연극 이론을 치료 상황에 접목시킨 Michael Karson(2008)의 이론을 좋아하는데, 그는 이를 통해 치료실이라는 공간, 일종의 무대에서 임상가들이 어떻게 자신의 역할을 극대화하거나 축소하게 되는지를 연구했다. 체계론적 관점을 이용하여 Karson은 치료자와 내담자 두 사람이 참여하는 치료 상황은 기본적으로 부부치료의 경험과 거의 같은 것이라 하였다. 부부 문제에서처럼 치료 상황은 치료자와 내담자 각자의 개인적인 문제를 넘어서 두 사람이 동시에 관여함으로써 생겨나는 관계 맥락이라는 새로운 차원에서 이루어지기 때문이다. 그래서 개방 체계에서는 내담자와 치료자 모두가 치료 작업에 의해 변화한다고 본다.

맥락을 통해 문제 들여다보기

맥락적 접근을 이용한 가장 대표적인 치료 접근법으로 Murray Bowen(Bowen, 1985; Nichols & Schwartz, 2001)의 접근법이 있다. Bowen의 접근법은 가족 역동의 이해에 바탕을 두고 있지만 개인 치료에도 많이 쓰인다. Bowen은 자신의 가족과의 매우 솔직한 토론을 통하여 개방 체계 관점을 모형화하였다. 그는 인간의 정신을 근원적으로 이해하기 위해서는 개인과 집단 간의 상호작용을 이해해야 한다고 주장하였다. 그의 이론은 인간이 자율성과 함께 타인과의 친밀감을 동시에 추구한다는 점에 주목하여, 부분과 전체의 관계에 대한 근본적인 특성을 보여 주고 있다. Bowen에 의하면, 체계는 그것(체계)이 개인과 집단 모두의 욕구를 명확하게 인정하고 이러한 욕구들을 제대로 소통할 수 있는 규준이 형성되어 있을 때 가장 잘 기능한다. Bowen의 연구는 다중 관점을 이용한 전형적인 예가 되었고, 잘 기능하는 가족은 개방 체계적이라는 특성을 가진다는 것을 보여 주고 있다.

1913년에 태어난 Bowen은 정신분석 수련을 받은 정신건강의학과 의사로서 가족 역동이 개인의 정신병리에 어떻게 영향을 미치는지에 대해 많은 관심을 가졌다. 앞 장에서 설명하였듯이, Bowen은 1954년부터 1959년까지 미국 국립정신보건원(National Institute of Mental Health)에서 조현병에 대한 연구를 하였고(Nichols, 2010), 환자들이 다른 가족 구성원들과 어떤 방식으로 소통하는지를 관찰할 수 있었다. 그 당시의 지배적인 이론은 유년기 시절 어머니와의 소통 방식에 영향을 받아 조현병이 발병하는 것으로 되어 있었는데, Bowen은 이미 질환이 발병한 후에도 가족 간의 소통이 어떻게 증상을 더 악화시키는지에 대해 관심이 있었다. Bowen은 환자들의 어머니뿐만 아니라 전체 가족 구성원에 대해서까지 관찰의 폭을 넓혔고, 환자들의 유년기 경험에만 치중하지 않고 과거와 현재를 통틀어 가족 전체에 지속적으로 존재하는 무의식적 역동의 과정에 좀 더 집중하였다.

Bowen은 가족 구성원 간의 친밀도 및 관계를 선이나 모양으

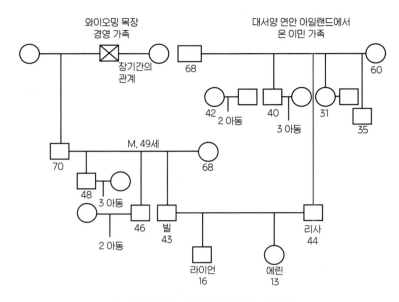

[그림 2-3] 빌과 리사의 3세대 가계도

로 표현한 심리학적 가계도(genogram)을 처음 고안하기도 하였다 (Bowen, 1985; Kerr & Bowen, 1988). [그림 2-3]은 라이언의 가계도를 보여 주고 있다.

Bowen은 환자의 문제를 제대로 이해하기 위해서는 적어도 3대의 맥락을 통해 문제를 바라보는 것이 중요하다고 하였다. 그는 정신역동을 이용하여 가족 간의 무의식적 과정을 강조하였는데, 즉 자신이 고안한 가계도를 이용하여 가족 내의 공통된 신념과 불안 패턴을 관찰하여야 한다고 하였다.

소속감과 정체성, 생각과 느낌

    Bowen의 개념 중 핵심은 그가 두 가지 다른 방식으로 사용하는 단어인 분화(differentiation)이다(Bowen, 1985). Bowen은 충분히 분화된 개인은 자율성과 친밀감을 함께 느낄 수 있는 능력과 다양한 경험을 처리하는 데 있어 생각과 감정을 함께 사용할 수 있는 능력이 있다고 말한다. 이 두 아이디어에 대한 분화 개념은 관계 맥락 속에서 사람들이 어떻게 행동하게 되는지에 대한 흥미로운 설명을 제공해 준다. 분화의 첫 번째 개념을 통해 Bowen은 인간의 자율성과 친밀감 욕구 사이의 역동적 긴장에 대한 흥미로운 관점을 제시했다. 즉, 독립적인 자기정체성을 가지고 있는 동시에 다른 사람들과 충분히 친밀한 관계를 맺을 수 있다면 그 사람은 잘 분화된 사람이라는 것이다. 분화는 독립이나 분리(separation)와 혼동될 수 있지만, Bowen은 이 둘이 확연히 다른 개념이라고 주장했다. 특히 최근 Bowen의 이론을 지지하는 사람들은 분화의 개념이 개인과 집단 각각의 욕구 간 균형을 강조하기 때문에 개인성과 개별성을 유별나게 강조하는 서구 심리학에 해독제 같은 역할을 할 수 있다고 주장한다. 또한 Bowen은 건강한 체계가 친밀감을 느낄 수 있는 기회를 제공함과 동시에 집단 내에서 각 개인의 고유한 정체성을 인정함으로써 분화를 촉진시킨다고 보았다. 독립성의 욕구와 친밀감에 대한 욕구는 동시에 표현될 수도 있고 순차적으로 나타날 수도 있지만, 당연히 서로 갈등을 일으킬 때도 있다.

    많은 학설이 독립성과 친밀성 사이에 내재된 갈등에 대해 강조하긴 하지만, Bowen의 분화 개념은 특히나 이러한 문제점을 좀 더 큰 그림을 통해 더 잘 보여 주고 있다. 예를 들어, 가끔 어떤 관계는 지나치게 밀접할 뿐만 아니라 심지어는 거의 경계가 없어 보이기도 한다. 이런 경우에 대해 Bowen은 개별성과 독자성에 대한 욕구가 존재할 수 있는 여지가 거의 없다고 보았다. 반대로 다른 극단에는 고립되거나 소외된 관계가 있을 것인데, Bowen은 이 양극단 모두가 분화의 결핍을 나타내고 있다고 설명한다.

나는 실제 치료에서 분화의 개념이 상당히 도움이 된다고 느끼는데, 예를 들면 다음과 같은 두 가지 종류의 말들을 들을 때가 많기 때문이다.

> "나는 내 가족들하고 얽힌 문제를 다 해결했어요. 이제는 그들하고 전혀 대화를 안 하고 신경을 끊었기 때문이죠."
>
> "나는 가족들과 아무 문제가 없어요. 우리는 항상 대화를 많이 해서 서로 불화하거나 싸울 일이 전혀 없거든요."

Bowen의 분화 개념을 적용해 보면 이 두 가지 말 모두 잘못됐을 뿐만 아니라 근본적으로 같은 가족 역동을 가지고 있다는 것을 알 수 있다. '둘 다/이럴 수도 저럴 수도'와 같은 사고를 가진 체계이론의 특성을 통해 알 수 있듯이 독립성과 친밀성은 서로 보완되는 개념으로 작용할 때 가장 잘 기능한다. 안전한 관계 안에서 인정받는다고 느낄수록 그 개인은 더 확고한 정체성을 가지고 자신을 잘 표현할 수 있다. 마찬가지로, 일관성 있고 확고한 정체성을 가질수록 그 사람은 진정한 친밀감을 더 잘 느낄 수 있다.

두 번째로, Bowen은 생각과 감정을 구분할 수 있는 능력과 함께 이들을 건설적으로 함께 사용할 수 있는 능력을 설명할 때에 분화라는 단어를 썼다. 가끔씩 Bowen의 이론이 반응적 정서를 과소평가하고 지나치게 인지적이라고 비판을 받기도 하지만, 그의 이론을 자세히 들여다보면 정서와 인지의 필요성을 모두 강조하고 있다는 것을 알 수 있다. Bowen은 사람들이 생각과 감정을 잘 구분하지 못하는 경우에 문제 상황이 좀 더 악화될 수 있다고 믿었다. 이 두 가지의 구분 없이는 감정에만 치우쳐 매우 충동적으로 반응하거나, 반대로 합리성만 강조하며 모든 문제를 단순히 논리로만 접근하는 경향이 생길 수도 있다는 것이다. 좀 더 분화된 관점을 통해 우리는 문제에 대해서 자세히 생각하고 논리적으로 다가가는 동시에 반응적 정서를 통해 우리의 감정을 살펴볼 수 있게 된다.

Bowen은 체계 안에서 명확하고 직설적인 소통 방법을 옹호했지만, 동시에 사람들이 제삼자를 끌어들임으로써 양자 사이에서의 직접적인 소통 방식을 피하려는 경향을 가지고 있다고 주장하였다. 많은 체계론적 접근법이 삼자 관계의 중요성에 대해 논하고 있기는 하지만, Bowen은 문제가 되는 삼자 관계의 발달과 유지에 대해 나름의 방식으로 유용한 설명을 추가하였다. Bowen에 따르면, 사람들은 양자 사이의 갈등과 관련해 내재된 불안을 해소하는 방법으로 제삼자를 관계 안에 포함시킨다. 인간의 본성상 우리는 어느 한 사람과 친해지기 위한 방법으로 다른 사람을 희생양으로 삼는 경향이 있다(대표적인 예로 소위 '뒷담화'를 나누면서 어느 두 사람이 매우 친해지는 경우를 들 수 있을 것이다-역자 주). 많은 사회

심리 현상이나 역사에서 볼 수 있듯이, 집단 내의 결속을 높이기 위한 효과적인 방법은 한 집단을 다른 집단과 경쟁 또는 투쟁하게 하는 것이다. 즉, 내부 구성원들에 대한 공동의 적을 외부에 만드는 것이다. Bowen은 이러한 현상을 좀 더 깊이 있게 파고들어, 이러한 방식의 역동이 얼마나 바뀌기 어려운지를 설명한다. 그에 따르면 양자 사이의 갈등은 자연스레 일정 정도의 불안을 일으킨다. 그러나 분화가 잘된 개인들 사이의 관계에서는 이러한 불안이 잘 다루어지고 감당될 수 있다. 불안이 감정 자체로 잘 느껴지고 다루어질 뿐만 아니라 인지적으로도 잘 이해되기 때문이다. 또한 분화가 잘된 이들은 개인적 차원의 욕구와 관계로부터 요구되는 것들을 동시에 존중하고 수용하기에, 갈등을 직접적으로 다루는 데에 있어서도 심리적으로 안전함을 느낀다.

하지만 분화가 잘 되지 않은 상태라면, 갈등이 자기상실이나 관계 상실을 유발하는 위험 요소로 다가올 수 있기 때문에 그 갈등은 더욱 위협적으로 지각된다. 결국 갈등을 직접적으로 다루는 대신 다른 사람을 양자 관계에 포함시켜 피상적인 친밀감만을 추구하게 된다. 이렇게 되면 원래의 갈등으로부터 유발된 불안은 표면적으로는 일정 부분 감소하게 된다. 마음이 맞는 사람들과 함께한다는 일체감과 함께 갈등으로부터 어느 정도 거리를 두게 된다는 느낌 때문이다. 이로써 체계는 다시 한 번 일정한(물론 다소 미숙하거나 병적인-역자 주) 안정 상태로 돌아가게 된다. 게다가 불안을 관리하기 위해 삼자 관계를 이용하는 체계에서는 한 삼자 관계에서 또 다른 삼자 관계들로 계속 이어지게 될 수 있다. 이러한 체계 안에서는 이런 방식으로 불안을 감소시켜 일시적인 안정감을 느낄 수는 있지만, 근본적인 불안이나 갈등은 해결되지 않는다.

심리적 대물림의 재작업

빌과 리사의 사례로 다시 돌아가 Bowen의 맥락의 개념을 이용하여 이들의 문제를 어떻게 이해하고 개입할 수 있을지 알아보자. 가계도에서 볼 수 있듯이 빌과 리사는 결혼한 지 18년이 되었고, 라이언(16세)과 에린(13세)을 자녀로 두고 있다. 빌은 3형제 중 막내로, 그의 가족 중 그가 자란 와이오밍의 작은 동네에서 유일하게 다른 곳으로 이주해 살고 있다. 그의 중조부는 정부로부터 서부에 농지를 공여받아 목장을 운영하며 살았고, 빌의 집안은 대대로 그 지역에서 유지 역할을 해 왔다. 빌이 10대 때 조부가 사망했는데, 그 직후 조부에게 오랫동안 정부가 있었다는 충격적인 사실이 드러났다. 그 여자는 조부의 유언에 따라 많은 재산을 상속받게 되었고, 남은 가족과 그녀는 그녀가 물려받은 재산을 팔고 조용히 마을을 떠나는 것으로 합의했다. 그 후로 가족들은 이 일에 대해 일절 언급하지 않았다. 빌의 본가 가족들은 공손하고 다정하지만 감정을 직접적으로 표출하지 않는 성향을 가지고 있다.

리사는 5형제 중 장녀이다. 그녀의 양쪽 조부모는 모두 1920년대 초반의 아일랜드 출신 이민자들이었다. 아버지는 버스를 운전했고 어머니는 파트타임 미용사로 일했다. 형제들은 다른 지역에 살고 있으며, 대부분 전문직으로 일정 정도 성공을 이룬 상태이다. 여동생과 남동생 하나는 법대를 졸업하고 기업에서 법무를 담당하고 있고, 막내 여동생은 사회복지사로 일하고 있다. 그러나 둘째 남동생은 약물 남용으로 많은 문제를 일으켰고, 현재 부모와 함께 살고 있다. 리사의 부모는 그 남동생과 관련된 법적 문제로 인해 큰딸 리사에게 자주 전화를 걸곤 했다. 둘째 남동생은 치료를 받다 말다 해 왔고, 약물 남용 문제로 법적인 문제도 많이 일으키곤 했다. 그는 직장 상사의 물건을 훔쳐서 기소된 적도 있고, 음주운전으로 적발되어 처벌받기도 했다. 이러한 일들은 가족들이 전화 통화를 하거나 이야기를 나눌 때 자주 감정적인 상황으로 몰아가는 계기가 되곤 했다. 남동생 문제가 뭐든 생기면 리사는 그 문제를 해결하고 가족들을 안정시키는 역할을 요구받곤 한다. 이에 리사는 그녀 도움 없이 문제를 해결하지 못하는 가족에 대해 복잡한 감정을 가지고 있었다.

빌과 리사의 가계도를 보면 가족들의 회복력(resilience)과 문제점의 대비를 잘 볼 수 있다. 우리는 흔히 가족들이 겪고 있는 문제 상황 자체에만 집중하기 쉬운데, Bowen의 접근법은 가족 관계의 근본적인 재정립 작업을 통해 그 가족의 어떤 강점이나 힘을 볼 수 있게 해 주는 장점이 있다. 이 사례에서 빌과 리사는 그들의 서로 다른 양육 방법으로 인해 만성적인 부부 갈등에 빠져 있었는데, 아이들이 사춘기에 접어들면서 이는 더욱 극대화되었다. 가족 맥락에 초점을 맞춰 보면, 부부의 대조적인 훈육 방법이 각자가 자라 온 원가족의 의식적 그리고 무의식적 신념과 가치 체계에서 비롯되었다는 것을 알 수 있다. 리사가 지금까지 자신이 발전하고 성공하는 데 바탕이 되었다고 믿는 질서정연함과 체계적인 성격, 생산적인 활동 등을 아이들에게 강조하는 것은 그것들이 그만큼 가치가 있다고 생각하기 때문이다. 그에 반해 빌은 다정하고 순탄한 관계를 중시하는 가치관을 가지고 있다. 그는 인간관계가 조화롭고 지지적이기를 바란다.

'둘 다/이럴 수도 저럴 수도'의 접근법으로 시작해 본다면 리사와 빌 두 사람 모두의 생각이나 의견이 나름대로는 타당하고 설득력 있다고 생각할 수 있다. 그러나 Bowen의 접근법은 여기에서 한발 더 나아가 왜 그들이 이렇게 서로가 갖고 있는 다른 관점들을 자신의 것과 함께 고려하기 어려운가를 더 잘 이해할 수 있게 도와준다. 개념적 차원에서 보면 리사와 빌이 적절히 분화하는 것을 어렵게 만드는 원가족 안에서의 해결되지 않은 문제들이 있다는 것을 볼 수 있다. 스타일은 다르지만, 각자의 원가족은 가족 문제나 가족 내의 어떤 변화로 인해 생기는 근본적인 불안에 잘 대처하지 못하는 면에서는 공통적인 모습을 보인다. 빌의 가족은 그의 조부의 불륜에 대해서 문제를 회피하고 정서적으로 차단하는 방식으로 대처했다. 또한 가족의 화합과 화목해 보이는 겉모습을 중요시하였기에 부정적인 감정들은 무시되거나 밖으로 언급되지 않았다. 결국 이러한 패턴은 조부의 숨겨진 관계 문제에서뿐만 아니라 빌의 학습 문제에 대한 부모의 반응에서도 역시 엿볼 수 있었다. 빌은 학교생활을 따라가기 어려워했고, 부모가 그의 저조한 성적에 실망하고 있다는 것도 알았지만, 이러한 감정을 부모와 함께 나눌 수 있는 기회를 갖지 못했다. 그의 학업 문제를 해결하기 위해 빌의 부모가 선택한 방안은 빌에게 개인 과외를 시키는 것이었고, 문제가 또 거론될라치면 곧바로 화제를 돌리는 것이었다.

리사의 가족은 빌의 가족과는 정반대였다. 가족 간에 문제가 생기면 집안이 늘 시끄럽고 감정적으로 격렬해졌다. 가족 간에 대화도 많이 오갔지만, 빌의 가족처럼 가족 구성원들 간에 존재하는 특정 패턴은 시간이 지나도 별로 달라지지 않았다. 두 가족 모두 그 안에 삼자 관계 구도가 자리 잡고 있다는 것은 공통되게 분화가 결핍되었다는 반증인 셈이었다. 리사가 아들 라이언의 성적이 저조한 것을 불안해할수록 그녀는 빌의 양육 방식에 더 화를 내게 되었고, 그럴수록 그들의 다툼은 더 잦아졌다. 이럴 때 리사는 친정어머니와 이야기를 나누면서, 남자들이란 아이를 키우는 데에는 별 도움이 되지 않는다는 얘기로 지지를 받곤 했다. 리사의 친정어머니는 빌의 가족이 빌의 문제를 방치해서 그다지 미덥지 못하게 키웠다고 하면서 본가의 가족 사업에 빌붙어서 성공하려는 빌에게 너무 기대지 말라고 주의를 준다. 그리고 대화 말미에는 항상 리사의 동생인 존에 대한 걱정과 함께 라이언이 삼촌처럼 되지 않게 조심하라고 주의를 주곤 한다. 이러한 방식은 또 다른 삼자 관계를 만든다(첫 번째 삼각형은 리사-빌-친정어머니, 두 번째 삼각형은 리사-친정어머니-라이언의 삼촌, 세 번째 삼각형은 리사-삼촌-라이언이다-역자 주). 반면, 빌은 리사와 갈등이 많을 때에도 그의 원가족에게는 이에 대해 주로 함구한다. 그리고 급하게 빌의 원가족이 본가에 모여야 하는 일이 생기면 빌은 현재 가족에게 다른 계획이나 일이 있더라도 모두 취소하고 꼭 모임에 참석하게 한다. 이로 인해 리사는 감정적으로 반응하거나 화를 내게 되고, 이런 리사에 대해 빌의 본가 가족들은 속으로는 심하게 당혹스러워하지만 애써 태연한 척하려 하고 겉으로는 최대한 부드럽게 대하려 애쓴다.

최근 이러한 모든 상호작용의 압축판 같은 사건이 발생했다. 리사와 빌은 칠순이 된 빌 아버지의 생일 파티에 대해 이야기를 나누게 되었다. 시간상 그들이 가족 식사에 늦지 않게 참석하려면 라이언이 대학 입시 시험 준비를 위한 개인 과외를 한 번 빠져야 했다. 리사는 라이언이 대학 입시에 전념해야 함을 강조하며 빌이 본가 가족들에게 금요일 식사는 참석하지 않고 다음 날 가겠다고 말해 주기를 원했다. 하지만 빌은 라이언이 적당히 준비가 된 것 같다고, 학원을 한 번 빠져도 괜찮을 것이라고 주장했다. 그러자 리사는 화를 내며 라이언의 상태에 대해 상당히 부정적으로 이야기했다. 그 후 그녀는 친정어머니에게 전화를 걸어 하소연하였고, 친정어머니는 빌이 아이들에게 지나치게 허용적이라며 맞장구를 쳐 주었다. 그러는 사이에 라이언은 엄마가 자신에게 너무 비판적이고 믿지를 못한다며 화를 내고는 집을 나가 버렸다. 결국 리사가 한 발짝 물러서게 되었고, 그들은 모두 금요일 저녁 식사에 참석하기로 결정했다. 예상대로 빌은 다른 가족들 앞에서 아무 일 없다는 듯 행동했지만, 리사는 신경이 계속 곤두서 있었고 알게 모르게 다소 무례한 태도를 보이게 되었다. 이러한 상호작용은 이 가족의 문제적인 패턴을 다시 한 번 확인시켜 주었다. 리사는 감정적이고 분노에 차 있었으며, 하고 싶은 말을 바로바로 하긴 하지만 결과적으로는 별로 씨가 먹히지 않는다고 느끼고 있다. 빌은 리사의 분노를 모두 받아 주긴 하지만 그녀와 함께 문제를 해결하려 하진 않고, 직접 언급하고 상의해서 풀기보다는 대강 수습하고 넘어가려 한다.

Bowen 같으면 이 부부의 문제에 대해 어떠한 방식으로 접근했을까? 체계론적 맥락에서 보면 개인의 변화가 체계를 변화시킬 것이고, 반대로 체계의 변화 또한 개인에게 영향을 줄 것이다. 이 예에서는 두 개인을 잘 분화할 수 있도록 도와주어 부부의 관계를 개선시키는 것에 방점이 찍힐 수 있을 것이다. 이 과정에서 첫 번째 단계는 부부와 함께 가계도를 통해 가족 전체의 체계를 살펴본 후 반응을 지켜보는 것이다. 이 단계는 가장 기초적인 단계일 수 있지만, 치료에 매우 큰 영향을 주는 경우가 많다. 가계도를 살펴보는 목적 중 하나는 문제를 좀 더 큰 맥락에 놓고 보는 것이다. 빌은 리사의 부정적 성향과 지나친 엄격함이 문제라고 믿고 있고, 리사는 빌의 회피적인 성향과 무책임함이 문제라고 느끼고 있다. 이 경우 이들 두 사람은 어떤 구체적인 행동 자체를 국한해서 문제 삼는 것이 아니라 상대방의 성격 자체를 통틀어서 문제로 규정하고 있다. 하지만 함께 가계도를 관찰하다 보면 상대방의 행동은 그가 자라 온 가족 역동의 맥락으로부터 발전해 온 것으로 나름대로는 그럴 만한 이유가 있었음을 알 수 있게 된다. 또한 가계도는 부부 사이의 문제가 무엇인지 재조명해 볼 수 있는 기회를 제공하기도 한다. 그들은 자녀들을 위해 둘이서 어떻게 무엇을 해야 할지 모르고 있다는 것과 함께 비생산적인 감정 소모와 회피 행동이라는 각 집안의 심리적 대물림을 반복하고 있다는 것을 가계도에서 직접적으로 확인할 수 있다. 그동안 익숙해져 있던 가족 간의 몇 가지 패턴이 그들의 변화에 방해 요소로 작용할 수 있지만, 결국 그런 부분들은 변화가 가능한 측면들이라는 것도 알게 될 것이다. 가계도는 얼핏 보면 가족 구조를 단순히 시각화하기만 한 것으로 보일 수도 있지만, 그것을 작성하고 해석하는 과정은 깊은 성찰과 탐구를 필요로 하고 결국 의미 있는 통찰을 제공해 줄 수 있다.

보다 더 명확한 관계 만들기

치료자는 부부에게 가계도를 설명한 후 그들의 분화를 증대시키기 위한 현실적이고 구체적인 방법들에 대해 토론해 볼 수 있도록 돕는다. 분화의 기본적 정의를 생각해 본다면 이 같은 토론은 두 사람 사이나 아니면 각자의 원가족들과의 관계 안에서 분화를 연습할 수 있는 충분한 기회를 제공해 줄 수 있을 것이다. 리사는 아들 라이언의 성적으로 인해 불안해질 때 이러한 불안을 있는 그대로 느끼고 지각하는 것을 배우고, 자신의 분노뿐만 아니라 이러한 불안감에 대해 빌과 이야기하는 것을 배우고 훈련하게 될 것이다. 아울러 그녀는 정보와 감정을 함께 사용하여 자신의 생각과 감정을 좀 더 잘 통합하도록 노력해 볼 수도 있다. 즉, 리사는 빌이 라이언의 대학 입시 준비에 대한 그녀의 노력을 인정해 주지 않는다고 막연히 단정하기보다는 라이언이 금요일 과외 수업에 빠지면 무엇을 놓치게 되고 또 이를 어떻게 보충할지에 대해 구체적으로 빌과 상의해 볼 수 있을 것이다.

독자들은 이유는 다를지라도 빌 역시 이와 비슷한 훈련을 할 수 있을 것이라 이미 짐작할 수 있을 것이다. 빌은 리사가 원하는 것을 회피하는 데 급급해하기보다는 자신이 원하는 것을 좀 더 구체적이고 적극적으로 표현할 수 있도록 하는 연습이 필요하다. 그의 본가 가족 모임이 그렇게 중요하다고 생각하면 모임 전에 미리 여러 일정을 확인해 보고 리사에게 그가 원하는 것을 직접적으로 이야기해 볼 수 있다. 우리는 또 두 사람 모두 문제가 생겼을 때 자신의 원가족들에게 했던 방식과 다른 식으로 행동했다면 문제 해결이 좀 더 쉬웠을 것이라고 생각해 볼 수 있다. 리사가 빌에 대해 불평하거나 자신의 입장을 일방적으로 지지받기보다는 생산적인 조언을 위해 친정어머니에게 전화를 건다면, 어쩌면 매우 다른 관점이나 접근 방식에 대한 조언을 얻었을 수도 있을 것이다. 그러나 감정과 생각을 구분하고 둘을 함께 다룰 수 있는 능력을 익히는 것은 삼자 관계가 이루어지지 않은 상태에 있을 때 더 쉬운 경향이 있다. 빌에 대한 불평을 늘어놓으려고 친정어머니에게 전화를 거는 순간, 빌에 대한 분노를 쏟아 내고 빌의 입장이나 생각을 받아들이지 않겠다는 것뿐만 아니라 이러한 자신의 생각과 태도가 무조건적으로 정당화되어야 한다는 암묵적인 전제가 깔려 있기 때문이다.

빌의 과제 또한 리사의 그것과 거울처럼 정확히 대척점에 놓인다. 빌이 그의 원가족으로부터 좀 더 잘 분화될수록 그는 표면적으로 평화로워 보이는 것에만 신경 쓰는 것이 아니라 갈등이 생길 것을 감안하고라도 문제에 대해 언급할 수 있게 될 것이다. 앞의 예에서 빌은 금요일 저녁 모임을 계획한 누나에게 연락해서 금요일 행사에 빠질 수도 있는 경우의 수에 대해 함께 검토해 보는 것은 생각해 보지도 않았다. 원하는 바나 불만을 표현하는 데 문제가 있는 빌로서는, 자신의 현 가족의 욕구와 본가의 욕구가 마찰을 일으킬 가능성에 대해 언급하는 것만으로도 집안의 어떤 암묵적인 불문율을 깨는 것 같은 느낌을 받았던 것이다.

보웬의 기법 중 두드러진 것으로 분화를 촉진시키기 위해 편지를 이용하는 것을 들 수 있다. Bowen은 편지가 특히 순간적인 감정 반응을 최소화하기 때문에 유용하다고 생각했다. 또한 그는 분화를 촉진하기 위해 개인치료의 경우에도 다른 가족을 치료에 참여시키기도 했다. 어떤 기법을 사용하든 간에 Bowen은 항상 개인의 욕구와 집단의 욕구 간의 협상과 함께 생각과 감정을 구분해서 이용할 줄 아는 능력을 중시하였다.

리사와 빌과 함께 치료 작업을 하면서 각자가 원가족과의 관계를 재정립하는 과정과 두 사람 사이에서의 작업이 서로 딱 맞물려 돌아가는 것을 지켜보는 것은 매우 흥미로운 경험이었다. 리사가 자신의 불안을 좀 더 잘 조절하게 되고 빌과 라이언의 장점에 대해 깨닫게 될수록 그녀는 자신의 두려움과 걱정을 상대방에게 의미 있게 전달하는 표현 방법을 알아 가기 시작했다. 그리고 친정 어머니와 통화하면서 다른 가족들(주로 둘째 남동생과 남편)을 탓하는 시간을 줄여 가면서, 그간 자신이 사회적인 성취를 통해 얼마나 자존감을 유지하려고 애써 왔는지도 깨닫기 시작하였다. 이러한 통찰은 그녀로 하여금 스스로의 진정한 강점을 좀 더 보게 했을 뿐만 아니라, 그녀가 자신의 업적에 대해 다른 가족들에게 얼마나 인정받기를 바라 왔는지도 알 수 있었다. 그리하여 리사가 자신의 원가족에게 더 다정해지고 부드러워질수록 그녀는 빌에게도 비슷한 방식으로 대할 수 있었다.

동시에 빌은 자신의 원가족과 리사에게 좀 더 직접적으로 대화하는 방식을 연습하고 있었다. 빌이 리사의 비난이 어떻게 자신을 힘들게 하는지 좀 더 인지하게 될수록, 그간 그의 마음속에 잠재되어 있던 원가족과 관련된 외로움과 실망감을 마주할 수 있게 되었다. 그의 본가 가족들은 비판적인 면들을 늘 드러내지는 않았지만, 그는 자주 정서적으로 지지받지 못한다는 느낌을 받았다. 그리고 이제 이런 감정을 억압하는 대신 이에 대해 가족들과 직접 얘기하고 다루는 방법을 찾기 시작했다. 때때로 이러한 작업은 주로 라이언의 문제를 다룰 때 가장 쉽게 가능했다. 아버지가 자신을 대했던 방식과는 다르게, 자신이 라이언에게 정서적으로 충분히 도움을 주기 위해 애를 쓰고 있다는 것을 인식하고 있었기 때문이다. 빌은 그가 기울였던 노력과 열망을 아버지와 이야기하면서 자신의 원가족에게 부정적인 감정을 좀 더 잘 표현할 수 있는 기회를 찾게 되었다.

특기할 만한 것은, 이들 부부와 작업을 하는 동안 내가 라이언을 한 번도 실제로 본 적이 없었음에도 불구하고, 이 사례가 앞서 말한 부분과 전체의 연결성에 대해 매우 잘 보여 주고 있다는 점이다. 빌과 리사가 양육 방법을 놓고 다투었을 때, 그들은 각자의 원가족 내에서 기인한 패턴을 반복하고 있었을 뿐만 아니라 이러한 오래된 패턴은 그들의 현재 결혼 생활에서도 생생하게 살아남아 영향을 발휘하고 있었던 것이다. 라이언도 이러한 갈등에 관련되었을 때, 삼자 관계의 일부로 포함되어 개인적인 발달에도 영향을 받게 되었다. 빌과 리사가 부부 문제를 원가족들과의 맥락 틀에서 치료적으로 작업할 수 있게 되면서, 그들은 삼자 관계에서 라이언을 더 쉽게 제외할 수 있었다. 라이언이 대입 준비 수업을 결석했던 일화의 경우처럼 이러한 삼자 관계를 이용하여 라이언이 책임을 회피하고 엄마의 잔소리를 피하는 방법을 익혔을 수도 있을 것이라 생각해 볼 수도 있다. 이러한 가족의 문제에 대해 전통적인 심리학적인 접근은, 학업 성취도가 떨어지고 뒤에서 교묘히 조종을 잘하는 청소년과 우울하고 비판적이며 부정적인 엄마, 수동-공격적이고 정서적으로 도움이 되지 않는 아빠의 구조로 접근했을 수도 있었을 것이다.

이 사례를 통해 우리는 어떤 문제를 더 넓은 맥락에서 들여다보는 것이 해당 문제에 대한 사실과 한계를 아는 데 도움이 된다는 것을 알 수 있다. 맥락을 통해 보면 문제가 좀 더 납득할 만한 어떤 상황으로 보이게 되는 경우가 많고, 단순히 병적으로만 문제를 파악하게 되는 위험을 피할 수 있게 된다. 또한 원가족과의 문제에 대한 Bowen의 접근법은 리사와 빌 두 사람의 입장이 각자의 입장에서는 그럴 수도 있었겠다는 타당성을 일정 정도 느끼도록 허용하는 동시에, 그러한 오래된 입장이나 관점이라는 부분들이 전체와 어떤 식으로 맞물려 있는지 보는 데 도움이 되었다. 장님들과 코끼리 이야기처럼, 빌과 리사는 자신들 앞의 코끼리의 부분에 대해 좀 더 명확히 알게 되었을 뿐만 아니라 다른 사람의 의견에 대해서도 더 존중할 수 있게 되었다.

일반체계이론의 개념으로 돌아가 보면, 맥락의 개념은 아주 일반적이고 기본적인 것이다. 맥락을 통해 문제를 이해한다는 것은 문제가 놓여 있는 모든 체계와 하부체계를 동시에 고려한다는 것이다. 다중 관점의 개념은, 문제에 대한 우리의 이해가 우리를 둘러싼 체계들에 의해 제한을 받는다는 것과 함께 맥락이 바뀌면 이러한 이해도 함께 바뀐다는 것을 뜻한다. 다중 관점의 이러한 특성을 활용할 수 있는 능력은 문제 상황을 다루는 데 있어 유익한 많은 장점을 제공해 준다. 또한 비총합성의 개념은 단순히 부분들의 합이 전체가 되지는 않는다는 것을 강조하며, 우리로 하여금 부분과 전체 사이의 문제에 좀 더 초점을 맞출 수 있도록 유도한다. 개방 체계의 개념을 통해 우리는 전체가 어떻게 구성되어 있는지, 그리고 상호작용에 대한 관찰을 통해 부분과 전체가 어떻게 관계를 맺고 있는지에 대해 좀 더 잘 이해할 수 있게 된다. Bowen의 이론과 같은 관점들은 개개인이 더 큰 체계에 속해 있는 독립적이고 고유한 하나의 체계들이라는 것을 이해할 수 있도록 도와준다. 이러한 부분과 전체 간의 역동적 긴장은 체계가 항상 유동적인 대상이라는 것을 의미한다. 이러한 현상은 뒤에 나올 인과관계와 변화에 대해 다룰 때 다시 언급하게 될 것이다.

딸이 생후 1개월 되었을 무렵, 나와 남편은 취업 인터뷰 때문에 딸을 데리고 시카고에서 덴버까지 가게 되었다. 그런데 우리가 덴버에 있는 동안 조모가 사망하셨고, 나는 장례식에 참석하기 위해 딸을 데리고 뉴멕시코로 떠났다. 그리고 다시 우리 가족이 모두 시카고로 돌아온 다음 날에는 오후부터 저녁 내내 친한 친구의 결혼식에 참석하였다. 내 딸은 기질적으로 순한 아이였고 복잡한 일정을 내내 잘 견뎌 주었지만, 일상으로 돌아온 뒤로는 3일 동안 하루에도 몇 시간씩을 울어 대곤 했다. 나는 아이가 혹시 여행을 하는 동안 무슨 병에 걸렸거나 원인을 알 수 없는 배앓이를 하는 건 아닌가 싶어 소아과에 데려갔다. 하지만 의사는 원인을 찾지 못하였고 나에게 인내심을 가지고 기다려 보라고만 하였다. 딸아이가 우는 이유를 도무지 알 수 없는 데서 오는 절망감과 고통에 대해 당시 내 치료사에게 얘기하면서 머리를 쥐어짜던 일은 아마 영원히 잊지 못할 것이다. 그때 내 치료사는 이렇게 답했다. "글쎄요. 어쩌면 그 이유를 영영 알지 못할 수도 있겠지요." 나는 이 대답에 상당히 충격을 받았다. 당시로서의 나에게는 내 아이가 왜 우는지를 알지 못하는 상황이 지속된다는 것은 정말 받아들이기 힘든 일이었기 때문이다.

원인을 알고 싶어 하는 욕구

자신의 경험들을 의미 있는 전체로서 통합해 이해하려는 성향을 가지고 있는 것 못지않게, 인간은 어떤 일이 발생했을 때 왜 그 일이 일어났는지 납득할 만한 원인과 이유를 찾으려 하는 본성이 있다. 사실 종래의 철학이나 과학과 같은 학문들 모두 우리가 경험하는 사건들의 원인을 찾기 위한 노력을 기반으로 하고 있다. 다시 말해, 어떤 일이 발생하면 우리는 그 일이 왜 일어났는지 알고 싶어 한다. 이러한 원인과 결과에 대한 학습의 과정은 인간의 인지 발달에서 매우 이른 시기부터 시작되며 전 생애를 통해 지속된다. 예를 들어, 높은 유아의자에 앉아 있는 한 아기가 반복해서 쟁반 위에 있는 숟가락을 떨어뜨리고 그게 바닥으로 떨어지는 것을 관찰하고 있다고 해 보자. 그리고 여기에서 엄마는 숟가락을 계속 주워서 쟁반 위로 올려 준다. 간단한 예지만, 이 경우 이러한 인과관계를 파악할 만한 아이의 인지 발달과 박수치고 웃으면서 숟가락을 계속 주워 주는 엄마의 정적 강화가 그 아기의 물리 실험을 반복하게 만드는 두 요인이 된다.

과학적 연구 방법은 인과관계를 이해하고자 하는 인간의 소망을 위해 설계되어 있다. 우리는 어떤 현상을 관찰한 뒤 우리가 본 것이 어떻게 일어난 것인지에 대한 가설을 세우고 그 가설을 검증할 수 있는 계획을 세운다. 그런 다음, 실험의 결과들을 바탕으로 가설을 수정하고 이론들을 개발한다. 이런 식의 방법을 사용하는 것은 기술 분야부터 의학에 이르기까지 매우 다양하다. 하지만 이러한 방법들에도 그 나름의 제한점이 있게 마련이다. 그리고 그 제한점의 많은 부분은 그 방법의 적용에 대한 기본 전제들로부터 비롯된다.

앞 장에서 비만 문제의 예를 들면서 전통적인 실험실 과학 활동이 현상을 어떻게 맥락으로부터 분리시키고 환원시키는지에 대해 알아보았다. 이러한 방법은 체계 기능의 일부를 이해하는 데 도움을 줄 수는 있지만 사람들과 현상이나 사건들을 맥락 안에서 보지 못하게 함으로써 잘못된 결론을 이끌어 낼 위험성도 크다. 인과관계에 관한 고찰에서도 이와 비슷한 문제점이 도사리고 있다. 전통적 실험과학은 현상에 대한 가장 적합한 설명을 찾으려 하고, 그래서 단일한 인과관계를 강조하는 경향이 있다. 서구 과학은 인과관계를 선형적 과정으로 본다. 앞의 예에서 의자에 앉아 있는 아이가 '내가 수저를 떨어뜨리면, 그것은 바닥에 떨어질 것이다.'라고 생각하는 것과 같이, 우리는 '현상 a가 일어나면, b 현상이 뒤따를 것이다.'라는 식으로 생각한다.

이 같은 유형의 원인과 결과 사고가 주는 예측은 우리에게 안정감을 줄 수 있기도 하지만 반대로 문제점을 야기할 수도 있다. 이번에는 내 아들과 관련된 예를 소개해 볼까 한다. 아들이 유아였을 때 계속해서 재발하는 귓병으로 무척 고생했다. 어떤 항생제를 쓰면 나았지만 몇 주 뒤 다시 재발했고, 다시 다른 종류의 항생제를 처방받았다. 아이가 생후 9개월이 되었을 때, 우리는 결국 아이의 귀에 튜브를 삽입해야 했지만 그 후에도 귓병은 지속됐고 몇 달 더 항생제 치료를 받아야 했다. 나는 남편이 침을 공부하고 있는 동료와 이 문제를 상의하게 되었고, 침치료를 권유받았다. 또 다른 동료는 아이에게 면역력을 높여 주는 요거트와 다른 음식들을 많이 먹여야 한다고 권유했다. 나는 항생제를 끊고 요거트를 먹이기 시작했다. 그리고 아이를 소아 침술 전문가에게도 데려갔다. 몇 주 뒤 아이의 귀는 다 나았다.

이 이야기는 과학적 방법이 가지고 있는 몇 가지 제한점을 잘 보여 주고 있다. 선형적 인과관계로 이 문제를 접근한다면, 우리는 무엇이 중이염을 일으켰는지부터 알아보아야 한다. 중이염이 세균 때문이라는 것은 이미 모두 알고 있는 사실이고, 항생제가 세균을 없애는 데 효과적이라는 것도 알고 있다. 과학적인 방법은 간단하고 세련된 문제 해결 방법을 제공해 주기도 하지만, 그러한 해결 방법이 문제를 해결해 주기는커녕 더 악화시키는 경우도 있다. 아들의 귀에는 염증이 반복됐고 아이는 매번 다른 종류의 항생제가 필요했다. 여기서 한 걸음 물러서서 본다면 문제 상황의 순환적인 패턴, 즉 '중이염 발생 → 염증이 며칠간 사라짐 → 중이염 재발 → 항생제 다시 사용 → 다시 염증이 사라짐'을 볼 수 있다.

체계이론에 따라 이러한 순환적 패턴을 관찰하면서 우리는 이 문제를 다시 정리해 볼 수 있다. 즉, 달팽이관에 생긴 세균 때문에 염증이 생겼다는 단일한 선형적 설명 대신, 지속적으로 세균에 맞서 싸우지 못했던 면역체계의 문제였다는 것을 생각해 볼 수 있을 것이다. 아들의 면역력과 세균의 관계를 좀 더 자세히 들여다본다면 우리는 면역력 감소에 대한 여러 이유를 알 수 있을 것이다. 이 경우 지속적인 항생제 사용이 아들의 면역력을 억제시키고 그로 인해 아이가 자주 아팠던 것 같다. 이렇게 선형적 원인과 결과 사고의 한계 때문에 우리는 가끔 의도하지 않은 결과를 맞이할 때가 있다. 내 아들의 경우 해결 방법(항생제 사용)이 문제(계속되는 중이염)를 더욱 악화시켰던 것이다. 이 예는 5장에서 다루게 될, 좋은 의도가 예기치 않은 반대의 부정적인 결과를 가져오게 되는 경우에 해당한다.

인과관계를 고려하기 시작하면 개입 방향 또한 다양해질 수 있다. 그 상황에서 나는 내 아이에게 요거트를 먹이면서 동시에 침술을 받게 하였기 때문에 별로 좋은 과학자는 못된다고 할 수도 있겠다. 즉, 이 요거트와 침술이라는 두 방법 중 어떤 것이 효과가 있었는지 알 방법이 없는 셈이다. 하지만 이러한 실험은 개방 체계 안에서 이루어졌기 때문에 순차대로 하나씩 진행되었다 하더라도 어떤 것이 아들의 병을 낫게 했는지 알아내긴 어려웠을 것이다.

체계이론의 개척자인 Gregory Bateson이 선형적 인과관계의 한계에 대해 언급하기 위해 사용한 유명한 예가 있다(Bateson, 1972; Nichols & Schwartz, 2001). 첫째로, 일련의 그룹 사람들에게 '한 여자가 있는데 그녀가 잔돌 하나를 발로 차면 어떤 일이 일어날까?'라는 물음에 답을 찾기 위한 실험을 구상해 보라고 지시한다. 이때 우리는 그녀의 발차기에 잔돌이 날아갈 것이고, 그 돌이 움직인 거리는 돌의 크기와 여자가 찬 힘의 세기에 정확히 좌우된다고 예상할 수 있다. 실험이 끝날 때면 별일이 없는 한 돌은 이동한 자리에 그대로 머물러 있을 것이다. 그다음 이 그룹 사람들은 다시 '여자가 개를 차면 어떤 일이 일어날까?'라는 물음에 대한 답을 알아보기 위해 또 다른 실험을 설계해 보라는 지시를 받는다. 이 물음은 여자의 발차기 힘과 개의 크기만으로는 답을 예측할 수 없는 어려운 경우가 된다. 또한 실험이 언제 끝나는지를 정하는 것도 어렵다. 만약 여자가 개를 무서워하여 힘껏 차지 않고 살짝만 건드리는 정도로 했다고 가정해 보자. 개는 놀자는 뜻인 줄 알고 여자의 바짓가랑이를 잡아당기기 시작할 수도 있을 것이다. 그러면 다시 여자는 개가 자신을 물까 봐 무서워 도망갈 수도 있을 것이다. 개는 여자를 쫓아가고, 여자는 계속 도망가면서 소리를 지르기 시작한다. 여자가 개에게 고함을 치면서 떨어지라고 개를 좀 더 세게 찬다. 그 순간 개가 여자를 문다.

내가 약간 살을 덧붙인 이 예에서 Bateson은 실험 대상으로서 바위와 개의 극명한 차이를 보여 준다. 이 이야기는 결과를 예측하는 데에 있어 매우 다양한 변수가 기여하며, 단순한 선형적 인과관계는 중요한 정보를 누락할 수 있음을 시사하고 있다. Watzlawick은 잔돌을 차는 것은 돌을 차는 에너지가 돌에 그대로 옮겨지기 때문에 기본적으로 선형적인 과정이라고 설명한다. 이런 종류의 선형적인 에너지 변환 문제는 물리학에서 오랫동안 연구되어 왔다. 하지만 개를 차는 것은 바위를 차는 것과는 질적으로 전혀 다른 연구 주제라는 것을 알 수 있다. 물론 개를 차면 일정 정도 에너지가 개에게 옮겨지긴 하겠지만, 다른 많은 과정이 작용하고 있고 결과에 다른 영향을 미치게 된다(Watzlawick, Bavelas, & Jackson, 1967). 앞의 예에서 우리는 여자가 개를 찼고, 그 결과 개가 여자를 물게 되었다고 이 실험을 요약해 볼 수도 있을 것이다. 그러나 사실이긴 하지만 이러한 요약과 설명은 개의 무는 행동에 기여한 중요한 순환적 패턴을 빠뜨리고 있다. 선형적인 단순 인과관계만 생각해 보면, 우리는 여자가 개에게 물리고 싶지 않으면 개를 차지 말라고 충고할 수는 있을 것이다. 하지만 개와 어떻게 하면 친해질 수 있는지 알고 싶다면 이러한 설명만으로는 부족할 것이고, 이 일련의 사건의 모든 순차적인 과정과 결과를 이해하는 것이 필요할 것이다.

누구의 잘못인가

　단순한 선형적 인과관계 때문에 소중한 정보를 놓치는 일은 정신건강 분야에서는 매우 자주 일어나는 일이다. 13세 딸의 치료자인 사만다로부터 나를 소개받은 캐럴(44세)의 사례를 들어 보겠다. 사만다는 캐럴의 딸 에마가 우울증과 낮은 자존감 문제로 힘들어하고 있다면서, "캐럴의 양육 방식을 보면 아이가 그럴 만도 하겠다."라고 하였다. 사만다는 캐럴이 매우 변덕스럽고 불안정해서, 딸 에마의 정신적 성장에 대해서 매우 열성적이다가도 또 어느 때는 매우 적대적이고 비판적이라고 하였다. 또한 그녀는 캐럴이 엄마로서 공감 능력이 떨어지기 때문에 에마가 또래들보다 훨씬 더 쉽게 절망감을 느끼게 되었고 우울증에 취약해졌다고 믿고 있었다. 사만다는 내게 "에마의 엄마는 에마와의 관계 문제에서 자꾸 저와 경쟁하려고 하고 질투하려는 경향이 있어서 제가 치료적으로 어떻게 더 해 보기가 너무 어려워요. 그리고 그 엄마한테서 제대로 된 개인사나 가족사에 대한 얘기를 듣기가 많이 어려웠는데, 아마도 분명히 뭔가 유년기 트라우마가 있거나 학대받은 경험이 있음에 틀림없어요."라고 하였다.

　캐럴이 내게 왔을 때, 그녀는 다음과 같은 말로 시작했다. "사만다 선생님한테서 제가 얼마나 나쁜 엄마인지 들으셨을 거예요. 그 선생님이 제가 에마에게 너무한다고 생각한다는 걸 저도 잘 알고 있어요. 하지만 그분은 감정 기복이 심한 열세 살 여자아이를 키운다는 게 어떤 건지 모르시는 것 같아요." 그녀의 태도는 불안정하고 다소 부정적이었지만, 사만다가 자신에 대해 어떻게 생각하는지 정확히 알고 있는 게 인상적이었다. 그리고 사만다에게 자녀가 없다는 사실을 알고 얘기하는 건지 궁금해지기도 했다. 내가 캐럴이 상담치료를 받고 있는 것에 대해 어떻게 생각하느냐고 물었을 때 그녀는 대답했다. "전 그게 별 도움이 될 거라고 생각하진 않아요. 예전에도 치료를 몇 번 받아 보긴 했지만, 받을 때마다 형편없는 내 어릴 적 얘기를 늘어놔야 했고, 그러고는 뭐가 더 없었어요. 하지만 에마는 사만다 선생님을 정말 좋아하고, 그 선생님이 저한테 치료받기를 권했다는 것도 알고 있어요. 제가 에마한테 자신의 문제를 해결하기 위해 치료를 받으라고 하려면, 저 또한 제 문제를 해결하기 위해서 치료를 받는 게 맞겠지요."

우리는 이 상황에서 사만다가 엄마인 캐럴에 대해 가지고 있는 추측들을 쉽게 알 수 있는데, 이 같은 접근은 전통적인 심리학에 단단히 기반을 두고 있다. 에마의 치료자로서 사만다는 상당 부분 에마의 입장에서 상황을 보게 될 수밖에 없다. 사만다는 캐럴의 대인 관계가 원만하지 않다고 생각하는 동시에 에마의 정서적 어려움에 주목한다. 그녀는 에마의 정서적 어려움이 캐럴의 성격 문제 때문이며, 또 캐럴의 성격 문제는 그녀가 어렸을 때 겪었던 트라우마 때문이라고 생각하는 것으로 보였다. 이러한 시각으로 본다면 아이의 문제는 항상 부모의 문제와 잘못으로부터 시작된다. 종래에 오랫동안 이러한 원인의 측면에서 비난의 화살은 주로 아이 엄마에게 돌려져 왔다. 그리고 최근 들어서는 이 대상에 아빠들도 포함되기 시작했다. 예를 들어, 아빠가 육아에 적극적으로 관여하지 않는 게 문제의 원인이라는 식으로 말이다.

부모를 문제의 원인으로 돌리는 경향이 많기 때문에 나는 내

학생들에게 자녀들이 심리치료를 받는 것에 대해 부모들이 얼마나 불안해하는지, 그리고 얼마나 방어적인 태도를 취할 수 있는지를 늘 이해시키려고 노력하곤 한다. 앞의 사례는 아이의 치료자인 사만다와 엄마의 치료자인 내가 겪은 딜레마를 잘 보여 주고 있다. 사만다와 나는 캐럴이 치료를 통하여 좀 더 나은 엄마가 되기를 원한다. 다중적이고 순환적인 인과관계의 관점에서 우리는 캐럴이 에마의 문제가 전적으로 자신의 잘못에 따른 것이라는 생각을 덜 하면서도 건설적으로 변화할 수 있다고 믿는다. 그리고 얼핏 말장난처럼 들릴 수도 있지만, 이렇게 책임감과 탓을 하는 것 사이의 미묘하면서도 중요한 구분은 치료에 있어 큰 도움이 될 수 있다.

하나의 목적지로 향하는 여러 갈래의 길

체계이론에서 선형적 원인과 결과가 아닌, 하나의 목적에 도달하는 데 여러 원인이 있을 수 있다는 개념을 동일결과성(equifinality)이라고 한다. Bertalanffy가 말했듯이 폐쇄 체계에서는 한 실험의 최종 결과가 한 가지의 최초 조건에 의해 예측될 수 있지만, 개방 체계에서의 최종 결과물은 여러 변수 간의 상호작용에 의해 만들어진다. 예를 들어, 아이에게 문제가 있을 때 우리는 선형적 인과관계를 적용해 부모의 잘못된 양육 방법이 아이 문제의 원인이라고 쉽게 말하곤 한다. 그러나 동일결과성의 관점에서는 이러한 문제가 부모 문제 한 가지만이 아닌 다양한 요인에 기인한다고 본다. 이러한 사고방식은 부모의 방어적인 태도를 줄이고, 더 나은 양육 방법을 익히는 것이 아이의 문제를 줄이는 해결 방법 중 하나가 될 수 있다는 것을 부모가 느끼도록 도와줄 수 있다.

  캐럴의 이야기로 다시 돌아가 보자. 캐럴은 에마와의 소통이 힘들었던 예를 하나 들었다. 하루는 학교에서 돌아온 에마가 조별 과제를 위해 그룹을 짜는 과정에서 친구들이 자신을 그룹에 잘 끼워 주지 않았다며 투덜거렸다. 캐럴은 에마를 달래기 위해 혼자서 숙제를 하는 게 친구들하고 같이 하는 것보다 차라리 더 쉬울 거라고 얘기했다. 그러자 에마는 오히려 더 낙담했고, 캐럴이 에마에게 왜 그러는지 묻자 에마는 엄마가 자신을 전혀 이해해 주지 못하고 있다고 잘라 말했다. 에마의 격해지는 감정에 화가 난 캐럴은 다시 "너 그럼 걔네들한테 왜 너를 그 조에 안 넣어 주었는지 물어보는 게 어때? 너 지난번에 그 아이들하고 같이 숙제할 때 네가 열심히 하지 않았잖아. 그래서 걔네가 널 못 믿어서 그런 거 아니야?"라고 말했다. 캐럴의 의도는 에마가 친구들에게 다시 가서 자신이 이번에는 좀 더 열심히 해 보겠다고 말하게 하려고 한 것이었지만, 지금까지 대화의 흐름상 독자들은 이후의 결과가 어땠을지 뻔히 알 수 있을 것이다. 캐럴의 애초 의도 대신 에마는 "엄마는 내가 문제라고 생각하는 거지? 엄마가 그렇게 생각할 줄 알았어!"라며 크게 소리를 지르고는 울면서 방으로 들어가 버렸다.

  이 상황에서 보면 캐럴이 에마가 받았을 상처를 공감해 주지 못한 것이 일정 부분 문제 상황에 기여를 했고, 만약 공감해 주는 것으로 시작했다면 에마가 문제를 해결할 기회를 주었을지도 모른다는 것을 알 수 있다. 하지만 에마의 부정적이고 감정적인 태도도 분명 문제의 일부를 차지했다. 이러한 각자의 부분들이 상호작용하여 그들은 서로를 미묘하게 무기력화시키는 패턴을 반복하고 있었다. 순환적 패턴으로 이 둘의 상호관계를 살펴보면, 캐럴과 에마는 서로에게 좀 더 깊이 다가가려는 의도로 애는 썼지만, 이러한 바람이 좌절되면 서로를 공격하는 방식으로 반응했다는 것을 알 수 있다. 에마가 엄마에 대해 더 감정적으로 실망감을 드러낼수록 캐럴은 더욱더 무기력해지고 불안해졌다. 캐럴은 이러한 불안에 대처하기 위해 감정적인 면보다는 시시비비를 가리는 쪽에 초점을 맞추게 되었고, 이런 행동은 다시 에마의 감정을 고려하지 않는 차원을 넘어 결과적으로는 에마를 문제의 원인으로 보고 비난한 셈이 되었다.

상담을 통해서 캐럴은 에마가 그녀에게 던진 일종의 과제가 무엇인지 알게 되었고, 그러한 문제에 대처하는 데 부족했던 자신의 모습을 보게 되었다. 그녀는 또한 자신이 무능력한 엄마여서 또는 에마가 나쁜 아이여서 문제가 발생했다는 식으로 탓하기보다는, 두 사람 사이의 상호작용 패턴이 서로에게 부정적인 반응을 일으키고 있었다는 것도 알게 되었다. 캐럴은 이러한 패턴에서 자신의 위치와 역할을 관찰하면서 그녀의 개인사와 관련된 부분이 에마의 부정적인 감정들을 악화시키는 데 일조했다는 것도 알 수 있었다. 캐럴의 어머니는 캐럴에게 자주 적대적이었고 종종 학대를 하기도 하였다. 캐럴은 어머니로부터의 거부와 비난에 대해 외부적으로 드러나는 성취를 중요시하고 정서적인 면에서는 거리를 두는 방식으로 대응해 왔다.

캐럴은 자신이 어머니와의 사이에서 받지 못했던 감정적 수용과 사랑을 에마에게는 마음껏 주리라 결심해 왔기 때문에 에마가 자신과 관련해서 상처를 받거나 화를 내는 것을 볼 때마다 견디기가 쉽지 않았다. 치료 과정을 통해 그녀는 부정적인 감정을 피할 수 없는 경우가 종종 있을 수밖에 없다는 것을, 그러나 그녀가 한 번도 경험하지 못한 방법으로 그러한 감정들을 다룰 수 있다는 것을 알아 가기 시작했다. 이 새로운 방법은 그녀가 자신을 탓하거나 처벌하지 않고도 자신의 문제 행동을 변화시킬 수 있게 만들었다. 동시에 캐럴은 에마에게 지나치게 비판적이거나 부정적인 태도를 취하지 않고도 에마의 문제 행동을 줄일 수 있는 방법이 있다는 것을 깨닫게 되었다. 즉, 캐럴은 에마가 자신의 마음을 좀 더 열고 감정적인 부분들을 직접적으로 표현하도록 할 수 있었던 것이다. 캐럴은 에마가 실제 느끼고 생각하는 것에 주의를 기울일 수 있게 되면서 부모로서 더 자신감을 가질 수 있게 되었고, 자신과 에마를 좀 더 잘 수용할 수 있게 되었다. 이 사례를 통해 우리는 다시 앞서 Bateson의 예를 다시 생각해 볼 수 있는데, 다중인과관계에 대한 성찰과 이해를 통해 캐럴은 치료적인 힘을 가질 수 있게 됐던 것이다. 개에게 물린 여자를 일방적으로 탓하거나(아이의 문제에 대해 부모를 탓하듯이), 개는 개일 뿐이라는 단정과 체념(사춘기 10대 아이에게 뭘 어떻게 할 도리가 있나요?)을 하는 대신, 캐럴은 문제 상황에서 자신이 어떠한 영향력을 발휘할 수 있는지를 보게 되었고, 이는 결과적으로 캐럴의 불안감을 줄여 주는 동시에 문제를 해결하기 위해 더 효율적인 해결 방법을 찾는 데 도움이 되었다.

비난과 책임

비난과 책임에 대한 문제는 체계론적 가족치료에서 오랫동안
연구되어 왔고, 앞으로도 더 많은 연구가 필요한 부분이다. 체계
론적 가족치료는 환자의 엄마만을 너무 탓했던 정신분석적 모델
에 대한 대응으로 발달된 측면이 있는데, 조현병에 대한 가족 체
계의 연구는 문제의 원인을 엄마에게서 가족으로 이동시키는 역
할을 하였다. 그리고 여전히 선형적 인과관계와 '탓'의 틀에 머
물러 있었다. 다음 장에서 의사소통에 대해 살펴볼 바와 같이,
Bateson과 팰로앨토 그룹은 조현병 환자 가족들 사이에서 공통
된 의사소통의 문제점을 찾아냈다(Bateson, 1972, 1979; Nichols &
Schwartz, 2001). 이는 바로 그 유명한 이중구속 개념인데, 이들 연
구진은 이를 개념화하고 소개하면서 선형적이고 단일한 인과관계
의 함정에 빠져 버리게 되었다. 이중구속의 개념이 가족 내 모든
구성원의 의사소통 방식에 모두 적용된다는 것을 강조함에도 불
구하고, 이 이론에서 이 이중구속의 상태를 만들고 조현병적 반응
을 유도하는 것은 부모, 특히 엄마라는 점이 도드라졌던 것이다.
다행히도 최근에는 다중적이고 순환적인 인과관계를 반영한 조
현병의 증상론이 많이 거론되고 있다. 즉, 조현병은 유전적 요인
과 환경적 스트레스 요인이 함께 작용한 결과물로, 가족 문제나
사회적인 문제와 같은 다양한 요소가 발병에 기여하는 원인들로
함께 작용할 수 있다. 또한 기능적 수준이나 사회 적응력은 체계
적인 일상생활 관리나 약물요법, 사회적 지지 등에 힘입어 증대될
수 있다. 최근의 조현병을 위한 가족치료들은 부정적인 감정 표출

감소의 중요성을 강조하는데, 이는 순환적 인과관계에 주로 기반을 두고 있다(C. M. Anderson, 1986). 이 모델에 따르면, 환자의 증상이 심각해질수록 모든 가족 구성원의 불안과 부정적인 정동이 증가한다. 만약 이 불안한 정동이 직접적으로 표출되면, 이는 정신병적 증상을 더 악화시키고 또 다른 부정적 정서를 증가시키는 악순환을 형성하게 된다. 이러한 부정적 정서들의 연결 고리를 약화시킴으로써 조현병 환자 가족들의 스트레스를 줄이고 환자의 증상 또한 완화시킬 수 있다. 이 접근법은 질환에 대해 가족들을 탓하기보다 서로에게서 부정적인 반응을 촉발시키는 연결 고리를 끊을 수 있는 방법을 제시하고 있다.

공동의 책임과 동등한 책임은 다른 것이다

물론 다중 인과관계와 순환적 인과관계는 모든 문제에 동등한 책임을 부여하는 것이 아니다. 가족치료는 순환적 인과성과 같은 개념들의 적절치 못한 적용으로 인해 많은 비판에 직면하기도 했다. 1980년대 말을 시작으로 Virginia Goldner와 다른 페미니스트 가족치료사들은 많은 가족치료 문헌에서 가정 폭력이 간과되는 방식에 대해서 지적하기 시작했다(Goldner, 1985; Goldner, Penn, Sheinberg, & Walker, 1990). 부부 문제에 있어서 두 사람 모두 문제에 일조한다는 사실에만 너무 초점을 둠으로써, 현실적으로는 힘의 균형이 동등하지 않다는 측면이 종종 간과되었다. 그리고 이는 결국 종종 피해자를 탓하는 식으로 귀결되었던 적이 많았던 것이다. 다음 장에서 이러한 힘과 관계에서의 권력 문제에 대해 좀 더 자세히 다루겠지만, '문제 상황에 일정 부분 기여하는 것'과 '문제에 직접적인 책임이 있는 것'을 구분하는 작업은 임상 현장에서 매우 유용하다.

외도 문제와 관련해서 부부를 상담할 경우에도 이와 비슷한 어려움이 있다. 일단 양측 모두 일정 정도 문제의 원인을 제공했다 하더라도, 치료 작업을 시작하기 위해서는 불륜을 저지른 쪽이 관계를 배신하고 신뢰를 깨트렸다는 잘못을 전적으로 인정해야만 한다(Pittman, 1989). 불륜을 저지른 사람이 잘못된 행동에 대한 전적인 책임을 인정해야만 상대방으로부터의 신뢰를 다시 찾을 수 있는 여지가 있다. 그 후 작업을 계속 진행하면서 두 사람 모두에게 문제가 있는지에 대해서도 알아볼 수 있을 것이다. 치료 과정에서는 불륜을 저지른 사람이 그에 대한 책임을 분명히 인식하게 하는 것과 부부 관계에 있어 두 사람 모두 문제가 있는 부분을 동시에 다루는 것에서 아슬아슬한 균형이 잘 유지되어야 한다.

인과관계에 대한 관점의 변화는 행동치료의 역사에서도 두드러진다. 이 이론들은 기초 과학의 결과들에 기반을 두었는데, 현상에 대한 초기의 행동주의적 설명들은 대단히 선형적 인과관계에 기초했다. Pavlov는 고전적 조건화 실험을 통해 우리의 정서적 반응이 경험에 의해 조건화된다는 것을 증명하였다(Munger, 2003; Sheehy, 2004). 단순한 벨소리와 먹이를 먹는다는 기분 좋은 느낌을 짝지은 간단한 방법을 통해, 개에게서 벨소리만으로 먹이를 기대케 하고 타액 분비를 일으킬 수 있었던 것이다. 이러한 과학적 결과들은 바로 인간에게 응용되었고, 1920년대 심리학자인 John

Watson에 의해 유명한 실험이 행해졌다(Sheehy, 2004). Watson은 어린아이에게 전에는 없던 공포 반응을 새로 심을 수 있다는 것을 보여 주었다.

현재 많은 전문가가 이 실험에 대해 의문을 품고 있긴 하지만, Watson이 앨버트(실험 대상이 된 아기 이름-역자 주)와 흰 토끼 실험을 통해 정서가 학습되는 과정의 이해에 도움을 준 건 사실이다. Watson은 두려움을 일으키는 자극(굉음)과 친근한 대상(흰 토끼)을 짝지어 아기가 토끼를 무서워하도록 조건화시켰다. 정서를 내재적이고 무의식적인 갈등의 발현으로 본 Freud식 관점과는 대조적으로 행동주의적 관점에서는 이를 학습된 현상이라고 보았다. 이 이론에 따르면 우리는 살면서 좋은 경험뿐만 아니라 혐오스러운 경험들을 겪게 되는데, 이러한 정서적 학습의 과정은 기쁨을 추구하고 고통은 회피하는 데 도움이 된다.

Skinner는 생물들이 쾌(快)를 추구하고 고통을 피하기 위해 자신의 환경을 조작하는 방식에 대해 깊이 연구했다(Sheehy, 2004). Skinner는 비둘기를 가지고 연구를 진행하면서 보상이 따르는 행동은 반복되고, 고통이 따르는 행동은 덜 반복되며, 아무런 강화를 받지 않는 행동들은 결국 사라진다는 것을 알아냈다. 또 Skinner는 이러한 조작적 조건화의 개념을 인간에게 적용하여 인간의 행동은 환경에 대해 반응하면서 만들어진 결과물이라고 주장했다 (Skinner, 1974). 행동의 변화를 위한 방법은 고전적 조건화에서처럼 선형적이고 직접적이다. 이 이론에서 바람직한 행동을 발달시키기 위해서는 먼저 그 행동을 끌어낼 수 있는 방법을 찾고, 해당 행동이 일어날 때마다 간헐적으로 강화를 시켜 주면 그 행동이 반복되리라 예상할 수 있다. 반대로 바람직하지 않은 행동을 줄이기 위해서는 그 행동에 대한 모든 강화 요소를 가능한 한 모두 제거하고 그 행동이 소거되기를 기다린다. 만약 강화 요소들을 없앨 수 없다면, 처벌을 통해 일시적으로 문제 행동을 중지시키고, 대신 좀 더 바람직한 행동이 자리를 잡도록 유도할 수 있다.

조작적 조건화와 고전적 조건화 모두 구체적인 효용성을 기본적인 원칙으로 삼은 데 반해 다른 이론가들은 이 이론들이 나아가 좀 더 복잡한 인간의 여러 행동에 어떻게 잘 적용될 수 있는지를 연구했다. Bandura는 정통 체계이론가는 아니지만, 인간관계 맥락 안에서 강화 스케줄을 이용하여 Skinner의 조작적 조건화를 좀 더 정교화시켰다(Bandura, 1977; Sheehy, 2004). Bandura는 인간에게 의미 있는 기쁨과 고통들은 관계 맥락에서 생겨난다는 것을 강조하였고, 자신의 이론을 사회학습이론이라 칭했다. 전통적인 자극/반응의 행동적 접근법들은 먹이와 같은 직접적이고 구체적인 강화에 초점을 두었지만, Bandura는 인간은 타인을 관찰하면서 학습을 하며 그 과정에서 받게 되는 타인으로부터의 인정이나 거부는 매우 강력한 기쁨과 고통의 원천이 될 수 있다고 하였다.

악순환에 대한 설명

1970년대 부부 및 가족 치료사들은 체계이론과 행동이론을 접목시키기 시작하였는데, 이러한 노력은 현재까지도 이어지고 있다. 이들 중 가장 유명한 인물 중 하나인 Gerald Patterson(1971)은 아이들의 문제 행동에 조작적 조건화와 사회학습이론 원칙을 적용하기 시작했다. Patterson은 상담을 받는 아이들의 강화 스케줄을 분석했고, 문제 상황을 지속시키는 순환적 패턴을 자세히 기술하기 시작했다. 전통적인 행동주의적 접근은, 보통 부모들이 아이의 긍정적 행동은 무시하고 부정적 행동에만 지나치게 주의를 기울임으로써 결과적으로 바람직하지 못한 행동들을 강화하게 되는 방식에 초점을 두고 있다. 그러나 Patterson과 그의 연구진은 이러한 현상을 좀 더 새로운 아이디어로 접근했다.

첫째, 사회적 맥락에서 특정 행동들은 자극인 동시에 강화로 작용한다. 그러므로 어떤 행동은 다른 가족 구성원의 반응을 불러일으킬 것이고(강화-역자 주), 그 반응은 다시 그다음 행동을 유발하게 될 것이다(자극-역자 주). 이 같은 방식에서 우리는 선형적 자극-반응 패턴이 아닌, 구성원들이 다른 구성원의 행동을 서로 유발하는 지속적이고 상호적인 순환을 볼 수 있다.

둘째, Patterson은 이러한 상황에서 조작적 조건화와 고전적 조건화가 함께 작용한다는 것을 인지했다. 그는 부정적 행동 순환이 지속될 때 가족 구성원들은 서로에게 혐오 자극이 된다고 지적하였다(Patterson, 1970). 즉, 고전적 조건화가 계속되면 조작적 조건화로 굳어진다. 예를 들어, 부모가 자녀의 어떤 행동 때문에 자극을 받게 되면 화와 불안을 느끼게 되고, 이 과정이 반복되면 고전적 조건화를 통해 아이가 옆에 있는 것만으로도 짜증스럽고 부정적인 감정을 느끼게 될 수 있다. 그런 감정들을 피하기 위해 부모는 아이와 정서적으로 거리를 두게 되는데, 이는 다시 아이에게 부정적인 경험으로 인지된다. 이렇게 되면 아이가 어떤 요구나 지시를 받았을 때 긍정적으로 순응할 수 있도록 동기부여가 될 수 없다. 대신 그러한 요청은 아이에게 부정적으로 받아들여지고 부모가 아이에게 또다시 화를 내게 될 때까지 무시된다. 결국 부모가 '뚜껑이 열리거나' 고함을 치고 '난리'를 치는 것과 같은 극단적인 행동을 보여야만 아이는 비로소 말을 듣게 된다. 이 같은 전형적인 사례는 처음에는 부모가 부모의 말이나 요청을 가볍게 무시하도록 아이를 학습시킨 셈이 된 동시에, 아이 입장에서는 결과적으로 소위 말이 씨가 먹히도록 하기까지는 뭔가 '끝까지 가야' 만 하도록 부모를 학습시키게 되는 악순환 과정을 잘 보여 주고 있다. 이러한 악순환의 결과로 양쪽 모두 상대방이 옆에 있기만 해도 결국 불안감을 느끼고 마음이 계속 편치 않은 상태가 된다. Patterson은 이러한 악순환 관계에서는 각자가 혐오 통제 행동을 통해 상대방을 통제하는 것이 핵심이라고 하였다(Patterson, 1993). 한마디로, 부모와 자녀의 관계는 양쪽 모두 상대방을 얼마든지 고통스럽게 만들 수 있는 능력으로 무장한 채 얽혀 있는 관계인 셈이다!

첫 장에서 언급했듯이 나는 초등학교 교사로 일을 시작했기 때문에, 잘하는 학생들의 책상에 스티커를 붙여 주는 식의 선형적 방법을 많이 사용했고, 이러한 접근이 효과적이라고 생각해 왔었다. 그러다 임상심리학을 공부하기 위해 대학원에 진학했을 때는 정신역동이론에 끌리게 되었다. 그리고 체계이론을 공부하고 수련하게 되면서 전체적인 통합 모델을 위해서는 행동주의적 이론이 함께 포함되고 접목되어야 한다는 사실을 배우게 되면서 다소 실망감을 느끼기도 했다. 행동주의적 이론은 인간의 마음, 내면의 문제에 대해서는 그다지 깊이 있게 다루지 못한다고 느껴 왔기 때문이다.

그러던 차에, 나는 운 좋게도 가족 상담 사례 하나를 지도받게 되었는데, 이 사례를 통해 Patterson과 그의 연구진이 개발한 체계론적인 행동주의적 이론이 얼마나 깊이 있는 이론인지 깨닫게 되었다. 피아는 열 살짜리 소녀였는데, 당시 부쩍 부모 말을 안 듣고 행동이 자꾸 엇나가고 있던 상태였다. 아버지인 로버타는 마케팅 쪽 일을 하다 해고를 당해서 회사를 쉬면서 그 지난 6개월간 집에서 일을 해 오고 있었다. 피아의 부모는 로버타가 집에 머물면서 피아와 함께 보내는 시간이 많아지면, 피아가 스스로 방을 좀 더 잘 치우거나 숙제도 잘하고 뭔가 긍정적인 변화가 있을 것이라 예상했다. 하지만 나아지기는커녕 피아의 버릇은 점점 더 나빠졌다. 피아는 매우 똑똑했음에도 불구하고 성적은 중간 정도였고, 내원 전 몇 달 동안은 오히려 점점 더 떨어졌다. 또한 밥상머리에서 일부러 트림을 하거나 옷을 더럽히거나 하는 등의 행동을 반복하면서 어머니인 질리언을 자극하고 화나게 하는 것을 즐기는 것처럼 보였다. 여기에 질리언을 더 힘들게 했던 것은, 피아가 예전엔 자기와 함께 했던 수공예 프로젝트나 보드 게임 같은 활동들을 이제는 아버지하고만 하고 싶다고 떼를 쓴다는 것이었다.

로버타와 질리언은 피아의 행동에 대한 기준에 대해 어느 정도 동의하고 있긴 했지만, 질리언은 이러한 기준들을 강요하는 쪽이었고, 로버타는 차차 나아질 거라 믿고 좀 더 느긋하게 대하는 편이었다. 피아의 행동에 대응하는 그들의 방식을 알아 가는 과정에서, 피아가 말을 듣지 않을 때 질리언은 자주 다그치는 방식으로 문제를 해결하려 하고, 로버타는 질리언에게 거의 전적으로 문제 해결을 맡기는 경향이 있음을 발견하게 되었다. 예상대로, 로버타는 질리언이 피아에게 너무 엄하고 비판적으로 군다고 생각했고, 질리언은 로버타가 아이를 너무 멋대로 하게 놔둔다고 생각했다. 치료 작업이 제대로 되기 위해서는 부모 두 사람 모두의 변화가 수반되어야 했는데, 그래도 두 사람의 기준이 비슷하고 피아의 행동을 합심해서 고칠 수 있다고 생각하고 있던 것은 꽤 다행이었다.

선순환 만들기

우리는 먼저 피아가 스스로 자기 방을 정리하고 식사 후 식탁을 치우고 숙제를 하게 만들 수 있는 행동 계획을 세워 보기로 했다. 좋은 습관을 들이는 데는 정적 강화만 한 게 없기 때문에, 피아가 매일 30분씩은 숙제를 하고, 침구 정리를 하고, 빨래는 빨래 바구니에 넣고 식사 후 그릇은 싱크대에 가져다 놓을 때마다 포인트를 주기로 했다. 처음에 피아는 이러한 과제들이 딱히 힘들 건 없지만 그렇다고 꼭 그렇게 중요한 것들도 아니라는 식으로 시큰둥하게 반응했다. 그러나 이러한 일들을 할 때마다 받게 될 정적 강화 보상에 대한 내용을 듣자 관심을 보이기 시작했다. 그간 피아는 TV 프로그램 〈심슨 가족(The Simpsons)〉을 보기를 원했고, 늦게까지 TV를 보다가 소파베드에서 그대로 잘 수 있게 해 달라고 요구해 왔던 터였다. 질리언은 심슨 가족 중 바트 심슨이 피아에게 안 좋은 영향을 끼칠까 봐 걱정이 되었지만, 로버타는 가족들이 다 같이 보면 괜찮을 것이고, 만약 피아가 바트 심슨의 좋지 않은 행동을 따라 하기 시작하면 보상 방식을 바꾸면 된다고 생각하였다. 부모 모두 물질적 보상은 피하기를 원했고 나 역시 그들에게 동의했다. 포인트에 더해 피아가 표적 행동을 일정 기간 잘 지키면 컴퓨터를 할 수 있는 시간을 하루에 10분 더 허용해 주어서 즉각적인 보상뿐만 아니라 누적되는 보상 시스템까지도 갖추었다. 이러한 종류의 치료 작업에서 전형적으로 볼 수 있듯이, 행동 계획을 개발하기 위해서 가족은 그들에게 익숙한 언쟁이나 서로 껄끄러운 문제에 대한 회피 대신 서로의 말에 귀를 기울이고 문제를 함께 해결할 수 있는 소통 능력을 향상시켜야 한다.

늘 그렇지는 않지만, 이 사례에서 행동 계획은 다행히도 마법처럼 통했다. 처음에 모든 가족 구성원은 다른 가족의 변화 가능성에 대해 회의적이었다. 피아는 자신이 하기로 한 일들을 잘 해도 엄마가 보상을 해 주지 않을 것이라고 생각했다. 질리언은 피아가 계획대로 행동을 하든 하지 않든 애아빠가 무조건 포인트를 줄 것이라고 생각했고, 로버타는 질리언과 피아 모두 바뀌지 않을 것이라 여겼다. 하지만 순환적 인과관계의 측면에서, 구성원 각자의 작은 변화가 전체의 커다란 패턴을 변화시키는 것을 목도할 수 있었다. 로버타는 행동 계획을 철저히 따랐고 피아의 긍정적인 변화에 주의를 기울이기 시작했다. 그는 또한 질리언이 이 정적 강화를 잘 적용하는 것을 고맙게 생각했다. 질리언도 로버타가 노력하고 있다는 것을 느끼고 그의 도움이 있어서 다행이라고 생각했다. 피아는 부모 사이의 긴장과 갈등을 덜 느끼게 되었고, 질리언을 자극하는 방식이 아닌 보상을 얻는 방식으로 자신의 효능감을 경험할 수 있게 되었다.

가족의 문제가 조금씩 나아지면서 우리는 피아와 질리언 사이의 미묘한 심적 거리감 문제에 대해서도 다룰 수 있게 되었다. 피아의 행동이 전보다 훨씬 나아지고 온 가족이 그 변화에 대해 기뻐했지만, 피아는 여전히 엄마와 뭘 같이 하는 것을 거부하고 있었고 이는 질리언에게는 실망스러운 부분으로 남아 있었다. 그들이 예전엔 항상 공작(工作) 프로젝트를 함께하는 것을 즐겼기 때문에, 우리는 다 같이 함께 콜라주를 만들어 보는 시간을 가져 봄으로써 이러한 협업이 얼마나 좋은지를 피아가 다시 경험할 수 있게 하고자 했다. 내가 질리언과 잡지를 넘기면서 이런저런 대화를 하는 동안, 피아는 바로 콜라주 만들기에 돌입했다. 피아는 흑갈색 머리를 가진 매력적인 여성의 사진을 찾아 포스터 판자에 붙이고, 글자 n과 o자를 오려서 사진 속 인물의 입 바로 옆에 no-no-no-no라고 붙였다. 질리언은 그것을 유심히 보다가 "저 여자가 나니?"라고 물었다. 피아는 "응!"이라고 멋쩍게 답했다. 순간 나는 질리언이 방어적으로 반응하지 않을까 걱정했고, 로버타 또한 긴장했다. 그러나 놀랍게도 질리언은 자신이 피아에게 가하는 제한들에 대해 어떻게 느끼고 있는지 피아에게 물어볼 수 있을 정도의 여유를 보였고, 항상 "안 돼!"라는 말만 하는 엄마가 되고 싶지는 않다며 피아를 안심시켜 주기도 했다.

로버타는 피아와 질리언이 싸우지 않을 것이라 느끼고 안심하게 되었고, 그녀가 아이에게 "안 돼!"라는 말을 조금만 덜 사용해도 질리언이 좀 더 융통성 있는 엄마가 될 수 있을 것이라 생각하게 되었다. 피아는 질리언과 로버타 모두에게 "안 돼!"라는 말은 절대 듣고 싶지 않다고 하였고, 이는 질리언의 신경을 다소 건드렸지만 약간의 내 도움하에 부모 모두 피아의 말에 자신들의 권위가 도전받는다는 느낌 없이 아이의 의견을 존중해 줄 수 있었다.

행동이론은 피아와 부모 사이에서 일어난 일을 이해하는 데 많은 도움이 되었는데, 행동이론의 체계론적 응용은 좀 더 큰 그림을 보여 주고 있다. 즉, 부모 모두가 피아의 표적 행동을 강화시키고 부정적인 태도에 대해서는 적당히 못 본 척 무시하고 넘기면서(조작적 조건화), 피아의 바람직하지 않은 행동이 빨리 소거되었고 다른 행동으로 대체되었다. 이러한 일들은 순환적으로 일어났다. 그러한 부모의 태도로 인해 피아가 순응적이 되었고, 그럴수록 이는 다시 부모가 좀 더 부드러운 태도를 유지하도록 강화하였던 것이다. 또한 고전적 조건화 측면에서의 변화도 일어났다. 긍정적인 행동들이 가정 내의 불안과 분노를 없애고 대신 차분하고 편안한 환경을 가져왔던 것이다. 마찬가지로 순환적 패턴 면에서, 질리언이 덜 비판적이 되고 신경이 누그러질수록 로버타는 좀 더 적극적으로 관여하는 태도를 보이게 되었다. 부모들에게 이러한 변화가 일어나면서 피아는 로버타에게 덜 매달리게 되고 질리언을 덜 피하게 되었다. 모든 가족 구성원은 함께하는 것을 회피하고 두려워하는 대신 편안하고 즐거워하게 되었다.

순환적 인과관계 개념에 대한 이해가 가족 구성원 각자의 패턴을 변화시키는 데 도움을 준 것처럼, 다중 인과관계에 대한 강조는 이 사례에서 많은 도움이 되었다. 많은 가족 사례에서 전형적으로 보이듯, 이들 가족 모두 처음에는 상대방이 문제의 원인이라고 생각했다. 질리언은 로버타의 느긋한 태도를 탓했고, 피아는 질리언의 부정적인 태도를 비난했다. 로버타는 가족 내에 문제가 있다는 것을 인정하고 싶지 않아 했다. 한 문제에 대해 한 원인만 있는 것이 아니라 여러 요인이 복합적으로 작용할 수 있다는 것을 이해함으로써, 이들 가족은 모두에게 고통스러웠던 비난들을 멈추기 시작했다.

순환적 인과관계에 대한 체계론적 관점의 좋은 예로 Patterson의 가족행동치료 모델(Patterson, 1993)에 초점을 맞추긴 했지만, 그 외에도 다른 좋은 예들이 많이 있다. 행동주의적 관점을 토대로 한 John Gottman의 부부 상호작용에 대한 연구들은 특정 행동의 결과들이 관계의 특성에 영향을 미치는 방식을 강조하고 있다(Gottman & Gottman, 2008). 여러 번 잘 재현된 연구들을 통해 Gottman은 긍정적인 상호작용과 부정적인 상호작용 사이의 균형을 강조했다. 또한 그는 조작적 조건화와 고전적 조건화의 상호 보완적인 특성을 강조하면서, 긍정적인 정서와 관련된 상호작용 순환과 부정적 정서와 관련된 상호작용 순환 각각이 자체 강화하는 특성을 가지고 있다고 하였다. 또한 Gottman은 부정적 상호작용 순환의 영향력에 대해서도 강조하였는데, 대략적으로 하나의 부정적인 상호작용을 상쇄하는 데 다섯 번의 긍정적인 상호작용이 필요하다고 하였다. 이러한 Gottman의 최근 작업들은 왜 부부들의 관계가 긍정적 순환이든 부정적 순환이든 어느 하나의 순환에 머무르거나 고착되는지를 잘 설명해 준다. 그는 행복한 부부 사이에서는 부정적인 상호작용이 발생한다 할지라도 부정적인 악순환으로 잘 이어지지 않는다고 하였다. 그는 이 현상을 갈등 상황에서도 긍정적 감정을 이끌어 낼 수 있는 능력과 연관 지었다. 우리는 이 개념을 앞의 가족 사례에 쉽게 응용해 볼 수 있을 것이다. 즉, 긍정적 상호작용의 비율이 일정 수준 이상으로 증가하면, 가족 구성원들은 상대가 옆에 있는 것에 대해 감사하고 기뻐하는 것에 대해 조건화가 이루어진다. 이러한 긍정적인 감정들의 영향하에서 질리언은 피아가 잘못된 행동을 할 때 신경이 좀 건드려지더라도 이러한 부정적인 감정 반응이 금방 묻히게 될 것이다. 몇 주 전 같았으면 악순환을 일으켰을 상황에서 긍정적인 감정들의 영향이 그 악순환의 시작을 막아 주는 역할을 한 셈이다.

심리학에서 체계이론의 접목 초기에는 다중적이고 순환적인 인과관계를 매우 강조하였다. 이러한 모델은 사람들이 인간의 행동에 대해 유일한 그리고 선형적인 원인을 찾는 경향에 대해 반대되는 입장을 갖는다. 선형적 인과관계를 넘어선 이러한 흐름은 단일한 원인만을 찾으려 하는 좁은 시야로 인해 발생하는 실수를 줄이고 보다 다양한 범위의 개입 전략들을 제공하는 데 일조하고 있다.

나아가 내 경험에 비추어 볼 때, 다중 인과관계와 순환적 인과관계에 대한 강조는 비난을 책임감으로 대체하기 때문에 치료 성공의 굉장히 중요한 요소가 된다. 마찬가지로, 비난당하는 쪽의 수치심과 방어적 태도에서 진심 어린 반성과 책임지는 태도로의 전환 또한 개인치료나 부부치료, 가족치료에 있어 못지않게 중요한 부분이다. 우리 대부분은 우리 삶의 문제들에 있어 눈꼽만큼도 싫은 소리를 듣거나 비난받고 싶지 않은 근원적이고 원초적인 욕구를 가지고 있는 한편, 삶의 문제나 고통들에 대해 전적으로 '다

내 탓이 아닐까' 하는 두려움 역시 가지고 있는 존재이다. 한 발짝 뒤로 물러나서 우리가 가지고 있는 문제들에는 다양한 원인이 관여할 수 있다는 것을 깨닫는 것은 맥락의 개념을 한 차원 더 끌어올리는 일이다. 언젠가 부부 싸움 중에 남편이 내게 이런 말을 한 적이 있다. "당신은 체계이론을 가르치는 사람이니, 이 문제가 다 내 잘못 때문이 아니라는 걸 잘 알잖아!" 한 문제를 유발하는 데 여러 원인이 관련될 수 있다는 것을 인식함으로써 우리는 비난하는 태도로부터 이해와 문제 해결의 분위기를 만드는 태도로 변화할 수 있다. 순환적 인과관계의 개념을 이러한 다중 인과관계에 덧붙여 고려함으로써, 우리는 관계의 악순환에서의 특정 패턴이 문제를 고착화시키는 것을 자주 볼 수 있다. "당신은 본의 아니게 둘 사이에서 결과적으로는 최악에 해당하는 패턴을 만든 셈이에요." 라고 말할 수 있는 것은 상대를 탓하는 것을 줄여 줄 수 있을 뿐만 아니라, 사람보다는 문제 행동 자체에 집중할 기회를 제공해 줄 수 있다. 다음 장에서 보듯이 문제 행동의 상당 부분은 의사소통을 중심으로 돌아간다.

의사소통

나는 대학원에서 부부치료와 가족치료를 가르친다. 몇 년 전 그 세미나에서 나는 박사과정 학생들에게 의사소통에 별 어려움이 없다고 말하는 커플은 절대 받지 말라고 농담 삼아 얘기한 적이 있다. 하지만 그 얘기는 금새 별 의미가 없어져 버렸다. 우리 상담소를 방문하는 커플들 모두 의사소통 문제를 그들의 중요한 어려움으로 꼽았기 때문이다. 상담가로서 우리는 관계 갈등이 있는 곳에는 늘 의사소통 문제가 중요한 부분이라는 것을 알고 있다. 그러나 우리가 커플이나 가족 내에서 의사소통 문제가 있다고 말할 때, 과연 우리는 이 말의 의미를 제대로 이해하고 있는 것일까?

누군가에게 의사소통 문제가 있다고 할 때, 일반적으로 우리는 그 사람이 어떤 관계에서 자신이 잘 이해받지 못하는 느낌을 받으리라 생각할 수 있다. 그런 경우, 대화를 통해 문제를 해결하기보다는 감정을 앞세워 소리를 지르고 싸우게 되거나, 아니면 어려운 문제 또는 감정적인 측면이 얽혀 있는 문제에 대해 대화하는 것을 피하려고 할 수도 있을 것이다. 그러나 단순히 의사소통에 문제가 있다는 사실만으로는 해당 문제가 구체적으로 어떠한 것인지, 따라서 그에 따라 어떠한 구체적인 치료 방법이 동원되어야 할 것인지 알기 어렵다. 내 경험에 비추어 볼 때, 의사소통이론은 체계이론의 적용이 대단히 유용한 분야 중 하나이다. 의사소통 문제를 여러 층위에서 분석하고 파괴적인 의사소통을 건설적인 의사소통으로 대체하는 것은 체계이론의 가장 특징적인 부분이다. 그러나 방송 매체에서 많이 그려지는 것과는 달리, 실제로 의사소통 문제를 다루는 작업은 겉보기보다 상당히 어렵고 복잡한 일이다.

의사소통 관찰

의사소통 문제를 체계이론의 관점에서 바라본 대표적인 인물로 Paul Watzlawick을 들 수 있다(Watzlawick, Weakland, & Fisch, 1974). 앞서 언급한 대로, Watzlawick은 『인간 의사소통의 화용론(Pragmatics of Human Communication)』(1967)이라는 저서에서 자신이 1960년대에 Gregory Bateson과 팰로앨토 그룹과 함께 진행했던 연구를 요약했다(Watzlawick, Bavelas, & Jackson, 1967). 2007년에 생을 마감한 그는 정신증 환자의 가족들을 연구한 심리학자이며, 특히 인간관계의 분석에 관심이 많았다. 인간의 의사소통을 연구하면서 Watzlawick은 "의사소통 부재의 불가능함"에 대해 언급한다(Watzlawick, Bavelas, & Jackson, 1967, p. 48). 그는 이 글에서 인간의 모든 가시적인 행위뿐만 아니라 행위하지 않는 것까지 모두 어떠한 의미를 가지고 있으며, 이는 주변 사람들에 의해 어떤 의미들을 갖는 것으로 해석된다는 의사소통의 편재성에 대해 이야기하고 있다. 체계이론은 의사소통의 순환 안에서 어떠한 메시지가 오고 가는지 한 발짝 뒤로 물러나 관찰할 수 있게 도와주는데, 이러한 관찰을 메타의사소통이라고 한다. 메타의사소통은 실제 의사소통을 관찰하는 것이며, 실제 심리치료를 행할 때도 중요한 부분을 차지하고 있다. 치료자가 메타의사소통을 분석하거나 내담자들의 소통 방식에 관해 소통을 할 때, 그 '과정'과 '내용'을 구분하는 것은 매우 유용하다. 메타의사소통적 관점은 이 과정과 내용이 건설적인 의사소통을 위해 어떻게 조화를 이루어야 하는지를 좀 더 분명히 하는 데 도움이 된다.

Watzlawick은 인간의 의사소통에서는 메시지가 송신되는 과정과 수신되는 과정이 수반된다고 설명한다. 이 송수신 과정에 수많은 요소가 영향을 미친다. 이러한 메시지들을 살펴보는 방법 중 하나는 의사소통의 보고 기능과 수행 기능의 차이에 주목하는 것이다. 이러한 용어들을 사용하면서, 그는 우리가 메시지를 해석할 때는 항상 맥락의 영향을 받게 된다고 하였다. 의사소통의 보고 기능은 메시지를 말 그대로, 액면 그대로 해석하는 것을 뜻한다. 즉, 이는 언어를 통한 의사소통에서 가장 표면의 의미에 해당하는 것이며, 언어학적으로는 의미론과 관련된다. 반면, 의사소통의 수행 기능은 메시지 안에 잠재되어 있는 내용을 말한다. 수행 기능은 의사소통을 하는 사람들의 관계를 바탕으로 하는데, 메시지의 청자가 발화자의 메시지를 온전히 해석하는 데 도움을 주는 비언어적 단서를 포함하게 된다. 요약하자면, 보고 기능은 메시지의 명시적인 뜻을 전달하고, 수행 기능은 메시지를 주고받는 사람들의 관계에 따른 암묵적인 내용을 포함한다.

우리는 의사소통을 할 때 무의식적으로 보고 기능과 수행 기능을 섞어 메시지들을 해석한다. 만약 내 열다섯 살짜리 아들이 내게 "엄마, 운전 정말 잘하네요."라고 말한다면, 일단 나는 이 메시지를 액면 그대로 받아들일 수 있을 것이다. 하지만 나와 아들의 관계라는 맥락에서 좀 더 생각해 보면, 그 말을 한 것은 내 아들이 미성년자 임시 면허를 받았기 때문에 그걸 자랑하기 위해서였을 수도 있고, 내 운전 실력에 대해 빈정대기 위해서였다고 생각할 수도 있을 것이다. 보고 기능을 사용하여 아들의 메시지를 해석한다면 나를 칭찬하는 것으로 해석하고 받아들이겠지만, 수행 기능을 사용하여 해석한다면 그가 나를 놀리거나 비꼰다고 여길 수도 있을 것이다(15세 남자아이들이 대개 그렇듯).

의사소통의 보고 기능과 수행 기능에 대해 생각할 때면, 잊지 못할 개인적인 사례가 떠오르곤 한다. 나는 당시 사귀던 남자친구와 함께 파리의 한 재즈 클럽 밖에서 입장하기 위해 줄 서서 기다리고 있었다. 그때 나누었던 대화는 대강 이러했다.

> 남자친구: 당신 내가 지난번에 말했던 마일즈 데이비스 앨범은 사는 게 좋아.
> 나: 아니 어떻게 나한테 그런 식으로 얘기해? (나는 화가 나서 눈물이 핑 돈다.)
> 남자친구: 당신 지금 이것 때문에 나한테 화내는 거야? 말도 안 돼!

물론 당신은 이 대화가 잘 이해되지 않을 것이다. 맥락에 대한 정보가 좀 더 없이는, 내가 왜 그렇게 부정적으로 받아들였는지 추측해 보는 수밖에 없을 것이다. 남자가 자신의 여자친구가 마일즈 데이비스를 안 좋아한다는 것을 잊어버렸나? 그가 여자친구의 경제적 여건에 대해 너무 둔감한 것인가? 아니면 여자가 이미 남자친구에게 선물로 사 달라고 했던 것인가?

나와 내 전 남자친구의 평소 관계에 대한 정보를 좀 더 얻게 된다면, 당신은 내 전 남자친구가 항상 자신의 생각은 절대적으로 옳고 늘 내게 이래라 저래라 매번 명령조로 이야기하는 것 때문에 이번에도 내가 우리의 대화에서 투명인간이 된 것처럼 느껴지고 무시당하는 느낌을 받았다는 것을 알 수도 있을 것이다. 그동안 나는 그가 얼마나 일방적이고 나를 가르치려는 사람으로 보이는지 그에게 충분히 설명했다고 생각했다. 하지만 앞의 대화에서 보이듯 계속해서 반복되는 우리 둘 사이의 역동은 절대 변하지 않을 것 같았고, 그의 의사소통의 수행 기능[마일즈 데이비스의 앨범을 사는 것에 대해 표면적으로는 권유의 형식을 띠고 있으나(보고 기능), 평소 남자친구의 성격이나 그녀와의 관계 맥락에서 저 표현은 이들 둘 사이에서는 거의 강요에 가까운 의미를 내포하고 있다(수행 기능)는 뜻이다–역자 주]은 계속해서 내 성질을 긁어 놓았다. 동시에 내 남자친구는 내 반응이 비합리적이고 불공평하며 지나치게 예민하다고 느꼈다. 내 의사소통의 수행 기능은 그가 좀 더 내 눈치를 봐 가면서 대해 달라는 것과 그런 식의 실수를 좀 하지 말아 달라는 것이었다. 앞서 논의한 순환적 인과관계의 관점으로 본다면 이러한 종류의 의사소통은 서로에 대한 부정적 시각과 경험을 강화시킨다는 것을 알 수 있다.

메시지의 송신과 수신

앞의 예는 또한 의사소통의 구성물인 의도와 영향의 차이점에 대해서도 드러내고 있다. 내 경험상, 우리는 소통을 할 때 자주 이 두 가지를 혼동해 감정적으로 반응하게 되고, 결국 싸움으로 번지는 경우가 많다. 내 전 남자친구가 의도적으로 나에게 모욕감을 주려 했던 게 아니었더라도, 그로 인해 내가 받은 상처는 분명한 실재였다. 따라서 그의 말하는 방식으로 인해 내가 어쨌든 상처를 받았다는 사실 자체를 부인하고 싶어 했던 그의 마지막 언급과 방식은 별 도움이 되지 않는 것이었다. 의사소통 방식을 좀 더 잘 이해하게 될수록, 우리는 그 의도와 영향을 좀 더 분리할 수 있게 될 것이고, 이는 다시 소통상에서의 오해를 줄이는 데 도움이 될 수 있다.

만약 나와 전 남자친구가 상대방의 메시지를 해석할 때 수행 기능의 측면이나 의미에 너무 융통성 없게 매달려 있지 않았다면, 우리는 오해를 풀었을지도 모른다. 그리고 그 오해를 푸는 과정에서 아마도 대화의 의도와 영향을 구분하는 작업이 진행되었을 수 있었을 것이다. 만약 내가 더 나은 방식으로 의사소통을 했다면 그의 말투가 평소 얼마나 나를 가르치는 식으로 들렸는지, 또 그가 나를 동등한 입장으로 생각해 주었으면 하고 내가 얼마나 바랐는지 등에 대해 그가 깨닫도록 할 수도 있었을 것이다. 그랬다면 그가 내가 하는 말들에 좀 더 관심을 가지고 반응하고 공감했을 수도 있었을 것이다. 그 경우의 대화는 아마도 다음과 같은 것이 되지 않았을까.

나: 내가 과민반응을 하는 것일 수도 있지만 당신이 그런 말을 할 때마다 나는 당신이 나를 당신보다 낮게 보는 것처럼 느껴져. 난 그게 정말 싫어. 특히 금방 당신이 한 얘기 같은 경우처럼.

남자 친구: 아, 내 뜻은 그게 아니었지만 당신이 왜 그렇게 느꼈는지는 이해할 수 있을 것 같아. 나는 그저 당신이 그 노래들을 좋아할 것 같다고 생각해서 말한 것이지만, 당신에게는 내가

이래라저래라 하는 것같이 들렸다는 것도 알겠어.

나: 가끔씩은 그냥 당신이 나한테 어떤 음악을 들으라고 말하는
게 아니라 내가 어떤 종류의 음악을 좋아하는지 먼저 나에게
물어봐 주었으면 좋겠어.

남자 친구: 알았어. 그렇게 하도록 노력할게. 나도 당신이 그냥 다
짜고짜 나에게 화를 내는 것보다 이렇게 얘기해 주니까 더
좋아.

물론 이런 식의 대화는 내 상상 속에서만 이루어졌다. 나는 우
리 사이의 역동이 변하지 않을 것이라고 여겨져 저 일이 일어난
지 며칠 뒤 그와 헤어졌다. 그런 식의 대화에서 그가 늘 주도권을
쥐려는 의도가 없었다고 생각하진 않지만, 그런 그의 문제가 어느
정도였든 간에 어쨌든 그 당시에는 나 또한 그 악순환에 관련된
나 자신의 문제를 해결할 능력도 가지고 있진 않았다. 아이러니한
것은, 집에 돌아가서 나는 마일즈 데이비스의 음반을 구입했고, 그
것이 지금 내가 가장 좋아하는 앨범이 되었다는 사실이다.

의사소통의 기능

의사소통의 문제점을 관찰하는 또 다른 방법은 의사소통의 목
적에 대해서 알아보는 것이다. 인간관계에서 의사소통은 문제 해
결을 위해 사용되거나 정서적 유대감을 형성하기 위해서 사용된
다. 이 두 가지 모두 의미가 있지만, 의사소통을 하는 파트너들이

각 기능에 대해 다른 가치나 중요도를 부여하게 되면 문제가 발생할 소지가 있다. 예를 들어, 나는 성별에 따른 의사소통 방식의 차이에 대한 흔한 설명이 지나치게 단순화되어 있다고 생각하긴 하지만, 그럼에도 불구하고 어느 정도는 일리가 있다고 생각하는 편이다. 이러한 성별에 따른 고정관념적인 설명은 남성은 주로 상황을 규정하거나 문제를 구체적으로 해결하려는 방식으로 언어적 의사소통을 사용하고, 여성은 사회적 유대감을 형성하기 위해 그것을 사용한다고 한다(Tannen, 2001). 이러한 설명이 일리가 있든 없든, 우리는 문제 해결을 위한 의사소통과 유대감 형성을 위한 의사소통의 차이점을 보여 주는 많은 실제 예를 떠올릴 수 있다. 물론 올바른 문제 해결은 유대감을 형성하는 데 도움을 주고, 또 반대로 정서적 유대감은 더 나은 문제 해결에 도움이 되기 때문에 이 두 종류의 의사소통은 상호 배타적이지 않다고 볼 수 있다. 하지만 내 임상 경험에 따르면 임상에서 이 두 가지를 구분하는 것은 상당히 도움이 되고 있다. 이러한 구분을 통해 가족들이나 커플들이 부지불식간에 다른 목적을 가지고 서로 어긋나는 이야기를 하고 있는지 깨달을 수 있기 때문이다.

오해 바로잡기

커플들 사이에서 앞서 언급한 것과 같은 식의 오해를 방지하는 데 도움이 되는 의사소통 기술 훈련의 장점들은 이미 많은 문헌들에 서술되어 있다(Markman, Stanley, & Blumberg, 1994). 이러한 훈련의 핵심은 말하는 사람이 보낸 메시지와 듣는 사람이 받아들이는 메시지가 일치할 가능성을 최대화하는 대화 기술을 가르치는 것이다. 화자를 위한 대화 기술 훈련의 핵심은 메시지가 명확하고 간결하며 상대가 잘 이해할 수 있게 전달하는 방법에 초점을 둔다. 청자는 전달받은 메시지를 제대로 이해하기 위해 자신의 생각이나 의견은 일단 접어 두고 화자의 메시지를 다른 표현으로 바꾸어 다시 말하는 방식으로 훈련한다. 화자가 자신의 메시지가 충분히 전달되었다는 생각이 들 때까지 이 방식을 유지해서 훈련한 뒤, 다시 역할을 바꾸어 훈련한다. 이러한 의사소통 기술과 전략을 발달시키는 목적 중 하나는 관계에서 파괴적인 갈등을 줄이고 그러한 갈등을 문제 해결로 대신하는 것이다.

많은 연구에 따르면 이러한 종류의 기술 훈련은 의사소통에서 발생할 수 있는 문제를 예방하는 데 대단히 효과적인데(Markman, 1993), 다만 어떤 커플들은 이러한 방법에 대해 다소 작위적이고 어색하게 느끼기도 한다. 하지만 자신의 입장을 명확하게 얘기하는 것과, 반대로 상대방의 메시지를 정확하게 이해하는 것 모두 많은 이에게 생각보다 상당히 어려운 일이다. 체계론적 관점에서 의사소통을 생각해 보면 의사소통이 빗나가는 데에 많은 이유가 있는 것은 어쩌면 당연한 일인지도 모르겠다. 따라서 치료자들은 커플이 효율적으로 의사소통을 할 수 있도록 돕기 위해 다양한 방법을 동원해야만 한다. 이때 중요한 점은 경우에 따라 서로의 의도를 잘 이해하기 위해 의사소통을 최대한 늦추는 방법을 익히는 것이 대단히 유용하다는 것이다. 의사소통의 목적이 갈등 해결을 위한 것이라면 먼저 양쪽의 문제가 정확히 확인되고 분명해져야 한다. 예를 들어, 의사소통의 목적이 한 사람은 정서적 유대감을 형성하기 위한 것인 반면, 다른 한 사람은 문제 해결이라면 소통 상에서 오해가 발생할 확률이 매우 높아지게 되는 것이다.

나의 내담자였던 짐과 에이미의 논쟁을 예로 들어 보자. 어느 날 오후 짐은 회사에서 일하고 잇던 에이미에게 전화를 걸어 "오늘 집에서 저녁 같이 먹을까? 부르스케타를 먹을까 하는데 어때?"라고 말했다. 에이미는 "난 아직 저녁 메뉴 생각 안 해 봤는데…… 당신이 지금 말해서 생각난 건데 우리 스테이크 먹자!"라고 대답했다. 그러자 짐은 "요새 토마토 철이잖아. 그래서 계속 부르스케타가 먹고 싶었어."라고 말했다. 에이미는 대강 건성으로 "좋은 생각이네."라고 대답했다. 짐은 "나 오늘 일찍 끝날 것 같으니까 집에서 보자."라고 말하고 전화를 끊었다. 짐은 요리를 매우 잘했고, 집에 멋진 정원도 있으니까 직접 부르스케타를 맛있게 만들어서 정원에서 식사를 할 생각이었다. 그는 빵집에 들러 부부가 가장 좋아하는 빵을 사고, 또 집에 있는 것들 중 가장 고급의 올리브 오일도 골랐다. 잘 익은 토마토도 골랐고, 에이미가 매우 좋아할 만한 저녁 식사가 될 것이라는 생각에 들떠 있었다. 에이미가 집으로 돌아왔을 때 짐은 "당신이 깜짝 놀랄 만한 것이 있어. 내가 만든 부르스케타야!"라고 기쁘게 음식을 내어 왔다. 그런데 에이미는 실망한 듯이 "난 스테이크 먹고 싶다고 한 거 같은데."라고 이야기했다. 그들은 서로에게 상처를 받았고, 화가 났으며, 결국 심각한 싸움으로 번졌다. 짐은 에이미에게 "난 당신한테 부르스케타 만들어 주려고 집에 일찍 왔어. 당신한테 맛있는 저녁을 해 주려고 말야. 당신을 기쁘게 해 주고 싶었다고. 그런데도 당신은 나한

테 고마운 마음이 하나도 없지?"라고 화를 냈다. 그러자 에이미는
"내가 언제 이거 요리해 달라고 했어? 당신이 나한테 뭐 먹고 싶냐
고 물어서 내가 스테이크 먹고 싶다고 했잖아! 내가 뭘 원하는지
당신한테는 중요하지 않지? 이래서 당신이 이기적이라는 거야!"라
고 화를 내며 대꾸했다.

소통 기회를 놓치는 것

에이미와 짐의 사례는 여러 가지 층위에서 일어날 수 있는 불통
문제를 잘 보여 주고 있다. 짐이 에이미에게 전화를 걸어 저녁으
로 무엇을 먹고 싶냐고 물어봤을 때, 그것은 말 그대로 그녀가 무
엇을 먹고 싶은지 알기 위한 것이었다(보고 기능). 하지만 짐이 브
루스케타를 권유했고 짐이 일찍 퇴근을 한다는 점에서 이 말은 '저
녁 식사를 계획해 놓았고 당신이 즐거워했으면 좋겠다.'는 의미가
내재되어 있었다(수행 기능). 나아가 '당신이 내 음식을 먹고 내가
얼마나 당신을 생각하는지 알아줬으면 좋겠고, 내 요리 솜씨를 당
신이 알아줬으면 좋겠다.'라는 내용도 포함되어 있었을 가능성이
있다. 에이미의 메시지의 수행 기능에는 '내가 별말 많이 하지 않
아도, 당신이 내가 하는 말에 귀를 기울여 주고 진지하게 받아들
여 줬으면 좋겠다.'라는 말이 내재되어 있었다. 벌써 여기서 우리
는 메시지의 보고 기능과 수행 기능이라는 서로 다른 층위에서의
메시지들이 뒤섞여서 에이미에게 전달되었다는 것을 알 수 있다.
짐의 메시지의 보고와 명령이 서로 다르고, 그리하여 에이미에게

뒤섞인 메시지를 전달하고 있다는 것을 알 수 있다. 반면, 에이미는 그 메시지의 보고 기능에만 반응해서 대답을 하고 있다("난 스테이크가 먹고 싶어."). 짐이 브루스케타에 대해 또다시 언급했을 때 이번에는 에이미가 짐에게 무성의한 태도로 짐의 의견에 동의하는 듯한 애매한 메시지를 전달했다. 보고 기능의 측면인 "브루스케타 괜찮겠네"는 에이미의 메시지 중 수행 기능인 '당신이 날 사랑한다면 내가 스테이크를 먹자는 의견을 따라 주겠지.'라는 것과 상충된다. 이 상황에서 짐은 보고 기능만을 수용하고 수행 기능은 놓쳤다고 볼 수 있다.

짐과 에이미는 자신들의 대화 메시지에 내재된 의미에 대해서 더 알아보려고 하는 대신 불통에 대해서 상대방만을 탓하고 있다("당신이 나한테 뭐 먹고 싶냐고 물어서 내가 스테이크 먹고 싶다고 했잖아!" "당신이 브루스케타도 괜찮다고 했잖아!"). 짐의 속마음은 에이미에게 자신이 생각하기에 멋진 것을 해 주고 싶다는 것이었다. 그는 에이미가 그녀는 특별한 존재라는 느낌을 받게 해 주고 싶었고, 그 대가로 그녀가 자신에게 고마워하며 사랑해 주기를 원했다. 하지만 에이미는 짐의 질문에 그저 그녀가 원하는 것만 간단히 말했다. 그녀는 짐이 자신이 원하는 것을 해 주고 자신의 의견을 인정해 주기를 바랐다. 이렇게 두 사람 모두의 의도와는 다르게 상황은 흘러갔다. 짐이 애써 브루스케타를 만들었음에도 에이미는 자신이 특별하다는 느낌을 받기는커녕 오히려 짐에게 무시당했다고 느꼈다. 한편, 에이미가 스테이크를 먹고 싶다고 했다고 계속 얘기한 것 역시 짐이 그녀를 이해하거나 그녀가 원하는 것을 존중할 수 있게 하는 데 전혀 도움이 되지 못했다. 끝으로, 앞서 소개한 성별에 따른 의사소통에 대한 흔한 고정관념과는 다르게, 짐은 에이미와의 정서적 유대감을 형성하기 위한 것이었지 저녁에 무엇을 먹을지 몰라서 에이미에게 전화를 한 것이 아니었다. 그저 에이미에게 즐거운 저녁을 위한 자신의 계획을 이야기해 주기 위해 전화를 건 것이었다. 하지만 에이미는 그러한 짐의 의도를 알아채지 못했을 뿐만 아니라 서로 기분만 상하는 상황이 되어 버렸다. 자신에게 저녁에 무엇을 먹고 싶냐고 전화를 했으면서 왜 정작 자신의 의사를 존중해 주지 않고, 대화를 통해 두 사람 모두가 원하는 메뉴를 고르지 않았을까 하고 에이미는 계속 생각했던 것이다.

파괴적인 의사소통

심리학 분야에서 의사소통 원리에 대한 초기의 연구에서, Watzlawick과 Bateson은 문제적인 의사소통 방식이 증상과 스트레스를 유발한다는 가설하에 작업을 진행했다(Watzlawick, Bavelas, & Jackson, 1967). 그들은 조현병 환자가 있는 가족들의 언어적 · 비언어적 의사소통에 대한 깊은 관찰을 통해 이들 간의 관계 양상을 연구하였다. 그 결과, 이러한 가족들에게서 공통적으로 볼 수 있는 의사소통의 유형을 발견해 냈고, 이것이 정신병적 증상들을 일으킬 만큼의 심한 스트레스를 유발한다고 주장했다. 그들은 이러한 종류의 의사소통을 이중구속이라고 불렀다. 이중구속에 대해 체계론자들마다 약간씩 다른 설명을 내놓고 있지만,

Bateson은 이중구속이 세 가지 핵심 요소로 구성되어 있다고 설명한다. 첫째, 이러한 의사소통은 정서적으로 중요하고, 깊이 연결되어 있는 인간관계에서 일어나야만 한다. 둘째, 의사소통의 보고 기능과 수행 기능 간에 상충이 있어야 한다. 셋째, 이 상충되고 애매한 메시지가 직접적이고 명시적으로 언급되거나 명확히 하는 것이 허락되지 않는 특정한 규범이 체계 안에 존재한다. 이러한 유형의 의사소통은 의사소통의 불일치가 느껴짐에도 불구하고, 발화자가 청자에게 매우 중요한 위치에 있기 때문에 무시할 수도, 안 할 수도 없는 없는 진퇴양난에 빠지게 한다. 여기서 짚고 넘어가야 할 점은 치료에서는 이 같은 애매한 메시지를 찾아내고 그것에 대해 알아보아야 한다는 것이다. 문제를 밖으로 들춰낸다고만 해서 문제가 모두 해결되는 것은 아니지만, 의사소통에서 비롯된 갈등을 인정하는 것은 이중구속을 완화시키는 첫걸음이 될 수 있다.

Bateson과 Watzlawick은 이중구속 의사소통이 정신병적 증상이 나타나기 전에 자주 선행된다는 것을 발견하였고, 결국 조현병의 원인이 된다고 주장하였다(Bateson, 1972; Nichols & Schwartz, 2001; Watzlawick, Bavelas, & Jackson, 1967; Watzlawick, Weakland, & Fisch, 1974). 이러한 그들의 논지(의사소통 문제가 정신증의 원인이라는 것)는 아이러니하게도 문제의 원인으로 단일한 요인을 언급한 것이어서 체계이론과 상충된다. 또한 그들의 이중구속 의사소통과 관련해서 언급하는 예시들은 선형적이고, 그들이 대체하려던 Freud 이론과 마찬가지로 결국 환자의 어머니만을 탓하는 결과를 낳게 되었다(Nichols, 2010). 그들은 어버이날에 정신병원에 있는 아들을 방문한 어느 부모의 이야기를 예로 들고 있다. 아들은 근래에 차도를 보였고, 어머니에게 쓸 카드를 사러 나갈 수 있게 허락도 받은 상태였다. 아들은 카드를 써서 어머니에게 주었고, 그 카드 안에는 "당신은 나에게 엄마 같은 존재예요."라고 쓰여 있었다. 이 글을 본 어머니는 자신이 '엄마 같은' 엄마가 아니라 '진짜' 엄마였기에 매우 속상해했다. 어머니는 울기 시작했고 아들이 영문도 모른 채 왜 그러냐고 묻자 "아무것도 아니야. 내가 너에게 엄마 같다는 소리를 들으니 참 좋구나."라고 대답했다. 아들은 어머니가 속상하다는 것은 알고 있었지만 왜 그런지는 몰랐다. 그가 왜 그러냐고 또다시 묻자 어머니는 화가 나서 "난 여기에 너를 병문안 온 거지 나에 대해서 말하려고 온 게 아니야."라고 말하고 더 이상의 대화를 막아 버렸다. 이때 아들은 불안해하기 시작하였고 독가스가 환기구를 타고 들어오고 있는 것 같은 느낌이 순간 들었다고 설명했다. 그 병문안은 이렇게 아들이 정신증 증상을 다시 보이면서 끝이 났다. 이 일화의 요지는 아들의 카드에 대한 엄마의 거부 반응과 이러한 반응을 제대로 처리하지 못하는 가족의 무능력이 아들의 정신증의 원인이 되기에 충분했다는 것이었다.

생물학을 바탕으로 한 현재의 정신의학 시대에서 의사소통 문제가 조현병을 유발한다는 생각은 어쩌면 이상하게 들릴지도 모른다. 하지만 이 이야기는 의사소통 문제가 어떻게 고통을 일으킬 수 있는지, 또 건설적인 의사소통이 어떻게 잠재적으로 고통을 줄일 수 있는지를 잘 보여 주고 있다. 이때 치료의 목적은 어떤 부분이 애매한 메시지를 서로 분명히 하는 것을 막고 있는지 찾아보고, 이 분석을 통하여 그들의 이중구속에 대해 논의해 보도록 하

는 것이다. 만약 앞의 사례가 기술(記述)적 연구 사례가 아닌 가족
치료 사례였다면 치료자는 어머니가 아들의 카드를 보고 느낀 실
망감을 덜 적대적이고 덜 감정적인 방법으로 표현할 수 있도록 도
와주었을 것이다. 물론 우리는 아들이 한 말의 정확한 의도에 대
해서도 알아보아야 한다. 그는 카드 메시지를 통해 어머니에 대한
양가감정을 표현하고 있었던 것일까? 좋은 의사소통의 핵심은 이
러한 양가감정이 행동보다는 말을 통해 직접적으로 표현될 때 더
긍정적이고 의미 있는 결과를 가져올 수 있다는 것이다.

조현병 가족치료에 대한 최근 연구들은 Watzlawick과 Bateson
의 연구들이 애초에 그들이 생각했던 것과는 다소 다른 측면에서
중요한 점을 보여 주고 있다고 주장한다. Carol Anderson(1986)
과 Ian Faloon(Faloon, Leff, Lopez-Ibor, May, & Okaska, 2005)은 조
현병 환자 가족들의 상호작용을 관찰했다. 앞서 언급한 것과 같이
그들의 연구 또한 정서 표출이 많을수록 정신병적 증상이 증가한
다는 가설을 입증하였던 것이다. 그들은 환자가 불안하거나 괴로
워할 때 가족들에게 감정적으로 격화된 의사소통을 줄이고 좋은
의사소통을 하는 방법을 가르쳐 주는 것이 매우 효과가 있음을 보
여 주었다. 이중구속 의사소통의 문제점으로 돌아가서, 우리는 의
도가 분명하지 않은 애매한 메시지가 불안을 증가시키고, 또 이러
한 메시지가 직접적으로 소통되지 않으면 부정적 정서를 증가시
킨다는 것을 알 수 있다. 이중구속으로 인해 형성된 고통스럽고,
단절되고, 서로를 좌절시키는 순환은 이 책의 마지막 장에서 다룰
Patterson(1971)과 다른 행동 체계론자들이 제시한 혐오적 행동의
과정과도 크게 다르지 않다. 하지만 상호작용 안에서 일어나는 의

사소통의 층위들을 관찰해 보면 이러한 순환이 어떻게 형성되고 유지되는지 이해할 수 있다.

진정성 증대시키기

전통적인 가족치료의 목적은 의사소통의 패턴을 변화시켜 가족 관계를 향상시키는 것이다. 가족치료의 창시자인 Carl Whitaker(1977)와 Virginia Satir(1972)는 치료 방식은 매우 달랐지만 둘 다 정서 표현의 중요성을 강조했다. 모든 인간이 당대의 역사적 맥락에 영향을 받듯이, Whitaker와 Satir 역시 1960년대의 인본주의와 실존주의라는 사조에 큰 영향을 받았다. 내가 이들에 관한 비디오를 수업 시간에 보여 줄 때마다 학생들은 이 치료자들이 내담자들에게 민감할 수 있는 내용을 거침 없이 직설적으로 얘기하거나 내담자들을 안아 주는 것과 같은 치료에서의 경계 침범의 윤리적 문제에 대해 지적하곤 한다. 이러한 우려들은 지극히 타당하고, 단순히 카타르시스만을 위해 검증도 없이 즉흥적인 감정 반응을 보이는 것은 부정적인 결과를 가져올 수 있다는 것도 부정할 수 없는 사실이다. 하지만 Whitaker와 Satir의 경험적 작업에 숨어 있는 원리를 본다면 그들이 모순적이고 갈등적인 의사소통을 진실성 있고 설득력 있는 의사소통으로 변화시키는 재작업을 하고 있다는 것을 알 수 있다. 이러한 경험적 접근의 토대는 뒷장에서 소개될 Greenberg와 Johnson의 정서 중심적 치료에 의해서 더 발전되었다(Greenberg, 2002; Johnson, 2002).

Murray Bowen과 Salvador Minuchin처럼 Whitaker는 1940년
대 말에 정신의학 수련을 받았으며 만성적 정신질환을 앓고 있
는 환자들을 관찰했다(Nichols & Schwartz, 2001). 이 가족치료 창
시자들은 그 시대의 주류였던 정신역동이론에 만족하지 못했고,
특히 Whitaker는 고전적인 Freud 이론을 심하게 싫어했다. 사실
Whitaker(1976)는 치료에 있어서 이론은 실제 경험으로부터 멀어
지게 만든다며 모든 이론을 부정했다. 그는 의사소통을 있는 그
대로의 표현으로 보고, 내담자들의 정서적으로 진솔하지 못함을
진실함과 솔직함으로 변화시킬 수 있도록 애썼고, 이것이 궁극적
치유력이 된다고 주장했다. Whitaker는 사람들이 자신들의 진실
한 감정을 부인하도록 사회화되고, 이러한 사회화는 결국 그들 자
신 안에서 내적 갈등을 일으킨다고 믿었다. 그래서 이 표현되지
못한 내적 갈등은 다양한 증상과 대인 관계 문제를 초래할 수 있
다. Whitaker는 가족의 신념과 기대로 인해 스스로에게 진실할
수 없을 때 갈등이 생기고, 가족 구성원들이 그 갈등을 표현하거
나 해결하는 법을 알지 못할 때는 문제가 더 심각해진다고 믿었다
(Whitaker, 1981). Whitaker에게 있어 인간관계는 기본적으로 정서
적인 측면에 바탕을 두고 있고, 그래서 당연히 갈등, 경쟁, 증오,
그리고 기쁨과 흥분 등이 관계의 핵심을 이루는 것은 자연스러운
것이었다. 그는 이러한 강렬한 감정들을 회피하고 거부하는 것이
개인과 가족 간의 문제를 일으킨다고 믿었다.

치료자로서의 Whitaker는 대담하고, 직설적이고, 아주 별난 사
람이었다. 그는 위스콘신 대학교에서 30년 동안 심리치료 클리닉
을 운영하면서 매우 유능한 임상가 Gus Napier와 함께 일했다.

Napier와 Whitaker(1978)는 선한 역할과 악역을 나누어 담당하는 방식으로 접근했다. Napier는 전통적인 방식의 치료자였던 반면, Whitaker는 비전통적인 접근을 취했고 종종 매우 자극적이기도 했다. Napier는 이러한 Whitaker의 방식을 내담자들이 잘 받아들이고 소화해 낼 수 있도록 돕는 역할도 담당했다. Whitaker는 엉뚱하고 색다른 방법을 사용하여 가족의 불협화음으로 인해 생기는 소외감의 아이러니를 강조하곤 했다. 예를 들어, Whitaker는 소아마비를 앓고 있는 아버지와 갈등 상황에 있는 10대 아들에게 상담 초기에 "네 아빠가 다리를 전다는 사실에 대해 어떻게 생각해?"와 같은 질문을 던질 것이다. 그러고 나서 Whitaker는 한 발짝 뒤로 물러서서 Napier의 도움을 받아 내담자가 어떻게 반응하는지 지켜볼 것이다. 이러한 치료 방식의 목적은 사춘기 증상으로 치부된, 억압된 분노, 거부당한 느낌, 분함 등에 대해 좀 더 솔직한 대화를 나눌 수 있도록 도와주는 것이었다.

Virginia Satir(1972)의 방식은 Whitaker와 매우 다르지만 그녀 또한 표현되지 못한 감정들이나 문제들이 고통의 원인이 된다고 믿었다. Satir는 사회복지사 수련을 받았고 Bateson, Haley, Watzlawick과 함께 팰로앨토에서 근무하였다. Satir 역시 1960년대 인간의 잠재능력회복운동(human potential movement)에 크게 영향받았고, 자기실현화와 다른 진보적 사상들에 초점을 맞춘 인본주의이론의 지지자였다. Whitaker는 억압된 부정적 정서에서 오는 문제들을 강조했고, Satir는 따뜻하고 애정 어린 의사소통의 치유력을 믿었기에 많은 방면으로 이 두 사람은 한 동전의 양면과 같다고 볼 수 있을 것이다(Satir, 1983). 치료자로서 Satir는 공감을 중요시했고, 실제로 그녀의 치료 기술 중 몇 가지는 우리가 치료에서 감정을 다루는 개념과 매우 흡사하다. 한 가족치료 비디오에서 그녀는 말이 별로 없고 멍한 상태의 한 청소년의 손을 잡고 "너의 손은 참 부드럽고 따뜻하구나. 잡고 있기 좋아. 느낌이 참 좋구나."라고 말한다. 인간의 정서에 초점을 맞추는 것은 어찌 보면 조금은 부자연스러울 수도 있지만, Satir는 표현되지 않은 연민, 인정, 공감에 대한 욕구를 채워 주는 것이 중요하다고 생각했다. 이렇게 직접적인 신체적 접촉이 앞의 10대 소녀에게서 처음에는 증상을 더 악화시켰지만, 이것을 통해 Satir는 내담자의 부모가 딸의 양육에 좀 더 적극적으로 관여하도록 도와줄 수 있었다.

의사소통은 애착을 증가시킨다

Whitaker와 Satir 모두 직접적이고 감정이 풍부한 의사소통에 초점을 맞추었는데, 최근의 경험적 연구들은 이에 탄탄한 이론적 기초를 제공하고 있다. Whitaker와 Satir는 두 사람 모두 이론들이 거리감을 형성하고 공허한 지식화를 만들어 낸다고 믿으며 사고보다는 감정에 집중했다. 물론 이처럼 이론이 거리감과 공허한 지식화를 유발한다는 비판을 경우에 따라 적용할 수도 있긴 하겠지만, 좋은 의사소통이 애초부터 논리보다 정서를 바탕으로 한다는 설명은 체계이론 어디에서도 찾아볼 수 없다. 대신 애착이론을 자신의 경험적 접근의 바탕으로 사용한 Sue Johnson(2002, 2004)의 연구에서 우리는 현재의 체계이론 적용을 엿볼 수 있다. Johnson

은 이론이 한계가 있을 수밖에 없기 때문에 배제하기보다는, 이론과 경험적 연구 모두 인간의 의사소통을 깊이 이해하는 데 도움을 줄 뿐만 아니라 너무 순진하고 과장된 방식으로 감정을 치료에 이용하는 데서 발생할 수 있는 잠재적인 위험을 피할 수 있도록 도와준다고 주장했다.

Johnson은 인간이 살아가기 위해 물과 음식이 필요한 것처럼 애착이 인간에게 기본적으로 필요한 것이라고 주장했다. 인간은 생존을 위해 보살핌을 받고 애착 관계를 형성하는 기제를 선천적으로 가지고 태어난다. 우리가 애착 관계를 형성하고, 유지하고, 깨진 애착 관계를 복구하는 과정은 정서적 경험을 통해서 이루어지고, 정서가 소통되는 방법에 의해 표면으로 드러난다. 많은 연구가 유아와 보호자의 관계에서 이루어지는 애착 관계에 대해 설명하고 있는데, 유아와 보호자의 유대 관계는 그들 사이의 상호작용을 통해 발달된다는 것이 잘 알려져 있다. 보호자가 유아에게 음식을 먹여 주고, 옷을 갈아입혀 주고, 안아 주고, 바라보는 등의 과정에서 이러한 긍정적인 관심에 의해 유아는 만족감과 충만감, 평안함을 느끼게 된다. 결국 보호자에 대한 유아의 반응은 상호 간의 긍정적 경험을 형성할 수 있게 된다. 아이가 진정되고 편안해질수록 보호자는 아이에게 사랑과 보살핌을 제공하는 데 있어 효능감과 만족감, 자신감을 느낄 수 있게 되는 것이다. 이러한 순환적 상호작용이 잘 이루어지면 양쪽 모두 서로에게 긍정적이고 안전감을 느끼며, 서로에게 잘 반응하게 되는 환경을 만들 수 있게 된다.

물론 어느 상호작용이나 문제가 있을 수 있다. 하지만 애착이론은 애착에 틈이 벌어졌을 때 어떻게 다시 연결시킬 수 있는지에 대한 설명 틀 역시 제공하고 있다. 아이가 아주 어린 경우라 하더라도, 가끔씩 그 관계가 너무 가까울 때 아이는 보호자에게서 일정 거리를 유지할 필요가 있을 수 있다. 마찬가지로 가끔씩 아이의 요구에 제대로 반응하지 못하거나 필요한 수준 이상으로 아이의 욕구를 충족시켜 주려 할 때 보호자가 아이를 좌절시킬 수도 있다. 이렇게 관계에서 결함이 생겼을 때 좌절을 견뎌 내는 능력은 진정한 안정 애착을 발달시키는 데 매우 중요하다. 하지만 이러한 작은 단절이 가끔은 격렬한 부정적 반응의 원인이 되고, 불안정 애착을 초래할 수도 있는 위험이 있다. 예를 들어, 아이에게 일정 거리나 애착 강도의 조정이 다소 필요할 때 부모가 지나치게 민감하게 반응해서 아이가 자신을 거부한다고 느낄 수도 있다. 이때 부모가 받은 상처나 화는 아이에게 거부로 받아들여질 수 있고, 다시 이것은 아이 내면에 불편감을 유발한다. 이렇게 서로 어긋난 느낌은 양쪽 모두를 서로에게 더욱 집착하게 만들거나, 반대로 서로 더 멀어지게 만들어 관계를 악화시킬 수 있다. 이러한 부정적 상호작용은 일관성과 정서 조절을 조성하는 것이 아니라 오히려 불안감과 소외감을 키운다.

최근 이러한 애착 패러다임을 적용한 몇몇의 흥미로운 정신역동적 치료 접근이 많이 연구되었다. 최근에 진행된 애착에 관한 신경생물학적 연구들은 상호작용을 통한 정신적 발달을 관찰하는 정신역동의 전통에 기반을 두고 있다(Beebe & Lachmann, 2002). 이러한 애착 연구들을 이용하여 Daniel Siegel은 부모와 자녀 사이의 복잡한 의사소통 패턴을 설명했다(Siegel & Hartzell, 2003). Siegel

은 초기 애착 관계 양상의 중요성을 강조했을 뿐만 아니라 부모들이 명확하고 정확한 정서적 의사소통을 통해 부정적 상호작용을 바로잡을 수 있는 방법들도 제시하였다. 이와 비슷하게, 현대 심리치료의 정신분석적 이론들도 정서적 조응이 가지고 있는 치유력을 강조하고 있다. Buirski와 Haglund(2001)가 설명한 상호주관성 이론(intersubjective theories)은 누군가가 자신의 이야기에 귀 기울여 주고, 누군가로부터 이해받기를 원하는 인간의 근원적인 욕구에 대해 강조하고 있다. 이러한 접근들은 우리 자신과 타인을 이해하는 데 도움이 되는 정서적으로 의미 있는 상호작용을 강조하고 있다. 이러한 접근 방식의 가장 핵심이라 할 정서적 조응의 특징은 분명하고 감정적으로 일관적인 의사소통의 느낌을 바탕으로 한다. 이러한 의사소통을 따로 떼어서 분명하게 정의를 내리기 어렵긴 하지만, 사실 막상 경험해 보면 그게 어떤 건지 누구나 바로 알 수 있을 만한 성질의 것이다. 실제로 의사소통이 제대로 잘 이루어지면, 우리는 상대방이 자신을 잘 이해해 준다고 느끼게 되는 것이다.

부부치료에 애착 패러다임을 적용한 Johnson(2002, 2004)은 애착 욕구는 어느 특정 발달 단계에 국한되기보다는 평생 지속되는 것이라고 주장했다. 그는 안정적이고 지지적인 관계에 속해 있다는 느낌이 성인 정신건강에 매우 중요하다는 주장을 토대로 망가진 애착 관계를 회복할 수 있는 치료법을 연구했다. 앞서 언급했듯이 Johnson은 Satir와 Whitaker가 인간의 정서적 의사소통 기능을 분석하는 데 있어서 감정의 표현에만 초점을 맞추었던 것에서 한 발짝 더 나아갔다. Watzlawick을 포함한 다른 체계이론자들과 비슷하게, Johnson은 우리의 의사소통 방식이 전달하고 싶은 메시지를 분명히 하기보다는 오히려 불분명하게 만들 때가 많다고 주장했다. 특히 불안정 애착 관계에서 상호작용을 할 때 자신이 느끼는 것을 표현하는 능력은 제한된다. 이러한 경우 느끼는 것을 표현할 때도 자신이 느끼는 것들 중 방어적이고 표면적인 부분만을 대개 표현하곤 한다. 그러므로 특정 상황에서의 방어적인 이차적 감정에서 더 깊게 들어가 일차적이고 근본적인 감정을 탐색하는 방식을 통해, Johnson은 좀 더 깊은 곳에 자리한 감정을 알아볼 수 있는 여지를 두고자 하였다.

방어적 반응들의 이면에 자리한 마음을 알아보려는 노력은 많은 심리학 이론에서 공통적으로 볼 수 있지만, Johnson은 정서적으로 잘못된 의사소통을 알아보고 재작업하는 것이 매우 복잡함에도 불구하고 치료 효과 면에서 충분한 보상이 됨을 보여 주었다. 격한 언쟁 자체가 사람들이 어느 시점부터 서로를 오해하기 시작했는지 알 수 있는 시사점을 자주 제공하기 때문이다.

짐과 에이미의 저녁 식사에 관한 언쟁으로 돌아가 보자. 만약 내가 그들에게 어떤 기분인지 물어본다면 그들은 모두 화가 난다고 이야기할 것이다. 그들은 분명히 서로에게 기분이 나빠져 있고, 자신의 입장은 정당하다고 생각한다. 이때 그들의 부정적 감정을 들춰내는 것은 그들의 방어적인 입장을 더 강화시킬 수 있다. 짐은 에이미가 무관심하고 짐이 해 준 것에 대해 전혀 감사하게 생각지 않았던 때를 쉽게 기억해 낼 수 있을 것이다. 에이미는 상대방이 자신을 무시하지 못하게 하려면 자기 자신을 대변할 수 있어야 한다고 생각한다. 우리는 조금 더 깊이 들어가서 그들이 서로에게 어떻게 상처를 받았는지 알아보아야 한다. 그들은 서로에게 큰 상처를 받았고, 짐과 에이미 모두 상대방으로부터의 거절과 무심함에 실망했다. 그들이 받은 상처와 실망감에 대해 알아보기 위해 표면적 분노와 불만에서 더 깊이 들어가 본다면 서로를 비판하고 상처 주는 대신 배려와 연민으로 서로에게 더 다가갈 기회를 찾을 수도 있을 것이다.

그러나 이런 식의 건설적인 의사소통을 유도하는 것은 생각보다 쉽지 않은 경우가 많을 뿐만 아니라, 기법을 적용하더라도 한 가지가 아닌 지금까지 논의된 여러 체계이론 개념을 동시에 적절히 응용해야 하는 경우가 많다. 첫째, 치료자는 경쟁적인 환경보다는 협조적인 환경에서 대화가 이루어질 수 있게 도와주어야 한다. 치료자는 두 사람 모두의 관점을 고려하여 그들이 언쟁에서 상대방을 이기기 위해 노력하기보다는 함께 협력할 수 있도록 도움을 주어야 한다. 둘째, 치료자는 순환적 인과관계와 다중 인과관계 접근법을 사용하여 문제의 원인이 될 만한 모든 요소를 찾아보아야 한다. 순환적 인과관계의 개념을 적용해서 내담자들로 하여금 자신이 관계 속에서 문제 패턴들에 어떻게 기여하고 있는지 깨닫도록 도와줄 수 있는데, 이는 애초에 그들이 언쟁하면서 상대방에 대해 일방적으로 비난하고 방어적인 태도를 취했던 것과는 다르다고 느끼게 할 것이다.

이러한 기초적인 체계 관점을 적용하는 동안, 나는 대화의 속도를 줄이고 서로가 상대방에게 무엇을 표현하고 싶어 했는지 알아볼 수 있다. 치료자로서 Satir와 Whitaker가 그랬던 것처럼 우리는 환자들의 의사소통에 숨어 있는 메시지를 알아보고 감정을 이용하여 좀 더 진정성 있는 유대감을 형성하도록 도와주어야 한다. 짐과 에이미가 서로 상대방에게 원했던 것을 알아보는 것이 그들이 서로를 좀 더 이해하고, 동시에 자신들의 의견을 좀 더 명확하게 표현할 수 있도록 도와주는 첫 번째 과정이었다. 정서에 초점을 둔 측면에서 그들의 의사소통 패턴을 들여다보면, 짐은 에이미가 자신을 인정해 주지 않는다고 계속해서 느껴 왔으며 실제로 그녀를 기쁘게 해 주려 했지만 실패했던 경우가 있었다는 것을 알수 있다. 짐의 이러한 감정들을 함께 살펴 가면서 우리는 그가 에이미를 실망시킬까 두려워하는 마음과 어떻게든 그녀를 기쁘게 해 주고 싶어 하는 열망이 있음을 알게 되었다. 만약 그가 이러한 소망을 좀 더 직접적으로 표현했다면 에이미는 그의 말의 의도를 쉽게 파악할 수 있었을 것이다. 짐이 에이미에게 자신이 특별한 사람이길 바라고 에이미를 위해 무언가를 준비했을 때 그녀가 감동하기를 원했던 것은 지극히 인간적이고 당연한 면모였기 때문에, 결국 에이미도 이에 좀 더 호응하는 태도를 보였을 것이다.

한편, 우리가 에이미의 감정을 더 깊이 알아 갈수록, 그녀는 짐에게 자신이 무시당하는 것 같은 상황이 얼마나 고통스러운지 표현할 수 있게 되었다. 그녀는 짐이 자신이 뭘 원하는지 전혀 신경쓰지 않는 것 같은 것이 매우 두려웠고, 자신을 좀 더 중요하게 생각해 주길 바랐다. 짐이 자신의 생각을 한 템포 늦추고, 에이미가 스테이크를 먹고 싶어 한다는 의견을 들어 주고 따라 주는 것이 그녀에게 어떤 의미인지 이해했다면 그들의 대화 톤도 바뀌었을 것이다. 논의를 통해서 대화의 보고 기능 단계에서 생긴 갈등이 무엇이었는지 실제로 더 명확해지기도 했지만(브루스케타를 먹을지 혹은 스테이크를 먹을지), 정서에 초점을 맞춘 작업은 수행 기능 단계의 갈등을 밝혀내고 해결하는 데 많은 도움이 되었다. 이 부부의 경우, 자신이 에이미에게 특별하게 여겨졌으면 좋겠다는 짐의 바람과 자신이 좀 더 중요하게 여겨지고 원하는 것을 상대방이 들어 주길 바라는 에이미의 소망에 따른 각자의 요구가 모두 나름 정당하다는 것을 이해할 수 있게 되었다. 이렇게 공감하는 위치에 있으면 갈등의 해결은 훨씬 쉬워진다. 그들이 스테이크와 브루스케타 두 가지를 모두 먹기로 결정하든, 다른 하나는 다음에 먹기로 정하든 혹은 아예 다른 것을 먹기로 하든 간에, 자신들의 애착 욕구가 충족됐다는 생각이 들게끔 하는 결정은 매우 다르게 느껴질 것이다.

의사소통은 상호 간의 조응을 만들어 낸다

앞의 이야기는 부부치료 사례지만 다른 종류의 치료에서도 이러한 방법의 적용이 가능하다. 상호주관성 치료 접근을 설명할 때 언급했듯이, 이러한 의사소통은 치료자와 내담자 간의 의사소통을 증진시키는 잘 조응된 애착 관계를 형성하는 데에도 똑같이 타당하다. 치료자와 내담자 사이의 불통과 관계의 파열 자체를 내담자의 해결되지 못한 애착 욕구를 이해할 수 있는 단서와 기회로 활용하는 것은 내담자의 관계 문제를 좀 더 명확히 할 뿐만 아니라 치료자와 내담자의 더 깊은 상호 간 이해를 도모하는 계기가 될 수도 있다. 이를 잘 보여 주는 Buirski(2005)의 훌륭한 사례 연구가 있다. 여기에서 Buirski는 최근의 이혼으로 인해 고통받고 있음에도 치료의 과정과 효과에 대해 의구심을 품고 있는 내담자와의 실제 상담 과정을 구체적으로 보여 주고 있다. 이 사례에 대한 해설에서 Buirski는 전통적인 대상관계 접근법에 대비되는 관계이론[전자는 기존의 대상관계이론(object relation theory)을 뜻하고 후자는 Greenberg와 Mitchell이 30여 년 전 창시한 관계이론(relational theory)을 일컫는다-역자 주]과 상호주관성 접근 사이의 차이에 주목하고 있다.

상담의 전반부에서 치료자는 내담자가 문제의 원인이 된 패턴에 대한 통찰력을 가질 수 있도록 돕고 있다. 내담자의 개인사와 관계들에 대한 얘기를 들을수록 Buirski는 내담자의 부족한 통찰력과 치료자의 조언을 소화하는 능력이 부족한 것에 대해 점점 더 좌절감을 많이 느끼게 된다. 이에 대해 치료자가 자신의 느낌을 설명하는 대목을 보면, 자신의 방법이 효과적으로 작동하지 않고 있다고 느꼈다는 것을 알 수 있다. 내담자는 치료에 대해 평가절하하면서 한탄한다. "사람들에게 관심을 받는 사람이 되기 위해 꼭 의사를 만나야만 한다는 게……."(Buirski, 2005, pp. 48-49) Buirsky는 "제 생각에, 당신은 꽤 좋은 사람임에도 불구하고, 사람들이 당신한테 관심이 없다고 생각하는 거군요."라고 대답했다. 이때 치료자의 말은 문자 그대로는 중립적이긴 했지만, 이 말을 할 때 Buirski는 이 내담자에 대해 자신이 부정적인 감정을 가지고 있었다는 것을 인지하고 있었다. 내담자는 "솔직히 이렇게 말하기 고통스럽지만, 선생님이…… 음…… 음…… 그래요, 아마도 선생님 말이 맞을 것 같아요."라고 이야기했다. 내담자는 Buirsky의 부정적 감정을 감지했던 것이다. 순간 Buirsky는 자신의 언급으로 인해 내담자가 상처를 받았음을 다시 인지하게 된다. Buirsky는 자신의 언급 뒤에 내담자가 자신의 고통스러운 감정을 솔직히 얘기할 수 있었던 것에 깊은 인상을 받았다. 이후 치료자 역시 자신의 속마음을 표현하는 데 있어 좀 더 솔직해졌고, 내담자도 좀 더 진솔하게 반응하기 시작했다. 그는 내담자의 감정 경험에 좀 더 가 닿으려 노력하는 데에 치료의 초점을 맞추었고, 그로 인해 상담은 더 성공적이고 만족스러워졌다. 이후로 내담자는 정서적인 측면들을 좀 더 쉽게 인지할 수 있게 되었고, 마음속 깊숙이 자리 잡은 생각과 감정을 치료자와 나누게 되었다.

이 책에서 Buirsky는 상담 기록뿐만 아니라 자신과 내담자의 비언어적인 상호작용 요소들도 기록해 두었다. 또한 상담을 하는 동안 자신이 무엇을 생각하고 느꼈는지도 적었다. 앞서 언급했듯이 그는 자신의 임상 사례들을 이용하여 치료자의 해석을 통한 접근과 상호 협력적 접근의 철학적 차이도 설명했다. 대상관계이론과 상호주관성 이론 모두 순환적 상호작용의 중요성에 근거하고 있지만, 상호주관성 이론가들의 역할은 치료자로서 내담자와 충분한 정서적 조응의 상태를 경험할 수 있을 만한 '함께 있음'의 역할을 강조한다.

체계이론은 이러한 종류의 조응된 의사소통을 어떻게 형성하는지에 대해 명확하게 설명해 준다. 나는 Buirsky가 면담에서 접근 방식을 바꾼 순간 이전부터도 내담자와의 소통이 좀 더 명확해지고 있던 상태였고, 앞의 계기를 통해 그것이 더욱더 명확해지고 일관되어 가면서 효과가 지속됐다고 생각한다. 상담의 전반부에 그가 했던 말들을 보면 그가 내담자에 대해 관심과 호기심을 가지고 있다는 사실이 전달되고 있기는 하지만, 동시에 그는 내담자와 거리감을 느끼고 있었고 내담자의 문제들이 와 닿지 않고 있다는 것을 인지하고 있었다. 문제에 대한 통찰과 명료화에 초점을 둔 방식은 내담자에게 그렇게 의미 있는 것 같지 않았고, 치료자의 의도가 아무리 좋았다고 할지라도 어쨌든 이러한 방식은 그 내담자와는 잘 맞지 않았다. 체계론의 언어를 사용하여 다시 말해 보자면, 치료자 입장의 보고 기능["당신에 대해, 당신 내면에 대해 좀 더 알아보면 좋겠군요."(명료화나 해석을 통해 접근하려고 했던 치료자의 언급들-역자 주)]은 수행 기능["당신에 대해 함께 알아 가기가 정말 어려운 분이군요."(중립적으로 보이는 언급들 이면에 가려진 내담자에 대한 치료자의 부정적인 감정들-역자 주)]과 일치하지 않았다. 여기서 우리는 그 내담자 역시 비슷한 경험을 하고 있으리라 추측할 수 있다. 즉, 내담자가 하는 대화의 보고 기능 면에서 보면 그는 질문에 답하고 치료에 참여하는 것처럼 보인다. 그러나 수행 기능의 면에서 보자면 상담 내에서 그런 대화들이 별 도움이 되지 않고 경우에 따라 치료자가 왜 그런 질문이나 언급을 하는지 다소 헷갈리고 혼란스럽게까지 느끼고 있다. 심지어 치료자가 이런 내담자와의 상담에서 무력감을 느끼고 있을 때조차, 치료자의 의사소통의 의도는 어쨌든 내담자에게 도움을 주고자 하는 것이었다. 하지만 상담 초기에 이러한 의도는 내담자에게 아무런 영향을 미치지 못했다. 또 초기의 해석적 접근은 치료자가 내담자에게 그가 겪고 있는 문제의 원인에 대한 통찰을 알려 주기 위한 시도였다고 추측해 볼 수 있다. 그러나 이러한 접근 방식은 내담자가 찾고 있던 것이 아니었다. 그리고 이때 내담자의 불편한 느낌은 말이 아닌, 상담실 내에서 치료자가 느낀 어떤 막연한 거리감을 통해 표현되었던 것이다. 하지만 치료자가 자신과 내담자의 주관적인 경험에 초점을 맞추기 시작했을 때부터 문제의 분석과 해결에 대한 저항이 사라지기 시작했다.

이론적 관점에서 볼 때 상호주관적 치료자는 의사소통의 전달 기능이 보고 기능이든 수행 기능이든 관계없이 내담자들이 항상 문제 해결보다는 정서적 유대감을 찾으려 한다고 주장할 것이다. 하지만 체계론적 관점에서 보면 앞의 예에서 치료가 생산적이지 못한 이유는 치료자의 의사소통 방식에서 보고 기능과 수행 기능 사이의 상충과 애매한 메시지 때문이었다고 볼 수 있다. 마찬가지의 측면에서 치료자가 자신의 의사소통에 담긴 명시적인 메시지와 암묵적인 메시지 사이의 상충을 없애고, 그 내용과 정서에 일관성을 부여했을 때 내담자는 치료자의 진정성을 경험할 수 있었고, 이는 다시 자신의 경험들을 진정으로 이해하는 방향으로 이어졌다. 이러한 결과는 치료자가 전통적인 의사-환자 모델의 뒤로 자신을 숨기기보다는 다중 관점을 통해 상담 안에서 내담자와의 관계에 영향을 미치는 자신의 문제에 대해 살펴보는 것을 필요로 했다. 다음 장에서 변화의 개념에 대해 설명할 때 더 자세하게 소개될 것이지만, 관계를 변화시키고 지속시키는 것은 이러한 종류의 명백하고 일관성 있으며 내담자의 상태에 잘 조응하는 의사소통 방식이다.

요약하자면, 체계이론은 의사소통에서 전달되는 메시지와 전달받은 메시지가 불일치할 때 그 문제를 분석하고 변화시키는 데 도움을 준다. 체계이론은 우리가 문자 그대로의 뜻 또는 의사소통에서 '보고'되는 기능을 알 수 있게 해 주는데, 이러한 메시지의 의미는 항상 관계 맥락의 변수나 의사소통의 수행 요소에 의해 달라질 수 있다. 그리고 체계이론은 메시지의 명시적 및 암시적 측면을 넘어서서, 말한 이의 의도와 그 영향에 차이가 있을 수 있다는 것을 이해하고, 결과적으로 이 상충으로 인해 혼란과 고통이 야기될 수 있다는 것을 인식하는 데 도움을 준다. 마지막으로 의사소통은 상태를 규정하는 것으로부터 문제 해결, 정서적 유대감 형성까지 다양한 목적을 가질 수 있다. 건설적인 의사소통을 형성할 수 있는 능력은 체계치료의 핵심이다.

나는 가끔씩 학생들에게 다음과 같은 문장들을 들려준 다음 어느 것이 맞다고 생각하는지 물어보곤 한다.

- 많은 것이 변할수록, 더 많은 것이 변하지 않는다(프랑스의 소설가이자 언론인 Alphonse Karr의 경구. 표면적으로 무언가 많이 바뀌는 것처럼 보일수록, 오히려 더 근본적인 부분은 더 변하지 않는다는 뜻-역자 주).
- 아무도 똑같은 강물에 발을 두 번 담글 수 없다.

그러면 학생들은 대개 자신의 경험을 바탕으로 이 둘 중 하나를 고르게 된다. 물론 영리한 내 학생들은 바로 반론을 제기하는데, 이 둘 중 하나를 고르는 것은 체계론에서 몰아내고자 하는 '모 아니면 도' 식의 사고방식을 반영한다는 것이다. 당연히 나도 이에 동의하는데, 좀 더 생각해 보면 체계론적 사고가 앞선 두 문장이 각각 반영하는 것과 모두 관련이 되기 때문이다. 첫 번째 문장은 근본적인 변화는 착각에 불과하다는 것이다. 하늘 아래 새로운 것이 없으니 진정한 변화는 불가능하다는 얘기이다. 두 번째 문장은, 변화는 항상 그리고 도처에 있고 피할 수 없는 것이기 때문에 우리가 수용해야 하는 어떤 것이라는 뜻을 담고 있다. 두 문장 모두 정말 참이라고 볼 수 있을까?

체계론적 사고의 틀에서 보면, 두 문장은 모두 정확할 뿐만 아니라 근본적인 진실까지 반영하고 있다. 첫 번째 문장은 체계들은 본질적으로 변화에 저항하고 예측 가능한 특정 질서를 유지하려

한다는 것을 보여 준다. 동시에 체계들은 끊임없이 스스로를 재조직화하고 변화시킨다. 그러므로 체계는 기본적으로 유지되는 동시에 진화하는 구조를 가지고 있다. 더 나아가 체계론적 사고는 변화를 촉진하거나 또는 변화를 막는 특정한 상황들이 무엇인지 알 수 있게 도와준다. 뒤에서 보겠지만 나는 변화에 대한 체계론적 개념이 실제 심리상담에서 대단히 큰 도움이 된다고 생각한다.

왜 심리치료에서 변화의 개념이 굉장히 중요한 요소일까? 이 물음은 하나 마나 할 정도로 너무 뻔한 얘기일 수도 있지만, 나는 이에 대해 좀 더 생각해 볼 가치가 있다고 생각한다. 내가 가장 좋아하는 농담이 있다.

질문: 전구를 **바꾸려면** 몇 명의 상담가가 필요할까?
답: 한 명. 하지만 그 전구가 정말 **변하고** 싶어야 하지.
　(전구를 바꾸는 것과 치료 상황에서 일어나는 변화 모두 같은
　단어 change라는 점에 착안한, 일종의 말장난을 이용한 유명
　한 영어식 농담-역자 주)

이 농담은 농담치곤 다소 썰렁하긴 하지만, 인간에게 있어 통제와 선택이라는 중요한 실존적인 문제를 지적하고 있다. 변화가 일어나기 위한 변화를 시도할 수 있는 것인가, 아니면 우리는 그저 환경적인 힘에 저당 잡혀 있는 존재들인 것인가? 우리의 운명은 유전자나 문화 혹은 유년기의 경험에 의해 미리 정해져 있는 것일까? 우리는 왜 변화하길 원하며, 또한 실제로 얼마나 변화할 수 있는 것일까? 체계 안에서 나는 변하지 않고 다른 사람만 바뀌면 좋

겠다고 바란다면 어떻게 될까?

체계이론이 이러한 실존주의적 딜레마들을 다 해결하는 것은 불가능할지 모른다. 하지만 이러한 질문들을 여러 의미 있는 방식으로 생각해 보는 것은 유용한 일이라 생각한다. 변화에 저항함으로써 체계는 예측 가능해지고 신뢰도가 높아진다. 체계의 안정성은 질서감을 주고 정체성을 형성하는 데 도움을 준다. 외부에서 많은 자극과 시련이 옴에도 불구하고, 우리는 우리의 가족이나 고향 그리고 직장은 최소한 일정한 상태를 유지하면서 변함이 적을 것이라 믿을 수 있다. 동시에 우리는 지속적으로 발달과 진보를 추구한다. 가족은 더 유대감이 조성되도록 진화하고, 기업들은 더 성장하며 생산적이 되고, 아이들은 자라서 집을 떠난다. 혹은 도시들이 쇠락해 가거나, 학교가 폐교하거나, 나라가 쪼개지기도 한다. 이러한 모든 변화는 우리에게 새로운 기대와 희망을 주기도 하고, 반대로 긍정적인 제도를 통해 체계를 보호하지 않으면 체계가 붕괴될 수 있다는 교훈을 주기도 한다.

변화에 대한 저항: 체계의 안정성

그렇다면 체계는 어떻게 변화하는 것일까? 흥미롭게도 초창기 체계이론가들은 체계가 어떻게 변하는지보다 어떻게 그대로 유지되는지에 더 관심을 집중했다. 초창기 가족치료 이론가들은 사이버네틱스나 자가조절 체계이론에 매우 큰 영향을 받았다. 제2차 세계대전 당시 사이버네틱스는 Norbert Wiener(1948)와 같은 여러 저명한 과학자와 수학자에 의해 크게 발전하였다. Wiener와 같은 물리학자들은 단순히 원인과 결과 관계만을 관찰한 것이 아니라, 기능을 유지하는 데 필요한 결정적인 정보를 제공하는 외적 피드백을 이용하는 체계들을 찾아냈고 또 창조해 내기도 했다.

Wiener는 체계가 평형 상태의 유지를 추구한다는 항상성의 개념을 사용하여, 체계가 그것을 지지해 주는 환경이나 맥락으로부터 피드백을 구하고 이를 받아들이는 과정을 관찰하였다. 이러한 자가조절 체계를 보여 주는 한 예로 현대식 건물의 온도 조절 장치를 들 수 있다. 이러한 온도 조절 장치는 지속적으로 온도를 측정하고 이를 통해 피드백을 끌어낼 수 있도록 구성되어 있다. 만약 온도 조절 장치가 난방 장치와 연결되어 있다면 온도가 특정한 기준점에 다다랐을 때 그것을 감지하고, 감지를 하면 온도가 다른 기준점에 다다를 때까지 난방이 돌아가게 된다. 그리고 방이 충분히 따뜻해지면 난방은 꺼진다. 따라서 온도가 몇 도 정도는 변동이 있을 수 있긴 하지만, 난방 장치는 자가조절을 하면서 전반적으로 일정한 상태를 유지할 수 있게끔 되어 있다.

Wiener와 다른 과학자들은 자가조절 체계 개념을 이용하여 초기 컴퓨터의 개발을 포함하여 많은 종류의 기계들을 발명해 내는 혁신을 일으켰다. 대부분의 인간관계와 관련된 체계에 이렇게 기계적으로 측정할 수 있는 평형점이 있다고 하긴 어렵지만, Bateson과 동료들은 이러한 항상성과 피드백 원래의 개념을 적용하여 인간의 그룹들이 변화에 저항하는 방식을 설명하고자 했다 (Bateson, 1972; Nichols & Schwartz, 2001). Bateson은 기계와 같은 무기물들의 체계들에서와 마찬가지로, 인간관계의 체계들에는 특정 행동들을 결정짓는 규칙들이 존재한다고 주장했다. 보통 겉으로 드러나지 않는 이러한 규칙들은 체계 안에서 온도 조절 장치 같은 역할을 한다. 뒷장에서 보겠지만, 체계 안에서 규칙을 벗어난 행동이 일어날 때는 그 행동을 자제시키기 위해 특정한 종류의 피드백이 일어난다. 반대로 규칙을 지키기 위해 어떤 특정 행동이 좀 더 필요하다면 그렇게 되도록 또 다른 피드백이 발생한다는 것이다.

행동을 지배하는 규칙

이러한 개념들, 특히 의사소통을 규정짓는 규칙들은 대개 우리의 인지를 벗어난 상태에서 작동하기 때문에 추상적이고 임의적으로 느껴질 수도 있다. 하지만 우리 각자가 자신과 관련된 맥락 안에서 하는 선택을 잘 들여다보면 이러한 개념들을 이해할 수 있을 것이다. 예를 들어, 나는 학생들에게 "여러분은 부모님들이 걱정하시기 전까지 얼마 동안이나 부모님과 연락을 안 할 수 있나요? 또는 반대로 일정 기간에 얼마나 많이 연락하면 부모님이 여러분에게 어떤 문제가 있는 게 아닌가 하고 걱정하게 되나요?"라고 종종 물어본다. 이에 관련된 규칙 양상은 보통 의식적이지 않고 겉으로 잘 나타나지 않지만 학생들은 이러한 질문에 놀랄 만큼 쉽게 대답한다. 어느 가족에게는 매일 전화하는 것이 일반적인 일이다. 하지만 매일 전화하게 되면 그 학생에게 뭔가 문제가 생긴 게 아닌가 하고 느끼게 되는 가정도 있다. 이러한 규칙들은 물론 문화적인 차이나 가족사에 분명히 영향을 받고, 시간이 지남에 따라 변할 수도 있다. 한 가지 예로 휴대폰이 가족들 간의 연락 횟수를 어떻게 변화시켰는지 보자. 내가 대학에 다닐 때에는 일요일 저녁 때 거는 장거리 통화가 보통 때보다 쌌기 때문에 주로 일요일 저녁에 집에 전화했다. 하지만 나의 그 동기들은 타지에서 대학을 다니는 자녀들에게 주중에도 몇 번씩 통화하는 경우도 많다. 내 동기들이 자신의 부모들보다 자녀들과 더 친밀하다는 것을 뜻하는 것일까? 지금의 대학생들이 부모와 더 친해서 통화량이 증가한 것일까? 이 질문에 대한 답은 명확하지 않다. 하지만 원인이 무엇이든 간에 가족들끼리의 심리적인 거리가 얼마나 가까워야 하는지 또는 얼마나 떨어져 있어야 하는지를 정하고, 그 거리가 어떻게 유지되는지도 규정하는 무언의 규칙이 대부분의 체계 안에 존재한다는 것이다. 이러한 규칙들은 체계 구성원들의 행동을 지배하는 피드백 과정의 한 부분이 된다.

Watzlawick과 Bateson은 치료자가 충분하고도 적절한 노력을 해도 어떤 가족들은 변하지 않는 이유와 그 방식에 관심이 많았다(Watzlawick, Bavelas, & Jackson, 1967; Watzlawick, Weakland, & Fisch, 1974). 아마도 아동 치료자들은 아동의 증상이 치료를 통해 없어졌다가도 가족과의 관계에서 영향을 받고 재발하는 경우에서 항상성의 문제를 경험한 경우들이 있을 것이다. 그들의 이론에 의하면 아동의 증상 자체가 체계를 유지하는 데 필요한 특정한 기능으로 작동하기 때문에, 아동의 증상 소실이나 변화는 체계의 항상성을 위협할 수 있다. 물론 거의 모든 부모는 당연히 자녀에게 병이나 증상이 있는 걸 원치 않는다. 따라서 이러한 면에서 생각해 보면, 체계 유지를 위해 기능하는 한 요소로서 아동의 증상을 보는 관점은 우리의 직관적인 경험과 배치되는 것처럼 보이기도 하고, 심한 경우 부모를 병적으로 몰아가는 것처럼 보일 수도 있다. 그러나 이보다 좀 더 포괄적으로 항상성의 개념을 생각한다면, 아이를 가족의 체계에서 빼내어 새로운 적응 기술과 전략을 가르치고 다시 원래의 가족 체계로 복귀시키는 것의 어려움을 이해할 수 있을 것이다. 이러한 항상성의 포괄적인 전제는 가족의 입장에서 아이의 '증상을 필요'로 하지 않더라도, 아동이 다시 예전의 행동으로 돌아가려는 어떤 '끌림'이 존재한다는 것을 시사해 준다.

변화와 재조직화

앞의 경우 못지않게, 처음에 증상을 보이던 아이가 괜찮아지면서 가족 안에 있는 다른 아이가 새로이 증상을 보이는 경우를 흔히 볼 수 있다. 이러한 상황은 병적인 체계가 가족 내에 환자나 희생양, 또는 적어도 항상성을 유지하기 위한 어떤 문제 행동을 필요로 한다는 가설을 지지하는 또 다른 예로 제시되곤 한다. 그러나 이 이론을 좀 더 자세히 들여다보면 체계의 조절과 균형을 위한 병리적 증상의 필요성보다는 치료적 변화가 얼마나 어려운지에 대해 더 많이 강조하고 있다는 것을 알 수 있다. 체계이론가들은 변화의 과정에 대해 이야기할 때 1차 변화와 2차 변화의 차이점을 강조한다. 1차 변화는 체계의 기본적인 구조 및 규칙은 그대로 유지되면서 의사소통이나 행동의 작은 변화가 일어나는 것을 말한다. 2차 변화는 체계의 근본적 재조직화를 의미한다 (Watzlawick, Weakland, & Fisch, 1974). 체계이론가들에 의하면 아이들의 행동이 가족 체계 밖에서 개선되는 것은 보통 1차 변화이다. 그러나 많은 경우 증상은 더 큰 체계적 문제를 반영하며, 이것은 오직 2차 변화가 있어야 개선될 수 있다. 최근 심리치료의 결과들을 보고한 어느 책에서는 2차 변화를 "효과적인 치료들을 하나로 관통해서 엮는 황금 실(絲) 같은 것"이라고 표현하기도 했다 (Fraser & Solovey, 2007, p. 4). 이 책에서 저자들은 매우 설득력 있는 사례들을 통해 불안, 우울, 가족치료, 부부치료, 자살, 약물 남용 등에 대한 효과적인 심리치료는 2차 변화를 이루어 낸다는 것을 보여 주고 있다.

더 깊은 수준의 변화

이 원칙에 대해서 알아볼 때마다 나는 가족이라는 체계의 역동이 매우 복잡하고 변화에 대단히 저항적이었던 한 가족의 사례가 떠오른다. 이 가족이 치료 센터를 찾게 된 이유는 열네 살짜리 딸이 아버지와 대화하기를 거부했기 때문이었다. 딸의 아버지가 오랫동안 다른 여자와 불륜 관계를 이어 오고 있다는 사실을 밝힌 후, 아이의 부모는 이혼 수속에 돌입한 상태였다. 딸은 절대적으로 엄마 편이었고, 아빠에게는 그의 행동에 대한 분노를 표출했다. 반면, 열두 살짜리 남동생은 두 부모와 모두 좋은 관계를 유지하면서 이 모든 과정을 견뎌 보려고 하고 있었다. 엄마는 딸아이가 현재 상황에 적응하기 위해 시간이 좀 더 필요할 뿐이라고 여겼고, 아빠는 딸이 자신과 말하지 않는 것을 견디질 못했다. 하지만 딸의 성적이 계속 나빠지고 우울 증상까지 보이는 것이 걱정된 엄마는 치료를 통해 문제가 무엇인지 알아보기로 했다.

이 사례에서 1차 변화는 딸의 성적 향상, 우울증 완화 그리고 아버지와의 의사소통 개선일 것이다. 그러므로 1차 변화만 일어난다면 딸은 억지로라도 숙제를 끝내고, 주말에도 하는 수 없이 일찍 일어나며, 아버지와 적어도 몇 마디의 말은 하게 될 것이다. 치료자는 이러한 측면들을 딸에게 직접적으로 언급하였고, 또 2차 변화를 위한 치료의 필요성을 주지시키기 위해 부모에게도 언급하였다. 딸의 증상은 가족에게 체계 안에서의 중요한 관계적 역동 문제를 해결할 수 있는 기회를 제공했던 셈이다. 딸이 아버지에 대한 자신의 분노를 알아 갈수록 아버지도 딸의 감정을 좀 더 직접적으로 알 수 있었고, 그것이 단순히 엄마가 가진 분노의 연장선이라고 생각하던 방식을 멈추게 되었다. 이와 함께 딸은 엄마가 이혼의 아픔에서 벗어날 수 없을 것이라는 자신의 걱정을 엄마에게 직접 표현할 수 있었고, 엄마 또한 자신이 아빠에게 상처를 받은 것은 맞지만 그렇다고 딸이 자신을 보호해 줄 필요까지는 없다는 것을 딸에게 말해 줄 수 있었다. 결국 부모 모두 딸과 각각의 관계를 맺음으로써 그들은 서로를 놓아 주고 결혼 생활을 마무리한 뒤 앞으로 나아갈 수 있었다. 부모 간의 갈등이 줄어들수록 그들은 딸의 성적 향상과 우울증 완화에 필요한 효과적인 요령들을 공통적으로 생각해 낼 수 있었다. 한편, 앞에서 말한 항상성이론에 들어맞게도, 딸이 나아져서 치료를 그만해도 될 때쯤 그녀의 남동생이 가게에서 물건을 훔쳐서 체포되어 나는 적잖이 놀랐다!

이 상황에서 1차와 2차 변화 사이의 차이점을 들여다봐야 한다. 만약 1차 변화만 일어났다면, 부모들은 새로운 대응 전략을 배우긴 했겠지만 체계가 가지고 있는 기본 역동과 구조는 변하지 않았을 것이다. 예를 들어, 아빠는 1차 변화의 차원에서 아들의 절도 사실을 알고 아이에게 소리를 치는 대신 법무 관련 비용을 아들이 직접 벌게 하는 방식으로 스스로 책임을 지도록 만드는 요령을 터득했을 수 있었을 것이다. 이와 비슷하게 엄마도 아들의 문제 행동을 무시하거나 단순히 청소년의 일시적인 일탈로 보지 않고, 문제에 대해 직접적인 언급을 하고 다루는 요령을 습득했을 수 있을 것이다. 하지만 그렇더라도 결과적으로는 각 부모가 아들의 문제를 서로 상대방의 탓으로 돌림으로써 체계의 항상성을 유지했을 가능성이 매우 높다. 예를 들어, 아이 엄마는 제대로 된 롤모델이 될 만한 누군가(말하자면 바람을 피우지 않는 아버지 같은)가 있었다면 아들이 그런 잘못된 행동에 발을 담그지 않았을 것이라는 믿음을 은연중에 암시했을 수도 있을 것이다. 또한 아이 아빠는 아이 엄마가 아들을 너무 멋대로 하게 둔다고, 그리고 그렇게 원칙과 규율 없이 아이를 키우는 것이 결국 부메랑으로 돌아올 것이라고 몇 년째 얘기하지 않았느냐며 불만을 나타냈을 수도 있었을 것이다.

하지만 이들 부부는 함께 문제를 잘 풀어 나갈 수 있었다. 심지어 아들이 한쪽 부모에게 다른 부모에 대한 불평을 늘어놓을 때조차도 말이다. 놀랍게도, 부부가 아들에게 도움이 되는 방향을 함께 모색할 수 있었던 것이 서로를 놓아주고 이혼 과정을 원만하게 처리하는 데에도 도움이 되었다. 헤어지는 과정이 순탄치 않던 당시에는 서로 상대방을 비난하기에 급급했다. 그러나 부부치료 과정에서 그들은 서로에 대한 감정을 정리하고 자녀들의 양육을 위한 협조적인 관계로 발전할 수 있었다. 부모의 갈등 원인이었던 아이들의 증상과 패턴이 부모를 상호 협력적인 관계로 변화시키면서 2차 변화가 이루어졌다. 부모는 서로를 좀 더 존중하기 시작했고 결과적으로 아이들이 부모 간의 갈등으로부터 벗어날 수 있었다.

이 사례의 긍정적 결과를 보면서 우리는 왜 체계가 2차 변화에 저항적인지 의문을 품어 볼 수 있을 것이다. 즉, 정신역동적 저항처럼 항상성이란 것이 인간의 잠재력을 발휘하는 것을 막는 부정적인 힘이라는 것을 이 사례는 보여 주는 게 아닐까? 이러한 의문은 물론 충분히 온당한 것이다. 그러나 체계이론은 변화에 대한 체계의 저항이 파괴적인 측면뿐만 아니라 건설적인 측면도 가지고 있다는 것을 강조한다. 변화를 추구하는 데 있어 발생할 수 있는 잠재적인 위험이나 함정에 대한 회의를 갖는 것도 건강하고 필요한 측면이 있기 때문이다. 체계가 변화에 대해 저항하는 이유는 완전히 무작위적인 것도 아니고 임의적이지도 않은 것이다.

변화의 촉진과 저해

변화에 수반될 수 있는 잠재적 위험성 문제에 대해 천착하는 과정에서 체계이론가들은 변화를 이끌어 내거나 변화에 저항하는 특정 메커니즘에 대해 탐구하였다. 체계는 구성원들이 환경에 적응하도록 지속적으로 어떤 메시지를 발생시키는데, 체계이론가들은 체계에서 어떠한 특정 행동 패턴을 유지토록 하는 메시지를 '음성 피드백(negative feedback)'이라 명했다(Watzlawick, Bavelas, & Jackson, 1967). 단어만 볼 때 'negative'라는 단어가 비난이나 불평 같은 부정적인 뜻을 함축하고 있는 것처럼 보인다는 이유로 이 용어는 인기가 없어졌지만, 체계이론가들은 이 용어를 그 자체로는 건설적이라거나 부정적이라거나 하는 평가적인 의미를 가진 것으로 생각하지 않았다. 대신 음성 피드백은 변화에 저항하거나 다시 제자리로 돌아오게 하는 모든 메시지를 말한다. 음성 피드백은 우리에게 변화 속도를 늦추고, 조심해서 진행하며, 현상에 머물라 말한다. 앞의 예에서 음성 피드백은 부부 사이의 갈등적 역동을 계속해서 유지시키기 위해 가족 중 한 사람이 하는 행동이 해당되겠다. 예컨대, 딸이 엄마에게 "아빠가 우리랑 시간을 좀 더 많이 보냈다면, 존(동생)이 이런 짓을 하지 않았을 거야."라고 말한 경우를 생각해 보자. 이는 엄마 입장에서는 현상을 유지하려는 어떤 힘 내지 역동에 맞서기 위해서는 굉장히 큰 노력이 필요하다는 것을 시사한다. 만약 엄마가 이러한 재귀 신호에 반응한다면, 그녀는 딸의 말에 동의하면서 아들의 문제를 남편 탓으로 돌릴 것이다. 이렇게 되면 대개 가족 구성원 모두 묘한 또는 아이러니한 안정감을 느끼게 되는데, 이는 이러한 탓하는 방식이 그간에 가족 구성원들이 주로 행동해 오던 방식과 일치하기 때문이다. 우리는 엄마는 아빠를 탓하고 아빠는 엄마를 비난하며, 무엇을 하든 그들이 서로에게 화를 내고 서로를 멸시하는 말을 하게 될 거라 예측할 수 있다. 이런 경우는 물론 그 자체로 당사자들에게 힘들고 어려운 상황이지만, 역설적이게도 무언가 분명히 예측 가능하다는 사실은 그 자체로 상당한 심리적 안정감을 주는 측면이 있다. 즉, 음성 피드백은 체계에 안정성과 일관성을 부여하는 역할을 한다. 이러한 면에서 사실상 체계는 "이게 우리가 늘 행동하는 방식이야."라고 말하고 있는 셈이다.

그래서 반대로 대안, 즉 변화는 경우에 따라 당연히 현상 유지보다 더 위험하게 느껴질 수도 있다. 체계의 변화를 지속적으로 이끄는 신호는 양성 피드백이라 명명되었다(Watzlawick, Weakland, & Fisch, 1974). 외부자로서 체계를 관찰하는 우리 치료자들 같은 경우는 변화의 장점들을 역설할 수 있지만, 당사자들에게는 실제 변화 과정이 상당한 불안감을 유발하는 과정일 수 있다. 만약 앞의 예에서 부부가 싸우지 않는다면 대신에 그들은 무엇을 할 수 있을까? 서로 간에 접촉이나 할까? 가족은 결딴날 것인가 아닌가? 양성 피드백은 체계의 변화를 지속적으로 요구하지만, 그 변화의 결과가 항상 분명하게 보이거나 예측되는 것은 아니다.

체계의 변화가 가족에게 더 큰 불화나 가족의 붕괴를 가져다줄 수도 있을 것이라는 두려움은 언뜻 사리에 맞지 않아 보일 수도 있지만, 이를 통해 체계이론이 강조하고 있는 것은 2차 변화의 실제적인 위험성이다. 체계 안에서 양성 피드백이 지나치게 우세하면 체계가 더 이상 조절되지 못하거나 붕괴되는 지점까지 도달하게 될 수도 있다. 앞의 사례에서 2차 변화는 앞서 기술한 것과는 다른 결과를 가져왔을 수도 있었을 것이다. 예를 들어, 원래 다소 수동적인 성격을 가진 엄마가 2차 변화를 통해 적극적이고 당당한 해결책을 찾는 방식으로 바뀌었다면 아들의 단독 친권을 요구하는 결과를 가져왔을 수도 있을 것이다. 그리고 이를 위해 엄마가 아들에게서 아빠를 떼어놓을 증거를 수집하는 동안 지친 아빠는 양육권을 포기하고 결국 아들 곁을 떠났을 수도 있다. 이러한 경우 부모의 행동으로 인해 일어난 양성 피드백이 체계에 변화를 가져왔다고 생각할 수 있겠지만, 문제는 그 변화가 대부분의 사람이 'positive'라는 단어의 원래 뜻대로 긍정적이라고만 생각할 수는 없다는 것이다.

가족치료사들 사이에 전해져 내려오는 다소 도시 괴담 같은 이야기이긴 하지만, 나는 지금도 수련받을 때 슈퍼바이저에게 들었던 이야기를 생생히 기억하고 있다. 한 치료자가 어느 가족과의 상담 중에 예전에 있었던 엄마의 가출에 대한 해결되지 못한 슬픔과 분노를 표현해 보라고 권유하였다. 치료자는 아들의 자기 능력에 못 미치는 성과나 행동들이 표출되지 못한 분노에서 비롯된 것이라고 해석했고, 가족들에게 서로에 대한 실망과 분노를 말로 직접 표현하라고 권유함으로써 2차 변화를 시도하였다. 그런데 상담 후 집에 돌아간 아들은 총을 꺼내 엄마를 쏘았다고 한다. 이 사례에서 변화를 촉진한 메시지는 폭력 행사의 금지를 포함한, 체계에 내재되어 있는 모든 규율을 파괴하는 지경에까지 이르게 한 것이다. 이 이야기의 진위 여부를 떠나서 우리가 주목해야 할 사실은 변화가 통제를 벗어나 그 자체로 자가발전하고 결국 혼돈을 초래할 수 있는 측면이 분명 존재한다는 것이다. 체계이론에서는 양성 피드백이 불러올 수 있는 이런 현상을 체계가 제어와 조절 기능을 잃었다는 의미에서 폭주라 부른다. 치료자로서 우리는 내담자를 망가뜨리거나 심한 혼란에 빠트리는 변화의 위험에 몰아넣지 않고, 근본적이고 오래 지속되는 안정적인 해결을 가져올 수 있는 2차 변화의 방법을 모색해야 할 때가 자주 있다. 이러한 일의 복잡성은 변화에 대한 지나친 낙관적 태도가 너무 순진한 태도일 수 있음을 시사한다.

완만한 변화와 급격한 변화

체계이론을 통해 변화를 관찰하는 또 다른 방법은 변화가 연속적인지 또는 불연속적인지를 살피는 것이다. 이 두 가지 범주가 항상 상호 배타적이지는 않지만, 인간이 경험하는 변화들을 또 다른 관점에서 설명해 줄 수 있다. 연속적 변화는 서서히 증가하고, 직선적이며, 누적되고, 점진적인 것에 비해 불연속적 변화는 갑작스럽고 눈에 띄는 변형을 만들어 낸다. 많은 생물학적 체계에서는 발달 단계가 도약하고, 성숙해지고, 다시 도약함으로써 연속적 변화와 불연속적 변화 사이에 상호 보완적인 진행 과정이 일어난다. 예를 들어, 유아가 걸음마를 하는 것을 막 배우기 시작할 때, 먼저 아이가 조금씩 혼자 일어나고 두 발로 겨우 서게 될 수 있는 연속적 변화 시기가 존재한다. 하지만 어느 시기에 갑자기 아이가 아장아장 걸음마를 시작하게 되는데, 이때 이것을 보는 부모와 아이 자신 모두 이런 변화가 불연속적임을 느끼게 된다. 아이가 걸음마를 연습하고 가족들이 이를 더 잘할 수 있도록 도와주면서 연속적 변화가 다시 한 번 나타난다. 물론 이 새로운 단계를 연습하는 과정에서 약간씩의 소소한 수정 과정이 있을 수 있겠지만, 이러한 수정은 불연속적이고 혁신적이라기보다는 점진적이고 연속적이다.

가족의 생활 주기를 심도 있게 연구한 Betty Carter와 Monica McGoldrick과 같은 체계이론가들은 불연속적 변화는 대부분 발달적 전환과 관계가 있고, 특히 가족 구성원의 탄생이나 사망의 경우 더욱 그러하다고 주장한다(Carter & McGoldrick, 1988). McGoldrick은 계단 모델을 이용하여, 인간 발달의 연속적 변화는 평지나 같은 계단에서 뛰는 것과 같은 느낌이고, 불연속적 변화는 계단을 올라가는 것과 같다고 하였다.

Lynn Hoffman(1981)은 이러한 개념을 확장시켜 변화에 대한 '나선형 접시' 모델을 소개했다. 독자들은 모든 발전이나 진전이 반드시 계속 직진만 하는 것은 아니라는 것을 강조하는 '이보 전진, 일보 후퇴'라는 말을 들어 보았을 것이다. Hoffman은 나선형 비유를 사용하여 초기의 진전은 그것이 연속적 변화이든 불연속적 변화이든 간에 후퇴나 재편이 꼭 다시 따라온다고 설명하였다. 항상성을 유지하려는 체계의 한 특성을 염두에 둔다면 변화를 위한 메시지 다음에 다시 재귀를 위한 메시지가 따라온다는 것은 이치에 맞는 것으로 들린다. 하지만 후퇴의 기간 뒤에는 체계가 더욱더 속도를 내어 그 고비를 넘고, 진전하는 방향으로 더욱 가속하게 되는 경우가 많다. 아기가 걸음마를 하는 예로 돌아가 보면 걷기를 시작하다가 넘어지고, 넘어진 후 걸으려 하지 않고 기어다니다가 다시 걸음마를 완전히 떼는 것을 볼 수 있다. 전형적인 신체 발달의 경우는 후퇴 없이 직선적으로 진전하지만, 심리적 변화는 종종 수렁에 빠지거나 진퇴양난의 느낌을 받을 때가 있다. 그리고 이러한 경우들에서는 나선형으로 계속 뭔가 변화하는 느낌보다는 변화하려는 시도 자체가 우리를 악순환의 고리에 계속 머물게 하고 계속해서 같은 공간을 맴도는 느낌을 주기도 한다.

저항에서 상호작용 패턴의 원리 찾기

이렇게 심리적으로 정체된 느낌과 관련해서 나는 변화에 대한 체계론적 개념, 특히 전략적 접근이 매우 유용하다고 생각한다. Jay Haley(1963, 1973, 1976, 1980)와 Milton Erickson(Erickson & Haley, 1985)은 전략적 치료의 창시자들이다. Haley는 팰로앨토에서 Bateson, Watzlawick과 같이 일하다 필라델피아로 옮겨 Minuchin과 작업하기도 했다(Nichols & Schwartz, 2001). Haley와 Minuchin의 아이디어들은 보통 하나의 구조적 전략 접근으로 통합되어 이용되지만, 그들 각자의 아이디어 자체는 체계이론의 각기 다른 부분들을 핵심으로 삼고 있다. Haley는 의사소통을 전공하고 군대에 있다가 팰로앨토에서 퇴역 군인들을 대상으로 일했다. Milton Erickson은 유명한 정신건강의학과 의사로 그만의 독특하고 창조적인 최면 기법을 사용하였는데(Erickson & Haley, 1985), Haley는 이러한 Erickson의 영향을 많이 받았다. Haley는 또한 Bateson의 연구실에서 가족 구성원 간의 상호작용을 관찰하면서, 생산적이지 않은 상호작용을 지속하게 하는 암묵적이고 내재적인 규칙들에 대해 관심을 갖기 시작했다. 그는 가족 구성원들이 서로를 '뚜껑 열리게' 하려는 의도가 없음에도 불구하고, 가족을 악순환의 덫에 빠지게 하는 이면의 논리가 있다고 생각했다. 즉, 그는 가족 구성원 중 누구도 의도적으로 환자의 증상을 원하거나 선택하지는 않지만, 가족 내에서 어떤 증상이 발생할 만한 이유에 대해 납득하게 되면 그 증상이 가족의 항상성을 유지시키는 데 중요한 역할을 한다는 것 역시 볼 수 있을 것이라 믿었다.

그 시대의 전형적인 체계론적 접근과 마찬가지로, Haley는 사람들의 심리적 문제들의 원인을 가족의 상호작용에서 찾았다. Haley는 개인의 병리나 가족사보다는 가족 구성원들로 하여금 특정한 방향으로 행동하게 하는 피드백의 고리를 연구하였다. Haley는 이러한 피드백 과정의 특성에 대한 관찰을 통해 해결책이 오히려 문제가 되는 공통적인 패턴을 찾아냈다. 예를 들어, 고전적인 '추적자-회피자' 패턴을 보이는 부부 관계를 살펴보자. 남편으로부터 멀어지는 느낌을 받기 시작하는 아내가 있다. 그래서 아내는 먼저 남편에게 주말에 영화를 보러 가자고 말한다. 하지만 남편은 이미 친구들과 야구를 보러 가기로 약속을 한 상태이다. 그가 아내에게 선약에 대해 이야기했을 때 그녀는 남편이 주말에 놀러 다닐 동안 자기는 집 안 청소만 내내 하게 생겼다며 화를 낸다. 그리고 그가 야구장에 가 있는 동안, 그녀는 옷장을 다 뒤집어 정리하고, 집 안 정리 상황이 어떻게 돼 가고 있는지 수도 없이 전화를 해 댄다. 남편은 시큰둥하게 전화를 받고 집에 돌아와서도 아내의 수고에 별 감흥이 없다.

이에 대응해서 남편은 다음 날 늦게까지 야근을 하면서, 아내에게는 결혼 생활에서 자신이 기여할 수 있는 역할 중 하나가 돈을 더 벌어 오는 것이고, 그러한 자신의 책임에 좀 더 충실하기 위해서 노력하는 거라 말한다. 다시 아내는 남편과의 거리가 더 멀어지는 느낌에 더욱더 화가 나고 남편의 회사로 계속 전화를 건다. 그녀가 전화를 걸면 걸수록 남편은 더 늦게까지 회사에 남아 있게 된다. 아내가 밀어붙일수록 남편은 아내와 더 거리를 두고, 남편이 아내와 거리를 둘수록 다시 그녀가 쫓아가는 형국이 패턴으로 형성되는 것이다. 두 사람은 모두 나름대로는 자신의 행동에 너무나 정당한 근거들을 가지고 있는 셈이고, 상대방만 바뀌면 모든 것이 나아질 거라고 주장한다. 만약 이 부부가 각각 개인 정신역동치료를 받았다면 치료자는 남편의 친밀감에 대한 두려움이나, 아내의 관심 욕구나 관계에 대한 지배의 욕구로 해석할 수 있을 것이다. 하지만 Haley는 이러한 방식의 개인 병리적 접근을 거부한다. 이들의 행동은 상호작용의 맥락에서 보면 나름대로는 일리가 있는 행동이며 이것에 꼭 병리적인 문제가 있는 것은 아니라는 것이다. 문제는 상호작용이며, 변화를 위해서는 사람이 아닌 이러한 상호작용을 변화시켜야 한다는 게 그의 주장이다.

하지만 상호작용을 변화시키기 위해서, 치료자는 단순히 체계가 가지고 있는 저항에 맞서고 해소시키려 하기보다는 이를 잘 활용하고 다루어야 하며, 이를 위해 전체 체계의 역동을 충분히 잘 이해해야만 한다. '병리적인 개인'이라는 관점을 거부한 Haley는 억지로 변화시키기 위해 전력을 다하는 것은 문제적인 피드백 과정을 강화시킬 뿐이라고 말한다. 앞의 예에서 우리는 남편과 아내 각자가 특정 행동을 통해 변화를 이끌어 내려 했다는 것을 이해할 수 있다. 그러나 그러한 행동들을 더 하면 할수록 좌절과 불만만 더 쌓여 갔다. 하지만 만약 각자가 상대방을 변화시키려고 하는 대신 서로의 상호작용 패턴을 좀 더 잘 관찰했다면 서로에 대한 불만감은 줄어들고 진정한 변화를 끌어낼 수 있는 좀 더 다른 방식을 생각해 낼 수도 있었을 것이다.

반(反)심리학을 넘어서

Haley는 체계의 역동에 대한 치료자의 평가를 내담자들과 공유하였는데, 이는 긍정적 재구조화(positive reframe)라 알려져 있다. 아마 Haley의 냉소적이고 다소 빈정거리는 듯한 글들과 강의 스타일의 영향일 수도 있겠지만, 가끔씩 Haley의 긍정적 재구조화와 역설적 처방들은 그저 말장난 수준으로 여겨지기도 한다. 그러나 내 개인적인 의견으로는 Haley의 치료를 이런 식으로만 보는 것은 그것이 기반으로 하는 개념적 깊이와 풍부함을 놓칠 수밖에 없다고 본다. 앞의 예에서 긍정적 재구조화는 남편과의 거리감에 대해 불평하는 방식으로 친밀감과 유대감을 형성하고 싶어 하는 아내의 그러한 행동 방식에 초점을 둔다. 또한 그에게 끊임없이 전화를 거는 행동을 통해 너무 재미있는 사람이라고 느끼는 남편이 자신과 시간을 좀 더 보낼 것이라 희망하는 패턴에 주목할 것이다. 마찬가지로, 남편이 늦게까지 야근을 하는 것은 그가 열심히 일해서 좋은 남편이자 가장이라는 느낌을 가지고 아내를 편하게 해 주고 싶어 하는 시도의 일환으로 생각할 수 있다. 그가 일을 더 열심히 하고 늦게까지 회사에 있을수록 아내가 그의 노력에 대해 더 고마워하며 퇴근했을 때 아내가 좀 더 기뻐할 것이라는 기대가 있는 것이다. 하지만 불행하게도 이러한 패턴은 상대방으로부터 원치 않는 반응만을 끌어내고, 이러한 반응은 다시 애초의 악순환을 더 악화시킬 것이다.

긍정적 재구조화는 변화 과정의 가장 첫 번째 단계이다. 치료자가 아내에게 "그래요, 남편이 일하는 동안 매 시간 계속 전화를 하셨어요. 아마도 제 생각에, 당신은 당신이 남편을 보고 싶어 한다는 것을 알려 주고 싶고, 당신이 집에서 하는 일들을 남편이 알아주길 원해서였겠죠."라고 말한다면 남편은 그들의 문제를 다른 관점에서 생각할 수 있게 된다. 이렇게 되면 남편에게는 갑자기 그 전화의 의미가 바뀐다. 즉, 아내의 전화가 비난이나 자신을 지배 또는 통제하려는 것이 아니라 배려와 유대감을 형성하기 위한 것이라고 생각할 수 있게 된다. 또 남편에게 치료자가 "물론 당신은 야근할 필요가 있고, 아내가 전화를 걸면 걸수록 일이 뒤처져 더 늦게까지 있어야겠지요. 당신은 가족을 부양하기 위해 열심히 일을 잘 해내려고 노력하는 중이잖아요."라고 말한다면 아내 또한 문제를 다른 시각으로 볼 수 있게 될 것이다. 남편의 야근이 아내를 거부하려는 행동이 아닌 결혼 생활을 잘 유지하려는 노력임을 볼 수 있게 되는 것이다.

전략적 접근은 행동 변화에 주로 의존하기 때문에, 긍정적 재구조화는 변화를 위한 첫 단계일 뿐이다. Haley는 긍정적 재구조화가 문제 상황은 그대로 놔둔 채 그저 버티는 것만을 도와주는 긍정주의와는 다르다고 믿었다. 대신 긍정적 재구조화를 시작으로 행동 처방으로 치료를 연결시켰는데, 대개 이러한 행동 처방은 역설적 처방이었다. Haley는 명민하게도, 부부가 그 증상적인 행동들을 계속 반복하도록 시켰는데, 이는 '증상을 처방하기'라는 이름으로 종종 불린다. 앞의 사례에서 치료자는 아내에게 이렇게 처방할 수 있을 것이다. "당신은 남편이 당신의 사랑을 느낄 수 있도록 계속해서 전화를 해야 합니다. 하루에 적어도 다섯 번 이상 전화를 했으면 좋겠어요. 당신이 남편을 얼마나 끔찍이 생각하는지 남편에게 보여 주어야 해요." 치료자는 또 남편에게는 이렇게 말한다. "당신은 계속해서 늦게까지 일하며 당신이 가족을 위해 얼마나 열심히 노력하는지 보여 주어야 해요. 아내가 전화를 걸수록 당신은 더욱더 늦게까지 일을 하세요. 당신은 아내에게 당신이 얼마나 생산적이고 성공적인 남편이 되고 싶은지 보여 주어야 해요."

이러한 처방을 하는 목적은 부부 모두에게 도움이 되는 상황을 만들기 위해서이다. 부부는 이러한 처방을 따르는 것이 서로를 힘들게 하기 위해서가 아닌 치료자와의 약속을 지키기 위해서라고 생각할 것이다. 이렇게 되면 이러한 행동들에 대한 의미가 바뀔 것이고, 이는 예전의 좌절감과 불만이 악순환을 증폭시키는 것을 막을 수 있게 된다. 또 이렇게 의무적인 통화를 하게 되면 통화 시간이 짧아짐으로써 좀 더 기분 좋은 통화가 될 것이고, 이러한 변화에 좀 더 편안해진 남편이 거리를 덜 둘 수 있게 될 것이라 예상할 수 있을 것이다. 한편, 부부는 처방을 따르지 않고 대신 자신들의 행동을 바꾸기로 선택할 수도 있다. 즉, 아내는 의무적으로 계속 전화를 하는 게 지겹고, 남편이 늦게 들어오는 것을 자신에게서 거리를 두려는 행동으로 받아들이지 않으면서 전화 횟수를 줄이거나 더 이상 전화를 하지 않을 수도 있을 것이다. 남편에게 전화를 하는 대신 친구들에게 전화를 하면서 부부 사이의 역동이 변화될 수도 있을 것이다. 이와 비슷하게, 남편 역시 아내를 피하느라 밤늦게까지 회사에 남아 있는 일이 줄어들 것이다. 대신 그는 집으로 일찍 들어가거나, 아내가 자기와 함께 있고 싶어 하는 뜻에 따라 주말에 야구를 함께 보러 가기로 결정할지도 모른다. 어찌됐든 치료자는 변화가 불가피한 상황을 만들어 준 셈이다.

독자들은 아마 Haley의 전략적 치료 기법이 단순히 반심리학적인 접근과 어떻게 다른지 궁금할 텐데, 실제로 이 두 가지를 구분하는 것은 매우 중요한 부분이기도 하다. 변화에 대한 저항을 반대로 변화시키는 데 이용한다는 개념은 분명히 반심리학이 가지고 있는 잠재적 효용성 중 하나이다. 상대방의 힘을 거꾸로 이용하는 유도처럼, 반심리학은 변화를 위해 정면돌파를 시도하고 갈등과 힘겨루기를 유발하기보다는 청개구리 같은 인간의 일반적인 특성을 이용한다. 만약 당신의 자녀가 밤에 잠을 자지 않으려 한다면, 강제로 재우는 대신 아이가 졸릴 때까지 놔두어 보거나 잘 시간에 잠을 자지 않고 깨어서 계속 뭔가를 하도록 해 보라. 예상되는 결과는, 일정 시간이 지나면 당신의 자녀가 오히려 정해진 취침 시간에 자게 해 달라고 애원하는 것이다. 하지만 이러한 전략은 가끔 역효과를 낳을 때도 있다. 전략적 치료의 궁극적 목표는 문제가 있는 행동의 사이클을 변화시키는 것이다. 단순한 증상 처방과 좀 더 구체적이고 짜임새 있는 전략적 치료의 차이점은 치료자가 내담자들 사이에서 일어나는 피드백 패턴을 충분히 이해하고 있는가와 함께 이러한 이해가 행동 처방의 기초로 작용했는가 하는 것이다.

전략적 접근의 진정성

처음 수련을 시작했을 때 나는 환자들에게 역기능적인 행동을 더 하라고 부추기는 이러한 전략적 치료 접근법이 그다지 달갑지 않았는데, 이 방법이 공감적이지 않을 뿐만 아니라 진정성이 부족하고, 안 그래도 힘든 상황에 있는 내담자들을 왠지 기만하는 것 같은 느낌이 들었기 때문이다.1992년 학술지『부부 및 가족 치료(Journal of Marital and Family Therapy)』가 전략적 치료의 윤리성에 대해 집중적으로 조명할 때(Solovy & Duncan, 1992), 내가 이미 임상에서 쓰고 있던 많은 치료 방법이 상당 부분 전략적 접근의 개념을 토대로 했다는 것을 알게 되었다. 물론 그 대부분이 증상 처방이나 반심리학처럼 표면적으로 다소 조롱이나 빈정거림의 느낌이 드러나지는 않았지만 말이다. 부모로부터 외출 금지를 받아 절친한 친구의 파자마 파티에 가지 못해 자살을 시도했던 13세 소녀 니나가 떠오른다. 처음에 나는 응급실 담당 의사가 니나의 입원 대신 가족치료가 당시 상황에서 최적의 방법이라고 결정했다는 점에 대해 상당히 놀랐다. 부모는 니나가 자살 시도를 하게 된 계기가 된 기존의 상황에 대해 매우 걱정했고, 지난 몇 주간 가족 갈등이 악화됐다고 느꼈다. 부모는 지난 몇 달 동안 니나가 감정 기복이 심해지고 매우 반항적으로 변했다고 이야기했다. 예전에 니나는 엄마와 그녀의 11세, 8세 여동생들과도 매우 친했다고 했다. 하지만 그녀가 중학교 3학년이 되면서, 동생한테 옷을 빌려주지 않는 것부터 시작해서 방에 혼자 있는 시간이 많아졌고, 최근에는 그녀의 옷에서 라이터도 발견되었다. 그녀는 대부분 매우 화가 나

있거나 비꼬는 말투로 이야기했고, 그럴수록 그녀의 부모는 예전의 니나를 잃어버리는 것만 같았다.

외출 금지령을 받기 몇 주 전, 니나는 엄마와 아빠에게 그녀가 다니는 사립학교에서 몇몇 친구와 함께 전쟁 반대 시위를 계획하고 있다고 말했다. 부모는 그녀가 청소년 시기의 분노를 푸는 방향으로는 그것이 괜찮은 방법이라 생각했다. 니나와 부모는 포스터를 만들 재료들을 구입하고, 그 일을 계기로 정치와 역사에 관해 토론을 하는 시간을 가지기도 했다. 하지만 시위 당일 학교 관계자들은 학생들에게 만약 그들이 반대 시위를 하면 정학을 당할 것이라고 경고했다. 그러나 니나와 친구들은 아랑곳하지 않고 시위를 벌였다. 그들은 결국 교장실로 불려가게 되었고 일주일간 정학을 당했다. 그런데 학교에 불려 온 부모는 니나에게 학교에서 정학을 당했으니 일주일간 외출 금지령을 내리겠다고 하였다. 니나는 부모님 또한 자신이 시위하는 것을 지지한 이상 이러한 처벌이 매우 불공평하다고 생각하였다. 하지만 그녀의 부모 역시 학교 당국이 금지했음에도 불구하고 시위를 밀어붙인 니나의 행동이 문제가 있다고 생각했다. 그들은 이번 외출 금지령을 통해 그녀가 권위와 규율에 대해 존중하는 법을 배울 것이라고 생각했다. 니나는 시위를 같이 벌인 친구들도 부모에게 똑같이 혼나긴 했지만 금요일 밤에 약속되어 있던 파자마 파티에는 갈 수 있다는 허락을 받은 것을 알게 되었다. 친구들이 파자마 파티에 모두 모여서 놀고 자고 있던 토요일 새벽, 니나는 치사량의 수면제를 삼켰다. 깨어난 뒤에, 그녀는 자신이 정말 죽고 싶어서 자살을 시도했던 건지 잘 모르겠다고 하였다. 하지만 친구들도 못 보게 하는 그런 엄마, 아빠와는 도저히 함께 못살겠다고 소리쳤다.

문제의 본질 규정하기

물론 앞의 사례에서 다른 상황적인 요소들도 중요하긴 했지만, 일단 상담 초기에 긍정적 재구조화를 시도하는 것은 어렵지 않았다. 나는 우선 니나에게 "네 입장에서는 네가 더 이상 아이가 아닌 청소년이고 어른이 되어 가고 있다는 것을 부모님이 인식할 수 있도록 화를 내거나 자기주장을 강하게 할 필요가 있겠지. 네가 그렇게 하지 않으면 부모님은 네가 계속해서 동생과 옷을 나눠 입길 바라거나, 일방적으로 학교 선생님들 말만 들을 수도 있고, 또 네가 어렸을 때 그랬듯이 착하고 순종적이기만 한 딸이 되길 바랄 테니까. 그렇게 아무것도 바뀌지 않으면, 너는 더 이상 어른이 되지 못하고 아이로만 머물 수밖에 없을 테니까."라고 말했다. 동시에 부모에게는 "딸에게 외출 금지령을 내리고 딸과 싸우는 것은 부모님들이 따님을 좀 더 잘 돌보고 싶고, 어쨌든 여전히 부모와 딸이라는 걸 보여 주고 싶은 욕구에서 오는 것이겠지요? 따님이 좀 더 상황 판단을 잘할수록 도와줘야 할 필요성을 느끼셨어요. 두 분 입장에선, 그렇게 하지 않으면 이번에 그런 것처럼 따님이 자신의 미래를 망칠 수 있는 위험한 행동을 또 할 수 있을 테니까요. 그리고 따님이 자제력을 잃지 않고도 화를 낼 수 있다는 것을 알아야 할 테니까요."라고 얘기했다. 이러한 긍정적 재구조화는 그 가족의 의사소통과 양육 방법에 대해 재작업할 수 있는 초석이 되었다. 니나의 부모는 니나의 분노에 대해 두려워하거나 화를 내는 대신 그녀가 자율적이 되고자 하는 것을 알 수 있었다. 다만 아직 니나가 어리기 때문에 자율성과 지도 양면이 모두 필요하다고 보았고 그에 따라 니나가 지켜야 할 규칙과 동시에 할 수 있는 것들도 함께 정하였다. 이와 함께 부모의 제한이 일부러 뭘 강요하거나 힘들게 하려는 것이 아닌 어떤 훈육의 체계를 위한 것이었다는 게 이해되었을 때, 우리는 모두 니나가 진정으로 원했던 체계가 어떤 것이었는지도 알게 되었다. 니나는 규칙이 정해진 뒤에도 그에 대해 불만을 가졌는데, 그것은 니나 입장에서 부모가 자신의 성장을 막는 것 같은지 아닌지에 대한 것이 아니라 규칙들이 자신의 책임감과 판단력을 키우는 데 더 도움이 될지 안 될지에 대한 것이었다.

수용과 변화

그 당시에는 그렇게 하려고 해서 한 것은 아니었지만, 재구조화의 특성상 내가 니나의 가족에게 행한 치료 방법 역시 역설적 처방으로 생각할 수 있다. 규칙과 그에 따른 대가를 협상하면서 나는 니나에게는 화를 표출하고 주장을 강하게 해야 할 필요가 있다고 이야기해 주고, 부모에게는 경우에 따라 딸의 독립성을 인정하지 말아야 할 필요가 있다는 것을 말한 셈이었다. 나는 상충될 수밖에 없는 안정성과 변화의 필요성에 대해 다루면서, 이런 종류의 체계론적 전략들이 변화의 과정에 대한 전략적 접근을 반영하고 있다는 것을 깨달았다. 또한 내 근본적인 태도가 많은 문헌에서 다루어지는 수용과 변화라는 양극 사이를 왔다 갔다 하고 있다는 것을 깨달았다. 이러한 개념들 자체를 좀 더 근본적으로 따져 보는 것은 이 책의 범위 밖이지만, 어쨌든 우리는 전략이론의 방법들이 현대의 다양한 이론에 영향을 주었다는 것에는 주목할 필요가 있다.

이러한 현대 이론들 중 가장 주목할 만한 것은 Andrew Christensen의 통합적 부부 행동치료이다(Christensen & Jacobson, 2000; Jacobson & Christensen, 1998). Christensen은 Neil Jacobson(Jacobson & Margolin, 1979)에 의해 연구되고 널리 보급된 좀 더 전통적인 부부 행동치료에 수용이라는 요소를 접목시켰다. 이 접근법에서 부부들은 서로의 어떤 점을 수용해야 하는지(변화할 수 없는 부분), 그리고 무엇을 변화시켜야 하는지(변화가 가능한 부분)를 찾도록 훈련한다. 당연히도 서로를 수용하는 과정은 많은 부부에게 정말 엄청난 변화를 의미한다. 안정성과 변화의 균형을 강조한 다른 접근법으로 Marsha Linehan의 변증법적 행동치료(DBT; 1993)와 Stephen Hayes의 수용전념치료(ACT; Hayes, Strosahl, & Wilson, 1999)를 들 수 있다. 이 치료법들은 근본적으로 변할 수 없는 것들을 변화시키려고 하는 데 낭비되는 에너지와 그것에서 비롯되는 좌절감에 대해 다룬다. 두 접근법은 모두 우리의 감정을 변화시키거나 통제하려는 노력의 헛됨에 대해서, 그리고 대신 우리가 조절할 수 있는 행동들에 집중을 할 때 분출되는 상대적 잠재력에 대해서 강조하는 불교 철학에 바탕을 두고 있다(Hayes, Follette, & Linehan, 2004).

변증법적 행동치료와 수용전념치료 모두 개인치료와 집단치료에서 많이 응용되는데, 이는 체계이론이 부부와 가족 치료 외에 다른 치료에 결합된 좋은 예로 생각된다. 이러한 접근법들은 모두 변화를 단순하고 직선적인 개념으로 보지 않는 체계론적 개념을 따른다. 때로는 변화가 불가능하거나 오히려 바람직하지 않을 때도 있고, 현재의 상황에 대해서 더 잘 이해하는 것(긍정적 재구조화)은 내담자로 하여금 증상을 없애도록 하기보다는 증상을 유지하되 그에 좀 더 잘 적응하게 할 수도 있다. 실제로 가끔씩 체계에서 가장 생산적인 변화는 변화를 단념하는 경우에 생길 수도 있다. 예를 들어, 내담자가 "나는 슬프지 않으려고 노력하는 대신 그냥 그걸 받아들이기로 했어요."라고 말하는 경우를 생각해 보자. 이런 경우 증상을 수용하는 것은 역기능적인 패턴에서 벗어날 수 있는 기회로 작용할 수도 있는 것이다.

또한 치료자로서 우리는 변화라는 것이 가끔은 매우 작은 것일 수도 있고 또는 굉장히 중요한 탈바꿈이 될 수도 있는 역동적이고 순환적인 것이라 이해할 수 있다. 작은 변화건 큰 변화건 간에 안정성과 변화를 가져오는 과정들을 이해하는 데서 얻어지는 치료자로서의 만족감과 충족감은 체계론적 사고를 임상에 응용하는 데 있어서 충분한 보상이 되고도 남음과 동시에, 내담자와의 실제 작업에서도 융통성과 현실적인 낙관을 더해 준다.

요약하자면, 체계이론은 인간 변화의 과정을 해석하는 데 있어 고유하고 독특한 관점을 가지고 있다. 어떤 심리치료사들은 변화를 진전과 같은 의미로 생각하고 항상 긍정적인 것이라고 생각하기도 하겠지만, 체계이론은 반대로 변화에 대해 균형 잡힌 그리고 복합적인 관점을 제공한다. 자가조절을 할 수 있는 실체로서 체계는 평형 상태나 항상성을 유지하기 위해 피드백을 사용한다. 동시에 피드백 과정을 통해 체계의 변화를 일으키기도 한다. 체계는 체계 안의 동요를 줄이고 항상성을 유지하기 위해 변화를 억제하려는 메시지(음성 피드백)를 사용하지만, 한편으로는 변화하기 위해서 변화를 증강시키는 메시지(양성 피드백)를 사용하기도 한다. 우리는 변화가 아주 부분적이거나 일상적인 수준의 것을 1차 변화라 하고, 체계의 구조 자체를 변화시키는 것은 2차 변화라고 부른다. 변화는 서서히 일어나거나 연속적으로 일어날 수도 있고 갑자기 일어나거나 불연속적일 수도 있다. 체계의 근본적인 작동 논리를 이해함으로써 치료자들은 변화를 막는 방해 요소에 대한 이해의 안목을 높일 수 있을 것이다. 이는 또한 문제가 되는 증상을 긍정적 재구조화로 이끌어 내는 데 유용하게 이용될 수 있다. 그리고 이러한 긍정적 재구조화를 바탕으로 치료자는 증상 처방이나 역설적 처방을 통해 치료적으로 윈-윈 하는 상황을 이끌어 낼 수 있을 것이다. 어느 경우든지, 체계이론은 수용과 변화 간의 변증법을 이해하는 데 도움을 주고 이는 치료 과정에 유익하게 이용될 수 있을 것이다.

오래전 박사 후 과정을 밟을 당시, 내가 속해 있던 상담 회사에서 주최한 주말 연수를 다녀온 적이 있다. 이 기관은 속해 있던 큰 조직에서 다른 조직 산하로 인수되는 등의 많은 변화를 겪고 있었고, 거기 속해 있던 상담가들은 다른 많은 정신건강 단체에서 일하는 사람들이 대부분 그렇듯이 일은 많고 보수는 너무 적다고 느끼고 있었다. 변화에 대한 불확실성이 이런 불만을 가중시켰고, 따라서 사측에서는 구성원들이 그 변화에 가능한 한 잘 적응할 수 있도록 돕기 위해 그 주말 연수를 주최했던 것이다. 우리가 했던 활동들 중 하나는 조직 안에서의 위치와 주 업무를 토대로 조를 짜는 것이었다. 정확한 지시는 기억나지 않지만 대략 "조직에서 당신과 비슷한 위치에 있는 사람을 찾아서 조를 짜 보세요."라고 했던 것 같다. 나는 다른 4명의 박사 후 과정생을 찾았고, 경리와 행정 직원도 우리 그룹에 끼기를 원할 것이라고 판단하여 그들을 찾기 시작했다. 그들은 상사들이 모두 퇴근한 저녁 시간이면 종종 우리와 같이 어울리기도 하고, 힘든 업무와 적은 보수에 대해 불평도 해 가며 서로를 위로하기도 했던 사람들이었다. 그들도 우리처럼 불확실한 미래와 조직의 변화가 우리에게 어떠한 영향을 끼칠지 두려워했다. 나는 그런 그들이 우리 그룹에 끼는 것을 거절했을 때 받았던 충격을 아직도 기억하고 있다. 그들은 우리와 너무나 다른 생각을 갖고 있었던 것이다. 나처럼 박사 학위를 가지고 있는 임상 직원들이 커피를 타고 전화 응대를 하는 직원들에 비해 얼마나 많은 특권을 가지고 있는지 나는 그동안 인지하지 못하고 있었다. 본격적인 조별 작업이 시작되기도 전에, 회사라는 큰 체계 안의 하위체계를 의식적으로 구분하는 과제는 매우 놀라운 경험이 되었다.

보이지 않는 층위와 위치

대부분의 체계는 눈에 바로 보이지는 않더라도 확인 가능한 특정 구조를 가지고 있다. 이러한 구조는 위계와 역할의 구분을 만들어 낸다. 또한 구조는 여러 하위체계로부터 구성되어 더 큰 체계를 형성하게 된다. 앞 장에서 우리는 체계가 일관성과 정체성을 유지할 수 있도록 할 뿐만 아니라 동시에 변화를 견인하기도 하는 어떤 규칙들에 의해 지배된다는 것을 보았다. 이와 비슷하게, 이장에서는 체계가 어떤 식으로 구성되어 있고 조직되어 있는지 알아볼 것이다. 항상성을 유지하려는 성질이 체계 구조를 결정하는 요소 중 하나이기 때문에, 이러한 구조적 접근은 보통 앞 장에서 소개되었던 전략적 접근과 함께 사용된다. 하지만 구조이론은 전략적 치료에서 좀 더 나아가 체계가 기능할 수 있도록 형태를 만들어 주는 위계와 역할, 경계 등에 초점을 둔다.

하위체계

맥락을 다룬 2장에서 이야기했듯이 체계는 여러 하위체계로 이루어져 있고 이 하위체계들이 모여 전체를 이룬다. 이러한 부분과 전체의 관계는 체계 구조에 있어서 매우 중요하다. 1950년대 작가인 Arthur Koestler(1979)는 큰 체계를 이루는 하위체계들을 일컫는 말로 홀론(holon)이라는 단어를 만들었다. 이 단어는 대부분의 존재가 부분인 동시에 전체이며, 어떠한 순간에 그 대상이 부분인지 또는 전체인지 구분하는 것은 현상을 좀 더 자세히 이해하는 데 도움이 된다는 체계이론의 중요한 개념을 내포하고 있다. 현재 이 단어는 제대로 이해하기 어렵고 거의 사용되지 않지만, 나는 그 개념 자체는 아직도 매우 쓸모 있다고 생각한다. 앞의 일화에서, 나를 포함한 박사 후 과정생들은 박사 후 과정생 홀론과 행정직원 홀론으로 구성된 주니어 그룹 홀론이 존재한다고 믿고 있었음을 알 수 있다. 그 상담 회사의 구조를 다이어그램으로 그려 보면, 이 주니어 그룹 홀론은 몇 가지 공통 기능을 가지고 있지만(저녁 늦게까지 일하거나 전화 응대를 하는 것), 그럼에도 불구하고 박사 후 과정생 홀론들은 시니어 그룹 홀론의 기능(상담을 하거나 기관 소식지에 글을 쓰는 것)을 추가적으로 가지고 있다는 것을 쉽게 알 수 있을 것이다. 이 예는 체계 안에 구조가 있다는 개념은 어찌 보면 당연하지만, 그 구조와 관련된 하위체계들을 구분하고 확인하는 작업 또한 유용하다는 것을 잘 보여 주고 있다. 또한 부분과 전체를 모두 아울러 살피는 작업은 체계 안에서 어떤 것이 잘 작동하고 있고, 어떤 것은 제대로 작동하지 못하는지 파악하는 데 도움이 된다.

가족치료에 구조이론을 처음 접목한 사람은 초기 가족치료의 개척자들 중 한 명인 Salvador Minuchin이다(Minuchin & Fishman, 1981). Minuchin은 의사로 수련을 받았고, 뉴욕에서

Nathan Ackerman과 일하다가 1952년 이스라엘로 가서 난민 아동들을 돌봤다. 그러다가 1954년에 다시 미국으로 돌아와 윌리엄 앨런슨 화이트 연구소(William Alanson White Institute)에서 Harry Stack Sullivan이 고안한 인간관계 정신분석 수련을 시작하였다. 1962년 그는 팰로앨토에 방문하여 Jay Haley와 친분을 쌓기 시작했다(Nichols, 2010). 그 후 그는 Haley와 함께 필라델피아에서도 작업을 했기 때문에 전략적 접근과 그가 고안한 구조적 가족치료가 상당히 상호 보완적인 특성을 가지고 있다는 것은 결코 우연이 아니라고 볼 수 있다. Minuchin의 기본 전제는 일견 단순하면서도 상당히 심오한데, 체계 내에 어떤 문제가 있다는 것은 체계 구조의 기능에 장애가 있다는 신호라는 것이다. 따라서 체계 구조를 먼저 이해하고 난 후 구조를 재편성함으로써 문제가 해결될 수 있다는 것이다.

보편적인 가족 구조?

Minuchin의 전제는 단순하긴 하지만 다소의 논쟁거리를 포함하고 있다. Minuchin은 건강한 관계를 증진시키는 보편적인 가족 구조와 기능장애를 일으키는 보편적인 가족 구조가 있다고 주장했는데, 이러한 그의 주장은 많은 비판을 받았다. 올바른 가족 구조(보편적으로 기능적인 구조)와 그렇지 않은 가족 구조(보편적으로 기능적이지 않은 구조)가 있다는 생각은 '모 아니면 도'가 아닌 '둘 다/이럴 수도 저럴 수도'라는 체계론적 사고와 상반된다고 생각할 수 있다. 예를 들어, 이 이론은 아이를 양육할 때에 조부모보다 부모가 훨씬 더 많은 힘과 역할을 가지고 있어야 한다는 함의를 가지고 있다. 하지만 아쉽게도 이 경우에 조부모의 역할 범위에 대한 문화 차이는 무시되고 있다. 또 이 이론은 체계가 가지고 있는 위계에 대해서도 매우 강조한다. 즉, 위계가 모호하지 않고 명확하게 존재한다는 것이 건강한 체계로 인식된다. 하지만 1980년대에 페미니스트 치료자들은 위계에 대한 이러한 생각들에 대해 문제를 제기하기 시작했다. 그 시대에 페미니스트라는 단어는 너무나 많은 뜻을 가지고 있어서 간단히 이야기하긴 힘들지만, 어쨌든 Minuchin 구조이론과 페미니스트 가족치료 사이의 긴장은 결과적으로 가족 문제에서의 위계와 권력을 좀 더 현실적이고 포괄적인 방식으로 이해하는 데 도움이 되었다.

위계에서의 문제점

가족치료에서 고전적인 Minuchin의 처방은 엄마에게는 아이에게 관여하는 것을 줄이고 아빠에게는 관여하는 것을 늘리라는 것이었다. 그렇게 함으로써 Minuchin은 엄마 자신과 자녀들 사이의 세대적 경계를 좀 더 확실하게 긋고 아빠가 양육에 있어서 좀더 목소리를 낼 수 있도록 했다. 하지만 페미니스트 가족치료사들은 이러한 처방이 가족의 역동에 대한 문화 차이를 고려하지 않고, 많은 전통적 심리학 이론처럼 자녀에 대한 엄마의 관심과 헌신을 병리화시킨다고 지적했다. 그렇다면 우리는 엄마가 자녀의 일에 얼마만큼 관여해야 하는지 어떻게 알 수 있을까? 또한 아빠가 아이 양육에 관여할 여지가 별로 없다고 느낄 때, 양육에 좀 더 관여하는 것을 엄마가 막고 있는지 아닌지는 어떻게 알 수 있을까? Walters, Carter, Papp과 Silverstein(1988)은 너무 지나치게 밀착된 관계가 정신 질환의 원인이 된다는 추측에 대해 매우 심층적으로 연구했고, 이러한 이론들을 뒷받침하는 근거가 부족하다는 것을 주장했다. 이들은 치료자들이 가지고 있는 근본적 가치가 무의식적으로 내담자에게 미칠 수 있는 영향에 대해 이야기했다. 미국 중산층 치료자로서 나는 사춘기 자녀를 둔 엄마가 아이들과 지나치게 가까이 지내고 싶어 하는 것은 엄마의 해결되지 못한 의존 욕구의 문제라는 믿음을 가질 수도 있을 것이다. 그러나 Walters와 동료들은 독립과 자율성에 지나치게 가치를 두고 친밀감과 유대감을 병리화시키는 문화에 대해서 의문을 품었다.

앞서 살펴본 것처럼, 1970년대와 1980년대 페미니스트 운동은 자녀에 대한 엄마의 관여가 문제를 유발한다는 주장을 반박하는 것을 넘어, 가정 폭력 문제에 대해서도 가족치료를 적용하려는 시도로 이어졌다(Goldner, Penn, Sheinberg, & Walker, 1990). 다중적이고 순환적인 인과관계의 문제에서 보았듯이 가정 폭력에 체계이론을 맹목적으로 적용하면 피해자를 탓하게 되는 문제를 낳을 수 있는 위험이 도사리고 있다. 구조이론은 이러한 염려와 관련하여 한발 더 나아가 가부장적인 사회에 내재되어 있는 문제점을 언급한다. 위계질서가 강한 구조는 어떠한 결과를 낳는가? 체계에서 권력이 어떻게 분배될지는 누가 결정하는가? 경제력과 정치 세력은 가족들에게 어떠한 영향을 미치나?

페미니스트 심리학자들은 이러한 질문을 통해 우리 문화와 가족에 존재하지만 보이지 않는 권력 구조들을 수면 위로 드러내야 하고, 심리학적 변화는 사회적 변화를 포함해야 한다고 주장했다. 페미니스트 심리학 운동의 초기에, 이들은 상담실에서나 상담 기관 내에서나 평등한 권력 구조를 형성하려고 노력했다. 이 관점을 통해 보면 우리는 권력이 흔히 부패되고, 소외된 사람들을 더욱더 억압하는 데 사용되어 왔다고 말할 수 있다. 현재의 권력 구조를 수용하는 것은 기업이든 가족이든 위계질서의 위에 있는 사람에게 더 많은 혜택을 준다. 위계의 아래에 있는 사람들은 위에 있는 사람들의 권위에 수긍해야 하기 때문에 그들로부터 학대받기 쉽다. 이러한 가부장적 체계는 우리 사회에서 매우 오랫동안 지속되어 왔기 때문에 자연스러운 사회적 질서라고 받아들여지기 쉽고, 이러한 체계를 유지하는 데 들어가는 비용이나 대가 그리고 그 체계의 결과들은 눈에 잘 띄지 않는다. 하지만 아동 학대, 가정 폭력, 기업 내 횡령이나 사기 등 착취적이고 권위적인 계층 체계에서 비롯되는 병적 증상들은 상대적으로 쉽게 찾아볼 수 있다.

아동 학대가 나쁘다는 것에 반박할 사람은 아무도 없겠지만, 구조적 관점은 위계질서가 꼭 나쁜 것만은 아니며 건강한 체계에서도 필요하다고 주장한다. 즉, 권위는 체계 안의 혼란을 방지하고 안전을 제공한다. 또한 적절한 구조가 위계의 하부에 있는 사람들을 억누르기보다 역할이나 위치 등에 대한 명확성을 제공하고 기능하는 데 도움이 된다는 것이다. 아이들이건 부하 직원들이건, 이러한 패러다임에서 사람들은 자신의 역할을 알고, 그 역할의 한계를 인식함으로써 안전성을 느낄 수 있다. 그렇다면 이 두 관점

사이의 갈등을 어떻게 해결할 수 있을까?

역량강화냐 통제냐

이 질문에 대한 한 가지 답은 권력이라는 개념에서 찾아볼 수 있다. 초기 사회적 개념에서 보았을 때 권력의 정의는 지배, 강제, 힘이다. 이러한 개념을 Rampage(2002)는 통제권력(power over)이라고 칭했다. 이때의 권력은 소위 '까라면 깐다.'라는 식의 무조건적인 수용적 사고를 뜻한다. 반대로 '역량강화'는 일들이 잘 돌아가는 데 필요한 적절한 권위를 가지고 있는 것이다. 이런 종류의 권력은 강제력이나 통제를 사용하지 않고 효율성과 능률을 높이는 경우에 해당한다. 이러한 역량강화의 개념은 평등한 권력 구조에 제일 잘 어울린다고 여겨질 수도 있지만, 사실 위계적인 구조에도 문제없이 적용될 수 있다. 나아가 이 맥락의 역량강화 개념은 어떤 위계적인 구조들에서는 잘 적용되는 이유 역시 제공하고 있다. 이 장의 맨 앞에 나왔던 연수 이야기로 되돌아가 보자. 우리는 직원들 모두가 업무량이 너무 많고 좀 더 보상이 있어야 한다고 생각하고 있다는 것을 알고 있다. 박사 후 과정생들은 시니어 상담가들보다 더 많이 일하는 데 비해 보수는 훨씬 적었기 때문에 착취당하고 있다는 느낌과 함께, 불투명한 미래에 대한 불만 역시 토로했다. 행정 직원들은 자신들이 다른 사람들이 알아주지도 않는 하찮은 일들을 모두 도맡아 한다고 불평했고, 또한 자신들의 일이 경력에 도움이 되기를 희망했다. 이러한 경우 통제권력 구조에서의 해결책은 한두 가지 방법밖에 없다. 즉, 통제권력의 구조를 수용하는 것이다. 다시 말해서, 우리는 애초에 그 역할을 부여받았고, 이에 대해 당사자의 암묵적인 동의가 있었기 때문에 해당 조직에 들어와서 일을 하고 있는 것이다. 따라서 그 역할과 위치를 받아들이고 불평불만을 중단해야 한다는 것이다. 하지만 이 통제권력 구조의 사고방식을 거부하는 측면에서 생각해 본다면, 그 기관이 위계 구조의 가장 하층부의 직원들을 부적절하게 착취하는 셈이 된다. 또 커피 타는 것과 야근하는 것을 돌아가면서 하고, 무언가를 결정하는 데 있어서 연수 과정생들이나 행정 직원들의 의견을 좀 더 반영함으로써 평등한 권력 구조가 만들어져야 한다고 생각할 수 있다.

당시에는 이러한 구체적인 용어들을 사용하지는 않았지만, 내 생각에 주말 연수를 담당했던 컨설턴트는 역량강화의 관점에서 우리가 처해 있던 상황의 구조를 볼 수 있도록 도와주려 한 것 같다. 다양한 소그룹과 우리의 불만들에 대해 좀 더 구체적으로 살펴보면서, 이를 개선할 수 있는 작은 건의들과 노력들이 이루어졌다. 그로 인해 결과적으로 우리는 각자의 일에 있어서 좀 더 권한을 가진 것 같은 느낌이 들게 되었다. 시니어 상담가들은 뭔가 일이 되는 방향으로 상황을 이끌어 가는 직원들의 노력에 놀라기도 하고 감사하기도 했으며, 나아가 이러한 깨달음은 행정 직원들에게 일을 부탁할 때 그에 대해 좀 더 고맙게 여기는 마음으로 이어지기도 했다. 또 시니어 상담가들은 박사 후 과정생들에게 경력과 진로 문제 상담을 제공함으로써 우리의 노력이 그저 값싼 노동이 아니라 전문가로서의 중요한 첫걸음이라는 느낌을 가질 수 있도록 도와주었다. 개인적으로 흥미롭게 느꼈던 점은, 이러한 역량강화 차원의 개입이 체계 내에서 우리에게 부여된 권력 구조를 받아들이도록 하는 동시에, 반대로 우리의 의견이 반영되도록 함으로써 그 권력 구조 자체를 바꾸기도 했다는 것이다. 앞으로 다루게 될 치료적 개입에 있어서도 이렇게 구조가 유지되는 동시에 변화하는 것이 공통된 주제가 될 것이다.

협력과 경쟁

역량강화 모델을 사용하는 것이 어느 상황에서나 유용하고 그럴듯해 보이지만, 관계 사이에 갈등이 생기면 이러한 모델을 실제로 적용하는 것은 매우 어렵다. Bateson과 Watzlawick 모두 관계의 갈등 패턴을 상보적 상호작용과 대칭적 상호작용으로 분류하였다. 상보적 상호작용에서는 한 가지 종류의 행동(예: 지배)이 상대방으로부터 그 반대의 행동을 끌어내고(예: 복종), 대칭적 상호작용에서는 한 가지의 행동(예: 자랑)이 상대방도 그와 비슷한 행동을 하도록 만든다(예: 자랑을 하면 상대방도 자랑을 하는 것). Watzlawick은 순환적 인과관계의 개념을 이용하여 상보적 상호작용이 자기강화적이고 때로는 양극화를 초래할 수 있다고 설명했다. 이로 인해 지배와 복종의 관계에서 지배적 행동과 복종 행동이 맞물릴 때, 지배적 행동이 강화되어 증가함과 동시에 이로 인해 상대방의 복종 행동 또한 강화된다. 이러한 상보적 패턴은 역할의 경직성을 가져오고 갈등 해결을 방해한다.

견고해 보이는 상보적 패턴을 다루어야 할 때, 나는 협력과 경쟁의 차이점을 생각해 보는 것이 많은 도움이 된다고 생각한다. 갈등을 경쟁적 관점에서 보면, 이기는 쪽과 지는 쪽이 생기고, 지는 사람은 이긴 사람의 요구를 들어주어야 한다. 반대로 협력적 관점에서 보면, 양쪽 모두에게 만족할 만한 갈등 해결이 있어야 하고 따라서 적어도 모두 득이 되고 윈-윈 하는 상황이 기대될 것이다(Fisher & Ury, 1991). 하지만 모든 갈등이 협력적으로 해결될 수 없기 때문에, 이 모델을 비판하는 이들은 협력적으로 갈등을 해결하는 것이 다른 일방적인 방법보다 시간과 에너지가 더 많이 소비된다고 지적한다. 그렇지만 내 경험으로는 협력 모델이 갈등 해결에 가장 효과적인 방법 중 하나라고 생각한다. 갈등 해결의 협력 모델은 가까운 관계에서의 경쟁 모델이 결국 통제권력을 만들어 내고 어느 한쪽의 분노로 이어지게 될 거라는 아이디어에 기반을 둔다. 내가 가장 존경하는 부부치료사 Frank Pittman의 말을 인용하자면, 우리는 항상 옳은 동시에 행복하기도 한 결혼 생활을 할 수는 없다(Pittman, 1989). 인간의 본성 중 하나는, 자신이 옳다고 느끼면 그 자체로 매우 기분 좋은 경험이라는 것이다. 하지만 Pittman의 주장은 아주 중요한 진실 한 조각을 시사한다. 즉, 대부분의 경우 만약 우리의 배우자들이 자신이 틀렸다고 생각하게 되면, 결국 이는 관계에서의 상처로 이어지게 된다는 것이다. 나는 이 협력 모델법을 적용하는 것이 대단히 유용한 방법이라고 생각한다. 이 모델은 장기적인 관점에서 권력을 나누고 공유하는 것이 종국에는 훨씬 더 효과적이라는 것을 분명히 하기 때문이다. 이러한 근본적인 관점 없이 권력을 나누어 가진다는 것은 그저 권력을 쥔 쪽에서의 자선이나 희생 정도로 여겨질 수도 있다. 물론 협력이 항상 평등한 것을 나타내는 것은 아니지만, 협력적 갈등 해결은 통제적인 권력 관계에서는 찾아볼 수 없는 공정함과 상호 존중의 특성을 가지고 있다.

권력과 특권

물론 모든 체계가 항상 평등하거나 공정한 것은 아니다. 위계 구조에 대해 이야기할 때, 위계의 상단에 있는 사람들이 더 많은 권력과 특권을 가지고 있다는 사실은 부정할 수 없다. 특권에 대한 토론이 많은 사람을 불편하게 하는 것도 어느 정도 납득 가능하다. 우리는 거의 모두 특권을 바란다. 그러나 많은 경우 우리의 특권은 대부분 다른 사람들의 희생에서 비롯되므로, 특권을 원하고 가지는 것에 대해 우리는 죄책감을 느낄 수도 있다. 하지만 특권에 대한 토론은 체계가 가지고 있는 권력 구조를 밝히고, 좀 더 평등하고 기능적인 체계를 만드는 데 도움이 된다는 점에서 중요하다. 특권에 관한 비유로 내가 가장 좋아하는 것 중 하나는 Peggy McIntosh(1988)가 말한 "특권은 보이지는 않지만 우리 모두가 등에 메고 있는 백팩 같은 것"이라는 것이다. 우리가 가지고 있는 특권들은 중요한 시간에 우리가 사용할 수 있는 자원이 되기 때문에 백팩 안에 들어 있는 물건과 같다. 그녀는 우리 대부분은 자신이 가지고 있는 특권이 뭔지 모르는 경우가 대부분이기 때문에 눈앞에 바로 보이지 않는 백팩을 언급한 것이다. 또한 필요할 때 백팩

속에 없는 물건이 더 아쉬운 것처럼, 특권도 정작 필요한 상황에서 없을 때 더 간절한 것으로 인식되는 것이다. 다른 한편으로, 다른 사람들이 가지고 있지 않은 어떤 자원과 특권을 오로지 자신만이 가지고 있다고 인식하게 될 때, 그 순간은 심적으로 불편할 수 있는 반면, 통찰의 계기가 될 수도 있다.

박사 후 과정을 밟던 그해에 나는 내담자 중 한 명이 의료보험의 혜택을 받지 못한다는 사실에 화가 나 있었다. 우리는 서류상에 문제가 있다는 것을 찾아냈고, 나는 서류를 다시 가지고 보험회사에 가라고 일러 주었다. 그녀는 상담 직원을 만나기 위해 오전 내내 기다렸지만, 돌아오는 답변은 그녀가 의료보험 적용 대상자가 아니라는 것뿐이었다. 그녀가 나에게 이런 상황을 설명했을 때 나는 바로 그곳에 전화를 걸어 "저 Smith-Acuña 박사인데요, 윗선 담당자 좀 바꿔 주세요."라고 말했다. 나는 이 문제를 해결할 수 있는 사람을 찾을 때까지 계속해서 계통 체계를 거슬러 올라갔다. 나는 내담자에게 좀 더 적극적으로 나서서 문제를 풀 수 있는 방법들을 가르쳐 주려는 것이었지만, 사실 내 직함과 인종적 특권들이 문제를 해결하는 데 얼마나 도움이 됐는지는 절대 실감하지 못할 것이다.

권력과 특권이라는 문제는 매우 흔하지만 보통 눈에 잘 띄지 않는 경우가 많다. 내 딸이 중학교 2학년 때, 학교 자선기금 모금 행사에서 학생들이 물건을 많이 팔면 장려차 특별한 상을 준 적이 있다. 얼마 이상의 물건을 판 학생들에게는 오후에 학교 측에서 제공하는 피자를 먹으면서 무료로 볼링을 칠 수 있는 기회가 주어졌던 것이다. 내 딸도 상을 받게 되었다. 그러나 나는 딸아이의 학교에 다양한 인종과 민족, 사회 계층이 존재했음에도 불구하고 상을 받게 된 아이들이 모두 중산층 백인 아이들이었다는 사실에 너무나 마음이 불편했다. 내 딸아이는 아무렇지도 않게 "모든 아이가 이 상을 받을 수 있는 기회가 있었어요. 집집마다 돌아다니면서 팔았으면 많이 팔 수 있었을 거예요."라고 반응했다. 눈에 보이지 않는 특권을 가진 전형적인 경우처럼, 이 집 저 집 돌아다녀야 하는 친구들과는 다르게 친척들에게 몇 통의 전화를 돌린 것만으로 상을 받게 되었다는 것을 내 딸은 전혀 모르는 듯했다.

치료자의 위치

이러한 권력과 특권에 대한 이해는 구조이론에 대한 체계론적 관점과 일치한다. Minuchin의 작업으로 돌아가서, 우리는 이러한 권력과 특권의 개념들을 그가 치료에서 언급하는 지위와 위계의 개념으로 해석할 수 있다(Minuchin & Fishman, 1981). 나는 시카고 컨퍼런스에서 진행됐던 Minuchin의 인터뷰에서 그가 직접 언급한 사례를 소개하려 한다(Minuchin, 1997). Minuchin은 매우 공격적이고 가끔씩 엄마를 때리기까지 하는 열네 살짜리 아들을 둔 가족들과 상담을 시작했다. Minuchin은 아이 앞에 서서 자신의 손을 때려 보라고 시켰다. 아이는 주먹을 쥐고 Minuchin의 손바닥을 때렸다. 그는 고개를 끄덕이면서 "괜찮은데, 난 네가 좀 더 세게 칠 수 있을 거라 생각해."라고 말했다. 아이는 다시 주먹을 쥐고 Minuchin의 손바닥을 때렸고, 이번에 Minuchin은 "좋았어. 열네 살 치곤 힘이 꽤 세네."라고 하였다. Minuchin의 유명한 치료들이 모두 다 그러하듯이, 이러한 치료 방법은 구조를 형성하고 그 구조 안에 있는 사람들에게 권한을 준다. Minuchin은 아이에게 그가 아무리 때려도 자신은 아프지 않다고 말하고 오히려 더 때려 보라고 함으로써 누가 더 위에 있는지 알려 주는 것이다. 동시에 그는 소년의 힘을 칭찬한다. Minuchin은 이 인터뷰에 대한 설명에서, 소년이 엄마를 때리는 방식이 아닌 좀 더 적절한 방법으로 자신의 힘을 느낄 필요가 있었다고 이야기했다.

건강한 경계와 건강하지 않은 경계

권력과 특권의 문제를 염두에 두면서, 우리는 구조이론과 관련된 특정한 개념들을 알아볼 수 있다. 가장 유용한 개념 중 하나는 경계이다. 경계란 개념은 '그 사람은 자꾸 선을 넘는다(도가 지나치다.)'라는 말처럼 일상생활에서도 많이 쓰이고 있다. 하지만 '선을 넘는다'라는 말이 정확히 무슨 뜻일까? 경계는 특정한 공간을 명확하게 정의하고, 그 공간에 무엇이 들어갈 수 있고 나갈 수 있는지 결정한다. 세포막에 비유해 보자면, 경계는 세포 안에 있는 것을 보호할 수 있는 구조를 가지고 있어야 하지만 동시에 필요한 물질들은 세포 안과 밖으로 드나들 수 있도록 하는 충분한 투과성을 가지고도 있어야 한다. 사회적 구조를 생각해 보면, 체계의 안과 밖을 드나드는 것은 언어적일 수도 있고 비언어적일 수도 있는 정보이다. 이때의 경계는 체계의 안으로 들어오고 밖으로 나가는 정보의 양과 종류를 결정하는 규칙들이라고 볼 수 있다. 따라서 이는 또한 우리가 관계 안에서 느끼는 친밀감과 유대감의 양도 조절한다. 경계가 뚜렷하지 않은 사람은 정보를 부적절하게 외부로 누출시킬 수 있다. 반면, 경계가 너무나 엄격한 사람은 폐쇄적이고, 친밀감과 유대감에 필요한 정보를 잘 나누지 않는다.

우리는 사람들뿐만 아니라 여러 체계와 하위체계에 대해서 설명할 때도 경계의 개념을 유용하게 사용할 수 있다. 가족치료 이론의 발달 초창기에는 체계를 구조, 특히 경계를 바탕으로 분류하려는 노력이 있었다. 보통 관계가 지나치게 얽히고 밀착되어 있거나 반대로 너무 멀리 소원하게 떨어져 있는 체계는 문제가 있는 것이라 인식되었다. 과도하게 밀착된 관계는 연결성이 매우 높고 정보도 많이 공유하지만 개인 간에 충분한 구조가 존재하지 않는다. 지나치게 밀착된 가족은 체계 안에서는 매우 긴밀하게 연결되어 있고 유연하지만 외부와는 잘 통하지 않는 경직된 경계를 갖고 있다고 생각할 수 있다. 반대로, 서로 소원한 가족은 안으로는 구성원들 간에 거리감이 있고 분리되어 있지만, 체계 외부와는 교류하기가 쉬운 것이 특징이다. 그리고 밀착되어 있는 가계와 소원한 가계에서 나타나는 증상들은 서로 다른 특징을 보이는 것으로 생각되었다. 사실 현실적으로는 밀착이나 분리의 특징만으로 한 체계를 완전히 구분하는 것은 쉽지 않다. 또한 이러한 경계의 특성들은 시간에 따라 변하기도 한다. 하지만 이러한 구분이 어려움에도 불구하고, 사람들 사이에 형성되는 경계의 특징을 바탕으로 관계가 밀착되거나 소원한 특성을 가질 수 있다는 개념은 매우 유용하다. 만약 두 사람의 관계가 너무나 얽혀 있어 어디서부터 이 사람 문제고 어디까지가 저 사람 문제인지 알 수 없는 느낌이 든다면, 경계를 더 뚜렷하게 만들어 개인화를 강화시킬 수 있는 개입이 필요하다. 마찬가지로, 관계가 차갑고 거리감이 있으며 서로에 대해 전혀 관여하려 하지 않는다고 느껴진다면 경계를 좀 더 유연하게 하고 연결성을 강조하는 개입이 중요하다.

보통 하위체계들 주위의 경계들은 주로 위계 구조를 형성하고 규정하는 데 이용된다. 가족치료사들은 특히 세대 간의 경계선에 주목하지만, 다양한 위계 사이의 경계를 관찰하는 것 또한 매우 유익할 수 있다. 구조적 치료자들은 특히 부모라는 하위체계와 그것이 기능하는 방식을 집중적으로 살펴본다. 이 하위체계는 부모가 함께 살거나 이혼 또는 별거해 사는 것과 상관없이 존재한다. 하지만 만약 부모가 결별한 상태라면 규칙과 경계들은 조금씩 달라진다. 이러한 하위체계의 경계들은 부모가 결별한 상태라는 것, 그럼에도 여전히 각자 부모 역할을 할 수 있다는 것, 하지만 부모 사이의 문제는 아이의 노력 여하로 어떻게 할 수 있는 것이 아니라는 것 등을 아이들에게 명확히 이해시킬 수 있을 만큼 분명하고 뚜렷해야 한다. 또한 하위체계들 사이에 있는 경계들은 아이들로 하여금 자신들이 인정받고 있고, 중요한 존재로 여겨진다는 생각이 들 수 있도록 상호 투과적이고 유연해야 한다. 가족의 위계에서 경계가 너무 풀어져 있다면, 부모로서의 역할이 줄어들고, 이것은 부모-자녀 관계보다 친구 관계에 더 가까운 느낌을 줄 수 있다.

가족 체계가 아닌 다른 체계에서도 특정한 위계 사이의 경계가 느슨해지는 경우가 있다. 계층 간에 경계가 충분이 그어져 있지 않으면 위계 구조가 너무 느슨해지고 흐트러지게 된다. 내가 아는 한 교수는 몇몇 학생과 너무 가까이 지낸 나머지 학생들과의 경계가 흐려져 다른 학생들이나 교수들에 대한 평가 등의 기밀 내용을 모두 다 얘기해 주곤 했다. 이런 경우, 비밀 이야기를 들은 학생들은 자신이 특별하다고 느낄 수 있지만, 대부분의 경우 이러한 경계 침범은 다른 많은 문제를 야기한다. 학생들은 다른 교수들과의 의사소통에서 갈등과 혼란을 느끼고, 정보를 객관적으로 보지 못해 다른 교수들로부터 소외감을 느낄 수도 있다. 더 심한 경우, 이러한 종류의 경계 침범은 다른 교수나 학생들과의 관계를 잃어 가며 한 교수와 학생이 더 친해지는 병적인 삼각관계를 형성할 수도 있다.

이와 비슷하게 많은 체계이론가, 특히 Haley(1980)는 이중구속 의사소통이 세대 간 경계를 침범하는 경우에는 가장 문제가 될 수 있다고 주장한다. 한 예로, 나는 한 그룹의 학생들이 어느 한 교수가 다른 교수의 (그가 생각하기에) 비윤리적인 행동에 대해 그들에게 말했을 때 그 학생들이 느낀 구속에 대해서 이야기를 나누었던 적이 있다. 교수는 해당 문제에 대해 직접적으로 언급하지 않았는데, 그러면서도 학생들이 대학교 인사과에 그 문제에 대해 신고할 수도 있을 거라고 말했다. 학생들은 그 교수가 자신들과 정보를 공유했다는 점에서 뿌듯하게 느꼈을 수도 있었겠지만, 이 정보를 어떻게 제대로 다뤄야 할지, 어떻게 처신하는 게 맞는 것인지 혼란스러워했다(문제에 대해 얘기하는 것은 소용이 없지만, 원칙적으로는 이를 신고해야 하는 것인가 등). 동시에 그 교수의 발언에는 문제를 드러내 놓고 직접 언급하는 것이 체계 내의 어떤 규칙에 반하는 것이라는 암묵적인 메시지 역시 존재했다. 물론 나중에 그 문제에 대해 다른 교수진도 알게 되었다는 사실에 비추어 볼 때 결국에는 그 이중구속의 문제가 표면 위로 떠오르고 해결되었다는 것을 시사하지만, 나는 이 사례가 경계 위반이 얼마나 스트레스와 압박을 줄 수 있는지를 잘 보여 주고 있다고 생각한다.

앞의 사례를 더 자세하게 이해하려면 구조이론의 핵심 개념 중 하나인 역할 문제에 대해서도 알아보아야 한다. 대부분의 구성원은 체계의 과제를 완수하기 위해 서로 다른 역할을 가지고 있다. 역할이 효율적이기 위해서는 각자의 역할이 명확하게 규정되어 있어야 함과 동시에 융통성이 있어야 한다. 역할은 교수진과 학생들처럼 공식적이고 명시적일 수도 있고, 갈등 중재자나 말썽꾼처럼 비공식적이고 묵시적일 수도 있다. 대부분 체계의 기능장애를 알려 주는 신호 중 하나는 역할이 너무 융통성이 없어서 구성원들이 자신들의 개성을 제대로 표현하지 못하는 것이다. 반대로, 역할이 명확하지 않으면 혼란스러움과 불안감을 야기한다. 가족치료사들은 몇몇 특정 역할에 대해 '아이 어른(parentified child)'(발달단계에 비해 지나치게 조숙한, 예를 들어 거짓 자아를 가진 아이-역자주)나 '문제 환자(identified patient)' '희생양'과 같은 이름을 붙였는데 경우에 따라 이러한 이름 붙이기는 문제가 될 수도 있다. 마찬가지로, 구원자(savior)나 마스코트처럼 긍정적인 의미를 가진 역할들 또한 너무나 경직되어 개인적 · 체계적 발달과 변화를 촉진하지 못한다면 똑같이 문제가 될 수 있다.

권력, 협동, 특권, 규칙, 역할, 경계 등의 지식들을 가지고 우리는 이제 구조이론 치료자들이 실제 하는 작업으로 돌아가 보겠다. 치료의 목표는 대략적으로 말하자면 구조 안의 문제를 파악하고 구조의 재편성을 촉진시키는 것이다. 이러한 치료 작업에 대해 생각할 때면, 나는 종종 천장에 균형이 깨진 채 매달려 있는 모빌의 이미지를 떠올리곤 한다. 모빌이 균형을 잃은 이유가 무게중심이 잘못 되어서인지, 서로 너무 붙어 있어서 그런 것인지, 아니면 어떤 부분은 너무 크고 어떤 부분은 너무 작아서인지 처음에는 알지 못한다. 하지만 체계의 움직임을 관찰함으로써 나는 무엇이 모빌을 불균형하게 만드는지 알아낼 수 있다.

구조 관찰하기

문제를 파악하기 위한 첫 번째 단계는, 치료자가 체계 안으로 직접 들어가서 문제를 지속시키는 상호작용에 대한 정확하고 있는 그대로의 큰 그림을 얻는 것이다. 구조적 치료자가 체계에 합류하는 것은 대부분의 다른 치료에서도 볼 수 있는 내담자들과 치료 동맹을 맺는 것과 비슷하지만, 단순히 동맹을 맺는 것에만 그치는 것이 아니다(Minuchin & Fishman, 1981; Minuchin, 1974). 구조적 접근의 큰 장점 중 하나는 체계 안에 있는 관계들의 위치를 잡아 주는 정교함이다. 이러한 위치 잡기는 치료자가 자신을 전체 체계에 도움이 되는 동시에 체계의 구조를 흔드는 위치로 역할을 시작하는 치료 초기부터 바로 시작된다.

체계 내 합류의 전형적인 과정은 치료자가 그 체계의 구성원들 각자로부터 이야기를 다 들어 보고 각각의 관점에서 공감을 표하는 시간을 갖는 것이다. 앞에서 언급되었던 경험적 접근과는 다르게, 이것은 각자의 감정과 생각들을 표현하는 자리를 만들어 주려는 목적이 아니다. 대신 가족들에게 상담실에서 구조를 재현하도록 하고, 그 재현을 통해 문제가 되는 구조를 명확하게 드러내기 위한 무대를 꾸며 주는 것이다. 치료자는 구성원들이 어디에 앉고 얼마나 많은 말을 하며 누구와 시선을 마주치는지 등의 행동을 보면서 체계의 구조를 파악하기 위한 힌트를 얻는다. 치료자는 체계에 합류하면서, 질문과 관찰을 통해 구성원 각각 그리고 체계 전체와 동맹을 맺을 수 있도록 위치를 잡는다. 이러한 개입을 통해 치료자는 체계의 일원이 되는데, 이러한 방식의 위치 잡기는 치료자가 체계의 일원이 아닌 외부자로 인식될 때 발생할 수 있는 항상성 반응을 줄일 수 있다. 내 동료인 Michael Karson(2010)은 치료자의 이러한 합류 방식을 "서 있을 자리 찾기"라고 묘사했다.

그다음, 치료자는 질문과 과제들을 통해 체계를 재연(enactment)한다. 좋은 치료는 모두 재연을 통해 이루어진다. 문제에 대해 제삼자의 입장에서 말로 설명하기보다, 치료 과정은 이러한 재연을 통해 내담자가 상담실 안에서 문제 상황을 직접 겪고 문제적인 패턴을 직접적으로 볼 수 있도록 해 준다. 상담실에 있는 사람 모두가 실제로 이렇게 체계의 역동을 경험해 보았다면, 치료자는 개입의 다음 단계인 체계의 구조 위치 재설정 작업으로 이동한다. 위치 재설정은 흔히 행동 처방을 통해 이루어지지만 이러한 종류의 개입은 단순히 행동 처방을 그대로 따라서 특정 행동 방식을 훈습하는 것만을 의미하지는 않는다. 재연을 통해 극적인 감정이 이입되면, 치료자는 잠시 그 처방된 행동을 멈추고 기존의 가족 내에서의 결말과는 다른 결말을 제안한다. 보통 이러한 새로운 결말은 서로를 새로운 방식으로 대하는 것을 포함하는데, 상대방을 다르게 대하는 것의 목적은 체계 구조를 변화시킬 역할, 규칙, 경계를 변화시키는 것이다.

이러한 구조적 개입을 보여 주는 아주 좋은 예는 1970년대 초 필라델피아 아동 상담소(Philadelphia Child Guidance Center)에서 이루어진 Braulio Montalvo의 가족치료 녹화 비디오에서 볼 수 있다(Minuchin, 1974). 이 사례에는 아프리카계 미국인인 미혼모와 4세부터 10세까지의 네 자녀가 나온다. 이 사례에서 표출된 문제는 둘째 아이가 오빠의 화학 실험 상자에 있던 성냥을 가지고 놀다가 실수로 매트리스에 불을 붙인 것이었다. 오빠는 세 여동생을 매우 잘 보호했고, 기특하게도 매트리스를 욕조에 넣어 일하던 엄마에게 전화하기 전에 불을 껐다. Montalvo가 상담실을 이리저리 돌아다니며 가족 구성원 한 명 한 명과 이야기를 나누는 장면을 보면 우리는 장남이 '아이 어른' 역할을 하고 있고, 지나치게 책임감이 크며, 동생들을 대신해서 말하려는 모습을 볼 수 있다. 둘째 딸은 '문제 환자' 역할이 부여되어 있다. 온 가족의 역동이 그녀의 잘못에 초점을 두고 돌아가고 있기 때문이다. 둘째 아이가 치료에 집중하지 않고 교과서를 꺼내자, 엄마는 집중을 하라며 크게 꾸짖는다. Montalvo는 그 순간을 놓치지 않고 이용하는데, 즉 딸에게 책을 크게 읽게 하도록 엄마에게 지시한 것이다. 엄마가 딸의 능력을 무시하자, Montalvo는 재연을 통하여 위치 재설정을 위한 무대를 연출한다. 그는 엄마에게 "아니, 뭐가 문제죠? 딸아이는 잘만 읽고 있는데⋯⋯. 분명 엄마가 집에서 역할을 제대로 잘하고 계신 모양이네요."라고 이야기한다. 이 단순한 개입은 딸을 문제 환자로만 보고 있는 엄마의 행동 패턴을 직접 보여 주는 동시에 엄마로서의 역할을 강화시킨다.

그러고 나서 Montalvo는 엄마에게 행동 처방을 내리는데, 딸에게 성냥에 안전하게 불을 붙이는 방법을 매일 5분씩 알려 주라는 것이다. 이러한 개입은 증상(성냥에 불을 붙이는 것)을 금지되어야 하는 것이 아닌 배워야 하는 기술로 재구성한다. 이처럼 엄마에게 둘째 딸과 직접 작업하도록 하는 과정을 통해서, 치료자는 부모 역할을 하고 있는 첫째 아이를 지휘권을 가진 위치에서 빼냄과 동시에, 엄마와 딸 모두에게 뭔가 해냈다는 성취감을 느낄 수 있는 기회를 제공한다. 두 번째 상담 시간은 아주 감동적인 이야기로 시작되었는데, 엄마와 아이가 하루에 한 번이 아닌 두 번씩 성냥에 불을 붙이는 방법을 매일 연습했던 것이다. 이 개입은 엄마에게 엄마로서의 역할을 할 수 있는 방법을 제공했고, 딸에게는 좀 더 효율적인 방법으로 관심과 주목을 받는 법을 제공했다.

당근과 채찍

구조적 치료 개입을 한마디로 간단히 설명하면, 치료자가 모든 가족 구성원에게 당근과 채찍을 사용해야 한다는 것이다. 우리는 앞의 사례에서 치료자가 "아니, 뭐가 문제죠?"와 "분명 엄마가 집에서 역할을 제대로 잘하고 계신 모양이네요."라는 말을 통해 당근과 채찍을 함께 쓴 것을 분명하게 볼 수 있다. 당근과 채찍이라는 용어가 나에게는 상당히 권위주의적으로 느껴지긴 하지만, 나는 이러한 개념이 개인치료뿐만 아니라 부부와 가족 치료에도 매우 유용하다고 생각한다. 내 생각에 구조이론이 주는 진실된 역량강화란 자신의 강점을 찾는 동시에 약점 또한 아는 것이라고 생각한다. 달리 말하자면, 적극적인 지지와 단도직입적인 해석의 균형 잡힌 조합이 역기능적인 구조들을 재편성시키는 것이다. 이러한 조합은 치료자가 권력과 특권의 문제에 대해 잘 인식하지 못하면 오용될 수 있지만, 제대로 활용된다면 매우 유용하게 쓰일 수 있다.

직장 체계에서의 구조

제3장에서 언급했던, 사춘기 딸과 좀 더 잘 지낼 수 있는 방법을 배우던 캐럴의 사례로 다시 돌아가 보자. 흥미롭게도 캐럴은 직장 상사와도 문제가 있었다. 그녀는 홍보 관련 회사에서 사무원으로 일하고 있었는데, 엘렌이라는 팀장 밑에서 프로젝트 하나를 맡고 있었다. 캐럴은 엘렌이 다정하지 않고 냉정하며 요구가 많은 사람이라고 생각했고, 이 때문에 직장에 가는 것이 싫어지기 시작했다. 그녀는 상사의 질문과 요구로 인해 기가 죽었다고 했는데, 상담 중에 받은 내 느낌으로는 캐럴이 엘렌 앞에서 지나치게 긴장하고 미안해하는 태도로 반응했던 것 같다. 프로젝트를 맡겼다는 건 엘렌이 캐럴의 능력을 인정했다는 뜻일 수도 있으나 캐럴은 그녀 밑에서 일하는 것이 회사에서 가장 피하고 싶은 일이라고 했다. 그녀는 이 고통에서 벗어나려면 회사를 옮길 수밖에 없지 않을까 하며 걱정했다.

구조적으로 캐럴의 문제를 들여다보면, 우리는 캐럴이 스스로를 무능하고 일을 똑바로 못하는 직원으로 여기고 있다는 것을 알 수 있다. 그녀는 자신이 무시받는 것 같고 인정받지 못하는 것 같은 데 대해 분하게 생각했지만, 그러한 역할을 체계 안에서 어떻게 재구성하고 어떻게 하면 좀 더 힘을 가질 수 있는지 알지 못했다. 우리가 문제를 함께 알아 가는 동안, 캐럴은 회사 내에 엘렌과 일하는 것을 싫어하며 그녀를 피하려고 하는 사람들도 있지만, 반대로 엘렌과 함께 일을 매우 잘하는 사람들도 있다는 것을 깨닫게 되었다. 구조적 관점을 활용하여 나는 캐럴이 체계 안에서 어떤 변화가 필요한지를 인식하도록 도와주었다. 캐럴은 그녀의 동료들에게 엘렌의 요구나 행동을 불평하는 대신 자신의 행동과 동료들의 행동을 비교 관찰하여 체계 안에서 자신의 위치를 발전시킬 수 있는 방법들을 알아 갔다. 캐럴은 엘렌에게 일을 지시받을 때 자신이 너무 긴장하고 불안해하기 때문에 엘렌이 원하는 것이 무엇인지 잘 파악하지 못했다는 것을 알아챘다. 그렇게 엘렌의 요구를 제대로 이해하지 못해 평소보다 더 많은 실수를 하게 되고, 엘렌은 그런 실수에 짜증이 나고 캐럴에 대해 비판적이었던 것이다. 캐럴은 다음에 더 잘하겠다고 용서를 빌기도 하고, 경우에 따라 사과하면서 울기도 했지만, 나중에는 너무 약하고 지나치게 공손해 보이는 자신의 태도가 엘렌으로 하여금 자신에게 더 비판적으로 만든다는 생각에 자신에게 화가 나기도 했다.

　나는 엘렌의 비난에 고통받았을 캐럴에 공감하면서도, 캐럴이 자신의 지나치게 공손한 태도와 불안감이 문제를 더 지속시킨다는 점을 볼 수 있도록 도와주기 위해 그녀와 대립하기도 했다. 아마도 구조이론에 따른다면, 나의 공감은 당근으로, 직면은 채찍으로 볼 수 있을 것이다. 이 두 가지 관점의 조합은 캐럴이 자신에게 화를 덜 내고 덜 비판적으로 느낄 수 있게 도와주었고 그녀가 자신의 상황을 좀 더 적극적으로 대처해 갈 수 있도록 준비시켜 주었다. 그렇지 않았다면, 캐럴은 동료들에게 엘렌에 대한 불만을 토로하는 것으로 체계 안에서의 병적인 삼각관계를 만들 수도 있었을 것이다. 캐럴은 또 자신뿐만 아니라 일부 동료도 엘렌과 일하는 것에 불만이 많다는 사실에서 위안을 얻고, 함께 엘렌에 대한 뒷담화를 늘어놓으며 피상적인 친밀감을 형성했을 수도 있었을 것이다. 그리고 이러한 것들을 통해 자신의 부정적인 감정으로부터 도피하는 방식으로 행동했을지도 모를 일이었다.

만약 나 역시 문제를 유지시키는 그녀의 역할을 관찰하지 않고, 캐럴의 부정적인 감정만을 단순히 인정해 주는 데 그쳤다면 그러한 삼각관계가 형성되었을 수도 있었다고 생각한다. 대신 우리는 캐럴이 체계 안에서 자신이 좀 더 영향력 있고 유능하다는 느낌을 받을 수 있는 방법을 알아보았다. 그녀는 최근 승진한 테레사와 함께 일하는 것이 즐겁다고 했다. 그녀는 테레사와 점심을 함께 먹으며 프로젝트를 어떻게 하면 더 효율적으로 진행할 수 있는지에 대한 조언을 구했다. 우리는 테레사에게 얻은 정보를 함께 들여다보며, 캐럴이 엘렌과 미팅을 하기 전에 좀 더 확실히 준비할 필요가 있고, 미팅이 끝난 뒤 엘렌의 지시 사항을 좀 더 정확히 이해하기 위해 자신의 계획을 엘렌에게 얘기해 볼 필요가 있다는 것을 깨달았다. 캐럴이 좀 더 주도적으로 업무 능력을 발달시켜 가기 시작하면서, 불안감은 줄어들었고 실수도 줄었다. 그녀는 자신이 무시받는다는 느낌 없이 엘렌의 권위를 잘 수용할 수 있었고, 캐럴이 더 적극적으로 자기주장을 펼칠수록 엘렌 또한 그녀를 더 존중해 주기 시작하였다. 엘렌이 매우 비판적이라는 캐럴의 생각은 계속되긴 했지만, 캐럴은 프로젝트를 성공적으로 끝낼 수 있었고 직장도 옮길 필요가 없었다. 그 후 그녀는 테레사의 부서로 스카웃되어 옮기게 되었고 업무 만족도도 매우 높아졌다.

혹자는 아마도 이렇게 치료가 성공적이었던 이유는 그것이 캐럴이 비난받는 것에 대한 두려움 없이 자신을 힘들게 한 감정들에 대해 알아볼 수 있는 지지적인 환경을 제공했기 때문이었다고 생각할 수도 있을 것이다. 아니면 내가 여러 질문과 관찰을 통해 캐럴에게 적극성 훈련을 제공했고, 캐럴이 엘렌과 더 효과적으로 일을 할 수 있도록 의사소통 기술을 가르쳐 주었기 때문이라고 생각할지도 모르겠다. 나는 이 두 가지 생각 모두 어느 정도 일리가 있다고 생각하지만, 이 사례에서는 캐럴이 처한 상황의 구조적 요소를 이해하는 것이 이러한 개입들을 더욱 효과적으로 만들었다고 생각한다. 캐럴의 직장 체계는 상당히 문제가 있었다. 이는 권력 구조상 엘렌에게 지나치게 권한이 많았고, 캐럴의 성격이 이러한 권력 구조 패턴을 강화시켰기 때문이었다. 체계 내의 구조적 문제를 인식함으로써, 우리는 캐럴이 맡고 있던 기능장애적 역할(자신감 없음, 항상 미안해함)과 이러한 역할을 강화시키는 경계의 문제(효과적으로 일을 하기 위해 질문하는 것을 두려워하는 것)를 확인할 수 있었다. 결과적으로 봤을 때, 애초에 체계의 규칙은 캐럴이 테레사와 함께 점심을 먹으며 조언을 얻는 것과 같은 무언가를 할 수 있게 만들 만큼 어느 정도 유연했다. 또한 체계 내의 역할들은 문제가 개선되는 것을 막을 만큼 융통성이 결여되어 있지 않았다. 캐럴의 작업 능력이 발달해 갈수록 엘렌은 캐럴을 좀 더 존중해 주었고, 둘의 의사소통도 점점 더 나아졌다. 프로젝트는 성공적으로 완성되었고, 이것은 캐럴이 자신감과 성취감을 느끼는 데 도움이 되었다. 물론 그녀의 직위는 바뀌지 않았지만, 체계 안에서 그녀의 위치는 달라졌다고 볼 수 있다.

캐럴 한 사람이 덜 불안해하고 더 자심감이 생겼기 때문에 체계가 변화한 것일까? 그 체계 전체가 아닌 캐럴의 개인치료사로서 이 질문에 답하긴 어렵지만, 나는 이런 변화가 조직 내에 종종 작은 파장을 가져온다고 생각한다. 캐럴의 경우 만약 결과가 좋지 않았다면, 회사에 퍼져 있는 불안의 분위기, 낮은 업무 효율, 비난 등의 조직 문화가 더 강화되었을 것이다. 앞서 언급한 변화들이 없었다면, 체계 안에 있는 사람들은 엘렌이 절대 만족을 모르는 사람이며, 그녀가 좋은 직원들을 도망가게 만든다고 생각할 수도 있었을 것이다. 캐럴에게 엘렌과의 사이에서 예전과 같은 역동이 계속되었다면, 이것은 캐럴이 이 사회에서 한 어른으로서 제대로 기능하지 못한다는 두려움을 확인시켜 주는 꼴이 되었을 것이다. 다행히 체계에 대한 균형적인 삼차원적 관찰은 캐럴이 자신의 행동을 바꿀 수 있게 도와주었고, 그 결과 체계 또한 한층 더 효과적으로 기능할 수 있게 되었다.

체계이론은 조직 구조를 독특한 방식으로 설명한다. 체계는 하부체계들이 조직화되어 전체 체계를 위계적으로 구성하는 방식을 통해 이해될 수 있다. 또 위계는 경계에 의해 유지되며, 이상적인 경계들은 분명하지만 충분한 투과성을 가지고 있다. 또한 체계 안의 위치들은 명확하면서도 경직되어 있지는 않은 체계 구성원들의 역할로써 결정된다. 한편, 구조적 치료 모델에 대한 여러 비판은 위계 구조에 의해 흔히 만들어지는 권력과 특권에 대한 문제들을 좀 더 깊게 관찰할 수 있는 기회를 가져오기도 하였다.

이 장에서 우리는 체계가 어떻게 조직화되는지를 알아보았고, 또 이러한 조직을 형성하고 유지하는 사람들 간의 상호작용에 대해서도 알아보았다. 체계이론은 인간 경험의 다양한 층위를 탐색하지만, 체계 내 구성원들의 내면세계 또한 체계를 이해하고 개입하는 데 도움이 된다는 것을 알 수 있다. 개인과 집단의 역사 사이의 상호작용은 다음 장에서 더 자세히 설명될 것이다.

역사와 발달

이 장을 쓰기 시작하기 이틀 전, 나는 아주 생생한 꿈을 꾸었다. 꿈에서 지금의 나는 고등학교 때 사귀었던 남자친구네 집 부엌에서 그의 어머니와 이야기를 나누고 있었다. 그의 어머니는 세 자녀가 가을에 학교를 다니기 시작하면서 부딪힐 어려움을 이야기하였고, 내 남자친구가 대학을 가게 되니 더 신경이 쓰인다고 하셨다. 흔히 꿈에서 비현실적인 일들이 일어나는 것처럼 나는 그 아이와 계속 사귀고 있었지만, 그가 대학을 멀리 가야 했기 때문에 내가 먼저 헤어질 준비를 하고 있었다. 그의 어머니도 이런 이유로 우리 관계를 깨려는 나를 이해해 주셨다. 그때 나와 가장 절친했던 친구가 다가와 걱정하지 말라고 위로해 주었다. 나는 우리가 헤어져야 한다는 것이 슬펐지만 친구의 말에 위로를 얻었다. 그리고 남자친구에게 마지막 인사를 하러 가야 할지 아니면 그가 벌써 나를 다 정리했는지 궁금해하다가 그가 꿈에서 나타나기 전에 잠에서 깼다.

이 책을 읽는 독자 대부분이 정신건강 관련 전문가들일 테니 벌써 내 꿈에 대해 해석을 시작하고 있을 것이라고 생각한다. 하지만 그전에 내가 이 꿈을 내 딸의 남자친구가 대학에 입학해 멀리 떠나기 며칠 전에 꾸었다는 것을 이야기해 주고 싶다. 이 정보가 내 꿈에 대한 당신의 해석을 얼마나 바꾸게 될까? 꿈과 체계는 과연 어떤 관계가 있는 것일까?

예측 가능한 발달적 변화

내가 꿈을 꾼 시점은 인간 경험에 있어 발달 단계가 차지하는 핵심적 역할을 보여 준다. 이것은 체계이론과 정신역동이론이 공통적으로 가지고 있는 개념이다. 대부분의 전통적 정신역동이론은 초기 발달, 특히 생물학적 발달에 의해 결정되는 단계들을 중요하게 여긴다. 아이를 갖기 전, 나는 Freud가 제시한 성감대의 연령적 변화가 지나치게 편협하고 결정론적이라고 생각하였다. 또만 5세경이 되면 오이디푸스 콤플렉스의 해결 등으로 인해 어느 정도 아이의 성격이 결정된다는 발상이 너무나 인간의 변화 능력을 과소평가한다고 생각했다(Freud, 1909; Freud & Strachey, 1962). 하지만 더 자세히 들여다보면, 변화에 대한 정신역동적 관점은 앞에서 언급되었던 안정성과 변화 사이의 긴장을 보여 주는 체계론적 관점과 비슷하다는 것을 알 수 있다. 발달이론들은 각각의 단계들이 그전 단계를 토대로 이어지는 것이고 과거가 영향을 주기는 하지만 현재의 문제들을 전적으로 결정짓는 요인이 아니라는 것을 강조한다. 나아가 발달이 연속적 변화와 불연속적 변화를 모두 가지고 있다고도 주장한다. 우리는 어느 한 발달 단계가 완성된 후에는 일정 시기 동안의 점진적 변화가 이어지고, 새로운 단계에 들어설 때마다 급격한 변화가 일어난다는 것을 알 수 있다.

발달적 관점은 많은 기술적(記述的) 정보를 갖는 경향이 있다. 만약 어떤 사람에 대해 한 가지 정보밖에 모르는 상태에서 그 사람의 경험 수준을 알고자 한다면, 다른 맥락적 변수에 상관없이 그 사람의 발달 단계만 알아도 많은 중요한 정보를 얻을 수 있을 것이다. 예를 들어, 누군가 나를 모르는 사람이 내가 중년기 여성이라는 것을 알게 된다면, 내가 삶에서 직면하고 있는 여러 이슈와 일에 대해 아마도 일정 정도 추측이 가능할 수도 있을 것이다. 인간 발달에 대한 체계론적 관점은 좀 더 넓은 범위의 맥락을 고려할 뿐만 아니라, 가족 생활 주기의 핵심적인 요소들에 주의를 기울인다. 이러한 접근은 부부를 핵심 단위로 생각하고, 두 사람이 결혼을 통해 한 가정을 이루고, 아이를 낳고, 양육하고, 빈 둥지 시기를 겪고, 손자 손녀들을 보고, 마지막으로 삶의 끝을 함께하는 발달 궤도를 따라간다(Carter & McGoldrick, 1988). 이러한 관점에서는 개인들의 생물학적·인지적·사회적 발달보다는 한 체계에 구성원이 추가되거나 빠지는 등의 문제에 좀 더 초점이 맞추어진다.

발달 단계를 함께 거치는 것은 특별한 결속 경험이 되기 때문에 우리의 많은 친구 관계는 발달 단계들을 거치며 조직되는 것을 볼 수 있다. 당신은 인생에서 새로운 발달 단계에 들어설 때 생긴 관계들을 쉽게 기억해 낼 수 있을 것이다. 나아가 현재 생활의 상당 부분은 발달 과제들을 중심으로 조직화되어 있다. 내가 다른 사람에게 내 딸이 대학교를 지원하고 있다고 얘기하면, 대개 그 사람은 그 시기에 있었던 자신의 기억과 신념들을 떠올리게 된다. 이러한 기억과 신념들은 보통 그 시기의 신체적·심리적 과제와 관련이 있다. 만약 자녀가 대학교에 지원하고 있는 친구들을 내가 만난다면, 우리는 십중팔구 대학교 지원 과정의 복잡성에 대해 언급하면서 곧 들이닥칠 일들에 대한 여러 생각과 감정을 쏟아 놓게 될 것이다. 사람들은 보통 자신의 발달 경험을 기준점으로 생각하기 때문에("내가 젊었을 때는 말이야, 이런 식으로 하지 않았어."), 발달적 문제를 생각하거나 언급하게 되면 세대 간 마찰을 일으킬 수 있다. 다른 사람이 자신과 같은 발달상의 문제를 겪고 있다는 것을 알게 되는 것은 대개 상당히 위안이 되는 일이고, 이러한 문제를 전 세대와 비교하는 것을 통해 교훈을 얻을 수도 있다. 하지만 발달에 대한 지나친 강조는 소외를 유발할 수도 있다. 예를 들어, 나는 희귀한 발달상의 문제를 가지고 있어서 신체 발달이나 노화 과정이 내 또래 친구들과 다소 다른데, 친구들이 공통적으로 호소하는 신체적 통증이나 불편함을 호소하면 이러한 발달 측면에서 나만 소외된 것 같은 느낌을 받기 때문이다.

일반화의 문제점

진정한 체계론적 관점은 개인과 체계 간의 순환적 상호작용을 중요하게 여긴다. 개인과 체계를 함께 보는 것은 내담자 개인의 상황을 고려하는 동시에 그들의 삶의 문제와 과제를 이해하고 정상화할 수 있는 가능성을 열어 준다. 좋은 예로 아이가 새로 생긴 가족을 들 수 있는데, 많은 연구가 이 단계에 있는 가족들이 겪는 어려움에 대해 보고했다(Gottman & Gottman, 2007). 몇 년 전 내가 처음 가족 생활 주기에 대해 한창 공부하고 있을 무렵, 한 부부를 상담하게 되었다. 15개월 된 아들을 키우는 이 부부는 아이가 태어나면서부터 서로의 사이가 멀어지는 것 같아 걱정된다고 했다. 나는 부부에게 아이가 태어나면서부터 부부 사이가 어떻게 변했는지에 대한 여러 질문을 했는데, 내 딴에는 상담을 아주 잘하고 있다고 생각했다. 나는 처음 아이를 키우는 초보 엄마 아빠가 대부분 만성 피로를 겪게 된다는 것, 그로 인해 배우자와 함께하는 시간이 줄어든다는 것 등의 일반적인 주제에 주목했다. 아내인 제시카는 신체적으로 매우 지친다고 말했고, 남편의 애정 표현이 귀찮아지는 것에 대해 죄책감이 든다고 말했다. 남편인 잭은 경제적 부담 때문에 불안이 커졌고, 아내가 아이에게만 집중하는 것 같아 질투심이 든다며 불만을 토로했다. 나는 이러한 문제들이 누구나 겪고 지나가는 과정이라며 그들의 스트레스와 갈등을 일반화시켰다.

상담이 끝난 후 그들은 관계 개선을 위해 상담을 계속 받으러 오겠다고 하였다. 그들이 상담실을 떠난 후 나는 복도를 지나가면서 그들이 엘리베이터 앞에서 나누는 대화를 우연히 듣게 되었다. 제시카는 "상담이 나쁘지는 않았지만 선생님이 우리 문제를 다 이해한 것 같진 않아. 솔직히 난 이게 도움이 될지 잘 모르겠어."라고 말했다. 그러자 잭은 "한 번만 더 와 보자. 더 나아지겠지."라고 대답하였다. 나는 남의 말을 엿듣는 것을 그다지 좋아하지 않지만, 이 상황에서 그들의 대화는 나에게 선물처럼 느껴졌다. 다음 상담 시간에는 그들의 생활 주기 문제에 대한 나의 이해에 더해 부부로서 그들 각자가 겪는 고유한 경험에 대해 관심이 좀 더 필요하다는 것을 깨달았던 것이다.

발달적 전이의 활용

단순히 발달 단계의 문제들을 설명하고 일반화하는 것이 내담자들에게 충분히 도움이 되지 못한다면, 생활 주기에 대한 지식을 어떻게 활용해야 할 것인가. 앞의 사례를 통해 나는 발달에 대한 보편적인 문제를 설명하는 데서 더 나아가 주기가 가지고 있는 특정한 과제들, 이러한 과제를 수행하기 위해 해야 할 개인 차원의 일상적인 일들, 그리고 체계가 모두 같이 그 과제들을 인정할 수 있게 도와주는 관례적인 일들에 대해 배우게 되었다. 이 사례에서 주어진 과제는 부부 관계가 향상되는 쪽으로 아이를 돌보고 양육하는 것이었다. 일반적으로, 새로운 발달 단계는 그 단계에서 필요한 과제를 성취할 수 있는 새로운 일상적인 일들을 필요로 하는데, 이 사례에서 부부는 이러한 일상적인 일들이 그들에게는 너무 힘들다고 하였다. 제시카는 하루 종일 혼자 에이든을 돌보는 것에 지쳐 있었고, 잭이 회사에서 너무 많은 시간을 보내는 것 같아 불만이었다. 잭은 자신이 집에 돌아오면 얼마나 피곤한지를 제시카가 이해해 줄 거라고 생각했지만, 제시카의 마음은 그게 아니라 퇴근 후에 에이든을 봐 줬으면 한다는 것에 놀랐다. 잭은 마지못해 에이든을 씻겨 주고, 제시카는 아이를 재우고 난 후 곧바로 잠이 들곤 했다. 잭은 늦게까지 혼자 영화를 보거나 인터넷을 하곤 했다.

잭과 제시카 부부는 추수감사절에 제시카네 친정집에서 있었던 싸움에 대해서도 이야기했다. 잭은 항상 그래 왔던 것처럼 제시카와 그녀의 친정엄마가 식사를 준비하는 동안, 제시카의 남동생들과 장인어른과 앞마당에서 풋볼 게임을 하고 있었다. 에이든은 부엌에서 계속해서 보채고 있었고, 제시카는 너무 힘들어 잭에게 도움을 청하러 마당으로 나갔다. 잭은 게임이 거의 다 끝나 갈 때쯤

되어서야 집 안으로 들어와 에이든을 데리고 나갔는데, 이미 제시카는 그런 잭에게 '뚜껑이 열려' 있는 상태였다. 제시카는 잭이 자신을 무시한 채 내버려 둔다고 생각했다. 그러나 잭은 자신이 처 갓집 식구들과 잘 어울리려고 노력하고, 에이든도 돌보려고 데리고 나온 자신의 노력은 생각하지 않는 아내에 대해 서운함을 느꼈다.

이들 두 경우 모두에서, 나는 그들 사이에 의사소통이 부족한 점과 걸음마를 배우는 아기를 돌보는 발달 과제는 더 많은 협의가 요구될 것이라는 점을 알아냈다. 그러나 생활 주기라는 렌즈를 통하여 이런 일상적인 일과 관례적인 일을 관찰하는 것은 부부의 문제에 대한 나의 이해를 더 깊게 만들어 주었고, 그로 인해 더 효과적인 의사소통 작업을 할 수 있게 되었다. 우리는 다 같이 잭과 제시카 원가족들의 일상적인 일들과 관례적인 일들을 알아보았고, 그 결과 그들의 세대 간 모델들이 그들의 무력감과 불만에 기여하고 있었다는 것을 알 수 있었다. 잭의 친부는 그가 4세 때 집을 나갔고, 가족들의 경제적인 면은 책임졌지만 다른 주에 살면서 잭과 잭의 형제들과의 만남은 최소한도로만 가졌다. 잭의 친모는 약간의 우울증이 있었고, 계속해서 일만 하는 엄마였지만 가족들에게는 매우 헌신적이었다고 설명했다. 제시카는 친부가 소극적이고 야망도 별로 없었지만 가족들에게 헌신적이었고, 반대로 친모는 매우 투지가 넘쳤는데 원하는 것들이 뜻대로 안 되어 결과적으로 늘 불만스러운 사람이었다고 하였다. 서로가 상대방에게 기대하는 일상적인 것들에 대해 이야기해 볼 때, 제시카는 잭이 야망이 많은 남자라는 것이 자랑스럽긴 했지만 왜 퇴근 후 에이든을 더 봐 주려고 하지 않는지 이해하지 못하겠다고 했다. 그러나 잭은 자신이 아들과 함께하는 시간이 자신이 어렸을 때 아버지와 함께한 시간보다 훨씬 많기에 제시카의 이러한 실망감을 이해하지 못했다. 잭은 자신의 친모와는 반대로 제시카가 에너지 넘치고 재주가 많은 여성이라고 생각했기에, 그녀가 기진맥진하는 것을 보는 것은 당황스러운 일이었다. 그는 제시카에게 도움과 즐거움을 주고 그런 자신을 그녀가 인정해 주길 바랐지만, 제시카는 그런 잭에게서 거리감을 느꼈고, 정서적으로 지지받지 못한다고 느낀 채로 불만이 증폭되었다.

우리는 이들이 부모가 되었을 때 그들도 모르는 사이에 각자의 원가족으로부터 기인한 가족과 관계에 대한 어떤 내적인 모델들을 가지고 있고, 무의식적으로 거리감이 있고 좌절감을 주는 부부관계를 형성하고 있었다는 것을 알 수 있다. 그리고 이러한 좌절감은 이들 모두에게 깊은 뿌리를 가지고 있는 어떤 익숙함이기도 했다. 각자의 가족 패턴들을 관찰하면서 우리는 그들이 서로에게 느꼈던 실망감을 알 수 있었을 뿐만 아니라 어떻게 하면 다른 종류의 관계를 만들 수 있는지 알아볼 수 있었다. 제시카는 잭이 야망있는 가장이자 아이 양육에 많이 관여해 주는 아빠이기를 원했다. 잭 또한 그러고 싶었지만, 이 두 가지를 어떻게 병행해야 할지 몰랐다. 잭은 제시카가 헌신적인 엄마이자 아내로서도 계속 매력적인 사람이었으면 좋겠다고 생각했지만, 제시카 또한 이 두 가지를 동시에 잘할 수 있는 방법을 알지 못했다. 제시카와 잭 모두 에이든의 출생이 두 사람으로 하여금 각자의 원가족 패턴을 반복하게 하는 출발점에 서도록 했지만, 동시에 원가족 부모들과는 다른 부부 관계를 만들 수 있는 기회를 준다는 것을 인식하게 되었다.

발달적 과제와 맥락을 토대로 우리는 서로가 함께 만족할 수 있는 새로운 개인 차원의 일상적인 일과 체계 차원의 관례적인 일을 찾아볼 수 있었다. 예를 들어, 잭은 일주일에 두 번은 일찍 퇴근하여 온 가족이 함께 저녁 식사를 하기로 했다. 늦게 퇴근하는 날에는 제시카가 운동을 하고 오는 동안에 에이든을 씻기고 재워 주기로 했다. 이렇게 함으로써 제시카는 좀 더 힘을 낼 수 있었고, 그로 인해 에이든이 잠든 후 부부는 함께하는 시간이 많이 늘었다. 이러한 변화들은 발달 단계에 성공적으로 적응하는(아이의 신체적 욕구를 해결해 주고, 아이와의 관계뿐만 아니라 부부 사이의 결속이 더 강해지는) 과정이기도 했고, 동시에 다음 세대(에이든과 향후 그의 가족이 될 것이다-역자 주)의 원가족으로서 이들 부부와 가족의 역동을 재정립하는 경험이기도 했다.

생활 주기 관점에는 우리가 가족들과의 경험을 통해 배운 무의식적 신념들과 기대가 존재한다는 것이 내포되어 있다. 또한 가족뿐만 아니라 다른 체계들에 이 관점을 적용할 때는 우리의 경험과 행동의 무의식적 결정 요인에 대해 더욱 깊이 파고든다. 당신은 체계이론을 무의식적인 역동과 힘에 연관 짓지 않을 수도 있다. 하지만 우리는 Bowen, Ackerman, Minuchin과 같은 초창기 체계이론 개척자들이 심도 있는 정신분석 수련을 받았다는 것을 보아 왔다(Nichols, 2010). 또한 우리는 반대로 현대 정신역동적 접근 방법이 체계이론에서 상당 부분 비롯되었다는 것도 논의한 바 있다. 이는 대표적으로 상호주관성 이론이 양자적(dyadic) 체계이론으로 기술된다는 것에서 볼 수 있다(Buirski, 2005).

초기 원형

우리가 일상생활에서 처리하는 정보의 상당 부분들이 대부분 무의식적으로 처리되고 있기 때문에 무의식의 존재를 의심하기는 어려울 것이다. 무의식에 대한 정신역동적 관점은 무의식이 단순히 우리가 바로 인식할 수 없는 지각들의 정점이라는 발상에서 조금 더 나아간다. 정신역동적 관점에서 무의식이란 말로 표현되지 않는, 깊숙이 내재되어 있는 자신과 타인에 대한 관점을 제공하는 우리 마음의 한 부분이다. 무의식은 인간관계를 맺고 이해하는 원형을 제공해 주는데, 이러한 원형은 선천적 요인뿐만 아니라 환경적 요인에 의해서도 형성된다. 무의식은 기억들이 주제와 문제들을 기준으로 정리된 경험의 저장소라고 생각할 수 있는데, 이 무의식의 작동 방식은 컴퓨터의 운영 체계에 비유할 수 있다. 이 비유는 상당히 유용한데, 컴퓨터 운영 체계는 사용자에게는 보이지 않지만 프로그램 작동에는 핵심적인 명령들로 구성되어 있기 때문이다. 이와 비슷하게 인간인 우리도 세상 안에서 기능하는 것을 결정하는 데 도움이 되는 무의식적 운영 명령 체계를 가지고 있다고 생각한다.

복구와 치유

무의식적인 마음이 경험을 걸러 내고 처리하는 구조화된 스키마를 가지고 있다는 것을 고려한다면, 무의식은 변화를 가져올 수 있을 뿐만 아니라 정반대로 변화에 저항할 수도 있는 강한 힘이라는 것을 알 수 있다. 대부분의 정신역동이론은 무의식이 관계적 경험을 통해 형성된다는 것에 동의한다. 그러나 상호작용을 통해 만들어지는 정신내적 구조의 질과 종류에 발달 단계가 얼마만큼 중요한지에 대해서는 입장 차이를 보인다. 하지만 발달에 대한 관점의 차이에 상관없이, 관계에 대한 무의식적 원형의 개념은 심리적 반복의 아이디어를 이해하는 데 도움이 된다. 매우 순환적인 방식으로, 우리의 무의식적 신념과 기대들은 우리가 추구하는 관계의 종류에 영향을 주는 것을 포함해 세상에서 우리의 행동 방식에 영향을 미친다. 이러한 현상을 좀 더 비관적으로 바라본 반복 강박의 개념은 인간 본성에 대한 시시포스적인 특성을 강조한다. 즉, 우리는 보통 유년기의 관계에서 겪었던 문제들을 고치기보다는 계속 반복하도록 프로그램되어 있다는 것이다. 특히 갈등이 무의식에 남아 있거나 충분히 성찰되지 않았을 때 더욱 그렇다. 이러한 현상을 좀 더 낙관주의적인 관점에서 보면, 인간의 무의식적 원형들은 우리로 하여금 해결되지 않은 갈등을 극복하고 고착된 유년의 관계 문제에서 벗어나 성장할 수 있는 도전을 반복적으로 시도하게 한다고 생각할 수도 있을 것이다. 전통적 정신역동 관점은 우리가 통찰을 얻거나 무의식을 의식화하게 되면 무의식적 갈등을 행동화할 이유가 사라진다고 주장한다. 이에 비해 체계론적 관점은 통찰의 중요성을 인정하긴 하지만 이것만으로 무의식에 대한 작업이 끝나는 게 아니라고 주장한다. 또한 무의식적 갈등의 해소가 관계를 새로운 방식으로 경험할 수 있게 해 주고, 이는 다시 관계 안에서 다른 방식으로 행동하도록 도와준다고 주장한다.

내 꿈 얘기로 돌아가 보면, 딸과 고등학교 남자친구와의 관계를 보면서 나의 무의식적 딜레마가 촉발된 것을 알 수 있다. 나는 이러한 문제가 내 자신과 딸의 개인적인 내면 문제뿐만 아니라, 가계 내에서의 심리적 대물림, 그리고 가족 전체를 관통하는 어떤 부분과도 관련되어 있다고 생각한다. 이 장 뒷부분에서 우리는 체계이론에 정신역동적 관점을 적용한 정신내적 방어의 상호 보완적 패턴에 대해 알아볼 것이다. 하지만 좀 더 개인적 접근을 통해 살펴본다면, 딸과 남자친구의 관계가 내가 개인화, 발달, 상실에 대해 느끼는 양가감정을 건드렸다고 볼 수 있다. 꿈에서 나는 내 삶을 위해 대학을 가는 것에 죄책감이 있었고, 내 남자친구가 새로운 상황에 잘 적응했다는 것을 알고 나서야 비로소 마음이 편해졌다. 나는 그립고 아련한 슬픔을 느끼며 꿈에서 깼지만, 그것이 고통스럽거나 혼란스러운 꿈은 아니었다. 내가 오랫동안 이러한 내 스스로의 문제와 주제들에 대해 깊이 있게 탐구해 왔기 때문에, 나는 이러한 갈등에 일정 정도 통찰이 생겼을 뿐만 아니라 이 통찰을 내가 여러 인간관계를 대하는 방식에도 적용해 올 수 있었다. 대학을 가기 위해 헤어질 때는 그러지 못했지만 한참이 지난 후 이 꿈속에서 나는 남자친구와 헤어지는 데 있어서 마음이 많이 불편하지 않았다. 좀 더 주체적인 존재가 되고, 기존 관계를 벗어나는 것에 대한 스스로의 내면적 갈등을 깊이 이해하게 되면서, 나는 그 관계 안에서 다르게 행동할 수 있었고, 그로 인해 관계가 변화되고 내가 나를 바라보는 시각이 바뀌었다. 여기에는 이러한 갈등을 해결할 수 있게 해 준 정신내적 및 대인 관계 작업의 순환적 과정이 있었다.

내면적이고 대인 관계적인 주제들의 순환적 본질에 대한 이 관점은 대상관계 이론가들의 주장과 일치하고, 이러한 많은 개념은 임상 현장에서 매우 유용하다(Scharff & Scharff, 1987). 특히 행동을 결정하는 무의식적 요인들을 깊게 알아보는 방식은 변화를 막는 장애물에 어떤 것이 있는지, 또 변화를 촉진시키려면 어떻게 해야 하는지에 대한 깊은 이해에 매우 유용하다고 생각한다. 상담 일을 막 시작했을 때 나는 몇 십 년 동안 갈등을 겪으면서도 같이 살고 있는 부부들을 보고 매우 놀랍다고 느꼈는데, 이는 행동주의적 관점으로 보았을 때는 도저히 설명하기 힘든 것이기 때문이었다. 부정적이고 고통스러운 결과를 제거하는 행위와 관련된 부적 강화의 정의와는 반대로 관계가 우리를 힘들게 한다는 걸 알면서도 왜 고통에서 벗어나려 하지 않는가? 하지만 이런 현상을 상호 의존이라 칭하든 적대적 의존이라 칭하든 간에, 관계 안에서 서로를 불행하게 하면서 계속 붙어 있는 부부들의 사례들은 연구 문헌들과 대중 문화에서 많이 볼 수 있다.

상호 보완적 패턴

투사적 동일시는 관계에 있어서 파괴적인 패턴의 유지와 반복을 이해하는 데 매우 유용한 개념이다. Melanie Klein(1946)은 이러한 현상을 매우 잘 설명하였고, Hannah Segal(1973)은 이러한 Klein의 작업을 매우 잘 해석했다고 생각한다. 학생들은 Klein 이론에서 '(엄마의) 좋은 젖가슴과 나쁜 젖가슴' 등과 같은 초기 발달 단계에 대한 신체적 해석의 강조 때문에 이 이론에 흥미를 잃는 경우가 많다. 하지만 Klein의 생생한 이론은 적어도 두 가지 근본적인 면에서 인간 본성에 대한 우리의 이해에 기여했다. 첫 번째, 아이를 키우는 사람이라면 누구나 아기들이 규칙적으로 먹고, 자고, 소화시키고, 깨어 있도록 도와주는 양육 과정이 매우 힘들다는 것을 안다. 이 장에서 볼 수 있듯이, 개인 및 집단의 발달 단계에 부응할 수 있는 관례적인 일, 반복, 인내의 필요성에 이론적인 초점을 둔 것은 역동이론들이 크게 기여한 부분이다.

Klein의 두 번째 큰 업적은 투사적 동일시에 대한 것이다. 투사적 동일시를 이해하기 위해서 우리는 잠시 Freud의 방어 기제를 먼저 알아보아야 한다. Freud와 다른 초기 정신분석 이론가들은 인간이 고통스럽고 힘든 정서 상태, 특히 불안에 대처하기 위해 방어 기제들을 발달시킨다고 주장했다. 정신분석에 대한 확실한 이해가 없어도 많은 사람은 투사라는 단어와 그것이 방어 기제로 쓰인다는 것 정도는 들어 보았을 것이라고 짐작한다. 우리는 고통스럽거나 부정적인 생각과 감정을 경험할 때 그러한 것들을 떨쳐 버리려 주변 환경에 그것을 투사한다. 투사적 동일시는 자신에게 없어서는 안 되지만 동시에 벗어나고 싶은 양가감정과 연관되는 부정적인 내적 경험으로부터 시작된다. 그러므로 단순히 부정적 경험을 다른 곳에 투사해 떨쳐 버리려고 하는 것이 아니라 자신이 거부한 자신의 한 부분을 투사하는 것이다. 그래서 이러한 양가감정으로 인해 고통스러운 감정은 다른 곳으로 투사되지만 동시에 자신의 가까운 곳에 있게 된다. 정신역동이론에 대해 설명했던 것과 비슷하게, 힘든 부분을 투사하고 다시 그 투사된 것과 자신을 동일시하는 것은 그 주제가 계속 반복될 것이라는 뜻이고, 이것은 결과적으로 그 감정을 극복하고 해결할 수 있는 기회를 제공해 주기도 한다. 투사적 동일시 과정에서 문제를 극복한다는 것은 상대방이 그 투사를 잘 받아 주고 소화시킨 후에(투사된 것에 대한 치료자의 재작업과 역할-역자 주) 환자가 이렇게 재작업되고 변화된 부분을 다시 자신의 일부로 다시 받아들이고 통합(즉, 동일시-역자 주)할 수 있도록 하는 과정을 의미한다.

이런 정신역동적 설명들이 추상적이고 어렵게 느껴질 수 있겠지만, 이러한 개념을 체계론적 렌즈를 통해 다시 생각해 보면 투사적 동일시가 무의식이라는 저 깊은 곳에서만이 아닌 현실 세계의 실제 관계에서도 일어난다는 것을 어렵지 않게 찾아볼 수 있다. 대부분의 정신역동적 체계이론가들은 투사적 동일시가 부부 사이에서 각자가 원치 않는 자신의 부분들을 상대방에게 투사하는 상호 보완적 패턴을 가지고 있다고 말한다(Catherall, 1992). 이렇게 서로 맞물려 돌아가는 역동의 패턴은 불행한 관계임에도 불구하고 변화하기 매우 어려운 상황을 유발한다. 동시에 그것은 체계론적 작업이 변화를 위한 강력한 치료 효과를 발휘할 수 있는 부분이기도 하다. 물론 개인치료에서도 투사적 동일시를 경험할 수 있는데, 역전이의 건설적인 활용에 대해 언급한 연구들에 따르면 먼저 환자로부터 발생된 투사적 동일시를 치료자가 잘 받아들여서 재작업하는 과정을 포괄한다. 일례로, Tansey와 Burke(1995)는 상당히 힘든 치료자 자신의 역전이 반응을 이용하여 환자가 자신을 더 잘 이해하고, 곧 치료적 관계를 좀 더 발달시킬 수 있는 치료 과정을 잘 기술하기도 하였다.

초기 경험의 재작업

　체계이론은 이러한 역전이 경험이 치료실뿐만 아니라 치료실 밖에서의 친밀한 관계를 형성하고 유지하는 데에도 큰 역할을 한다고 말한다. 폴과 린다의 사례가 머릿속에 바로 떠오른다. 그들이 나를 보러 왔을 때 그들은 22년 동안이나 불행한 결혼 생활을 하고 있었다. 그들은 부부치료를 두 번이나 받아 보았지만 "의사소통 기술을 배우는 것만으로는 해결되지 않아요."라고 자신 있게 말했다. 그들은 그 당시 17세 딸아이 케이트를 대학에 보낼지 말지를 결정하는 것에 큰 갈등을 겪고 있었다. 린다는 케이트가 대학 가기 전에 일 년 정도는 색다른 경험을 해 보아야 한다고 생각했다. 케이트는 성적도 저조했고, 대학 지원을 위해 큰 시간을 투자하지도 않았다. 린다는 폴이 케이트를 너무 편애하고 버릇없이 키웠다고 생각했고, 항상 그러했듯이 케이트에게 그저 돈만 쓰려 한다고 생각했다. 폴은 케이트의 문제가 케이트와 린다의 갈등에서 비롯된다고 생각하고, 케이트가 멀리 대학을 가서 엄마와 함께 살지 않으면 괜찮아질 것이라고 생각했다. 또한 폴은 린다가 등록금 비싼 학교에 다니고 있는 아들 코너를 편애한다고 생각했다. 폴은 코너의 교육에만 돈을 쓰는 것은 케이트에게 불공평하다고 생각했고, 린다가 불공평하고 편애적인 엄마라고 비난했다.

　자녀의 학비에 대한 갈등은 부부 사이에 흔히 있을 수 있는 일이지만, 나는 이 부부 사이에 무언가 더 큰 문제가 있을 것이라고 직감했다. 부부는 서로의 주장을 매우 경멸했고, 상대방에게 부정적 동기가 있다고 깊게 믿었다. 또한 서로에 대한 부정적 묘사는 매우 포괄적이며, 구체적이고, 장기화되었다. 린다는 폴이 제멋대로이고, 이기적이며, 귀가 너무 얇은 사람이라고 설명했다. 폴은 린다가 너무 냉정하고, 못되고, 경쟁적이라고 설명했다. 그들은 이러한 상대방의 기질들이 연애 초기에도 보였다고 말했다. 내가 아주 당연한 질문인 "그럼에도 두 분이 함께 사시는 이유는 어떤 게 있을까요?"를 물었을 때 두 사람 모두 아이들을 위해서라고 말했고, 다시 서로를 비난하는 태도로 급변했다. 린다는 계속해서 폴이 케이트를 대하는 방식을 비난했다. 폴의 스타일은 린다의 화를 계속 증폭시킨 후에, 그녀의 화내는 성격에 대해 지적하는 것이었다.

그들의 치료자로서 나는 폴과 린다 사이의 파괴적인 상호작용을 중지시켜야 한다는 것을 알고 있었지만, 왜 그들이 전에 받았던 부부치료에서 배운 의사소통 기술이 도움이 안 됐다고 말했는지 이해할 수 있었다. 폴과 린다는 협조적인 의사결정을 잘 내리지 못했을 뿐 아니라, 그 과정에 무의식적으로 저항하는 듯했다. 나는 린다를 더 자세히 알아 가면서 그녀가 유년 시절 부모와의 관계 등 대부분의 관계에 있어서 그녀가 중요하지 않고 하찮게 여겨지는 느낌을 얼마나 많이 받아 왔는지를 이해하기 시작했다. 그녀는 표면적으로는 뭐든지 할 수 있는 강하고 밝고 매력 있는 성공한 여자였다. 린다는 폴의 소극성을 매우 경멸했는데, 막상 그를 비난한 후에는 그녀가 그에게 준 상처에 대해 너무 가슴 아파하곤 했다. 나는 그녀가 자신이 겪었던 무기력, 취약함, 위축됨 등을 폴에게 투사하고 있다는 것을 깨닫기 시작했다. 갈등이 있을 때 그녀는 지배적이고 거부적인 자신의 엄마로 인해 느낀 결핍감과 무기력감을 상대방이 똑같이 느끼도록 행동하고 있었다. 동시에 폴의 배경은 폴이 이러한 투사를 수용하고 반응하게 만드는 무대를 만드는 데 일조하였다. 그는 표면적으로 친근하고, 여유 있고, 융통성 있고, 합리적이고, 자상한 사람이었다. 그러나 부부가 상호작용을 할 때 폴은 그가 느꼈던 분노, 좌절감, 분개를 린다에게 투사하고 있는 것 같았다. 이러한 경험이 실제로는 자신이 거부하고 있는 자신의 일부분이었다는 것을 인정하는 순간부터 우리는 감정적으로 충만한 진정한 공감을 경험할 수 있고, 그 패턴이 바뀔 수 있도록 투사를 재작업하는 데 전념할 수 있다.

그렇다면 폴과 린다는 이러한 투사를 어떻게 재작업하였을까? 이러한 정신내적 작업은 매우 많은 시간이 걸리고 또 정말 어렵다. 특히 서로에 대한 불만을 너무 오래 가지고 있었다면 좋은 예후를 기대하기 어렵다. 하지만 정신내적인 접근 방법은 어려운 임상 상황들에서도 공감적 연결을 형성할 수 있도록 도와주고, 이러한 현실적 공감 과정을 통해 변화를 가능하게 할 수 있다. 폴과 린다의 사례에서는 오랜 과정 끝에 불만을 연민으로 바꾸면서 서서히 관계가 개선됐다. 그들 사이에 재작업해야 할 문제들이 너무나 깊게 얽혀 있었지만, 한 사람이 자신의 투사를 인정할 때마다 상대방도 진전을 보였다. 즉, 린다의 분노와 실망감 등이 그녀 입장에서는 충분히 그렇게 느낄 수 있는 감정들이라는 것에 대해서 함께 작업하고, 이러한 감정들을 좀 더 건설적으로 표현하도록 하는 과정에서 폴은 서서히 케이트를 향한 자신의 불만과 화를 인정하고 수용하기 시작했다. 마찬가지로, 린다는 폴이 모든 걸 다 받아주거나 지나치게 희생하지 않으면서도 케이트를 지지하려고 노력하는 모습을 보면서, 케이트와 더 가까워지고 싶지만 동시에 그 마음을 느끼고 실행하는 게 쉽지 않고 나아가 무기력감까지 느낀 다는 것을 털어놓기 시작했다.

이 부부 상담에서는 정서중심 치료에서처럼 두 사람 사이의 정 서 작업에 많은 시간을 할애했지만 초기 경험에도 초점을 맞추었 다. 폴은 자신의 어머니가 아버지를 비난하는 것을 엿들은 적이 몇 번 있다고 기억하였다. 그는 아버지가 자신의 주장을 좀 더 많 이 펼치지 못하는 것에 화가 났다. 아버지는 항상 조용히 넘어갔 고, 폴이 어머니와 다투게 되었을 때에야 처음이자 마지막으로 자 신의 주장을 펼쳤다. 아버지는 폴이 어머니에게 무례하게 목소리 를 높였다고 혼을 냈다. 처음에 린다는 폴의 원가족에 대한 이야 기를 그와의 언쟁에서 무기가 될 수 있는 정보로만 보았다. 즉, 그 녀는 그가 자신의 원가족 문제를 제대로 알아보려 한 적이 없었다 고 비난했다. 하지만 분노와 심리적 취약성에 대한 작업을 현재 그들이 가정에서 겪고 있는 문제와 연결해 보고 이러한 주제들이 두 사람 모두와 어떻게 연관되어 있는지 알아보면서, 린다는 자신 에게 연민을 가지기 시작했고, 이는 폴에 대해 더 공감할 수 있는 경험으로 이어졌다.

짐작하겠지만, 린다의 어릴 적 경험의 탐구도 폴의 경우와 비 슷하게 진행되었다. 린다는 독감에 걸린 상태에서도 우울증이 있 는 엄마와 부재중이었던 아빠를 대신해 동생을 돌봐야 했던 고통 스러운 경험을 기억해 냈다. 그녀는 어리고 아팠기 때문에 동생을 어떻게 돌봐야 할지 몰랐다. 처음에 폴은 "린다는 그 이후로 너무 나 강해져서 이젠 아플 일이 없어요."라고 농담하며 린다의 두려움을 아무렇지 않게 여겼다. 하지만 린다의 압도된 감정에 집중하게 되면서 폴은 자신의 두려움을 수용하고, 그 결과 린다를 좀 더 긍정적으로 볼 수 있게 되었다. 린다는 케이트가 매우 미성숙하다고 비판하고, 아이는 아이 스스로 알아서 빨리 독립할 수 있어야 한다는 생각이 모두 자신의 가족사에서 비롯되었다는 것을 이해했다. 린다는 딸 케이트가 자신을 챙길 수 있는 능력을 갖추었는지에 의심을 갖고 두려워한다는 것을 인정했고, 이러한 두려움을 딸의 문제가 아닌 자신의 문제로 수용할수록 폴 또한 자기 고집을 다소 접을 수 있었다. 이렇게 자기수용이 다른 사람을 수용할 수 있는 능력을 키우게 되는 순환적 패턴이 만들어지기 시작했다. 진행은 다소 느리고 힘들었지만, 그들의 관계를 위해 폴과 린다가 한 작업은 그들 개별적으로나 가족 모두에게나 큰 도움이 되었다. 자기 스스로에게 좀 더 편안해짐으로써 둘의 의사소통 능력도 향상되고, 이전 치료에서 배웠던 소통 방법 또한 더 잘 활용할 수 있게 되었다. 그들 관계의 과제는 서로의 투사를 무의식적으로 참고 버티는 것이 아니라 함께 작업하고 즐기는 것으로 변화했다.

폴과 린다의 사례는 정신역동이론의 적용이 상당히 극적이고 효과적으로 이용된 경우였지만, 그럼에도 불구하고 다소 정신병리적인 이해가 필요할 때로 제한된다는 점에서 한계가 있다. 하지만 체계론적 정신역동이론은 무의식의 중요성을 이해하는 것뿐만 아니라 개인과 가정의 발달의 연관성을 강조한다. 인간 체계에 있어서 발달에 미치는 생물학적 영향과 사회적 영향을 분리시키는 것은 거의 불가능하다. 물론 체계이론은 한 현상을 하나 이상의 시각을 통해 보는 방법을 제공해 준다. 다음 장에서 우리는 가족과 개인의 발달 패턴에 주어진 보편성의 문제들에 대해 알아볼 것이다.

체계이론은 발달 과정에 있어 가족 생활 주기와 정신역동적 관점을 결합시킨 다세대적 접근을 활용한다. 생활 주기 관점은 신체적·정신적 발달 과제의 중요성을 강조하고, 이 과정에서 방향을 잡기 위해 체계들이 택하는 일상적인 일과 관례적인 일들을 관찰한다. 정신역동적 관점은 정서적 상호작용에 의해 발달되고 변형된 무의식적인 관계적 원형을 강조한다. 해결되지 못한 갈등과 욕구들은 다음에 형성될 관계에서 상보적인 방식으로 반복되기 쉽다. 이러한 반복 경험은 문제들이 왜 세대를 이어 가며 지속되는지에 대한 설명 틀의 하나가 되는 동시에, 문제를 정신내적 및 대인 관계적으로 들여다볼 수 있는 기회를 제공한다.

제 8 장

사회적/문화적 내러티브

생각하는 대로 이루어진다
문제를 있는 그대로 보는 것
답은 내담자가 가지고 있다
기존의 내러티브 새로 쓰기
성별 내러티브 변화시키기

우리 부부가 결혼한 지 6년째 되던 해, 남편과 나의 관계에 있어 전환점이 된 싸움이 있었다. 밤에 잠자리로 가려고 하는데, 남편이 "저기 저 양말 한 짝, 빨래 바구니에 언제쯤 넣을 거야?"라고 묻는 것이었다. 나는 "무슨 양말?"이라고 정말 궁금해서 되물었다. 그때까지 우리는 나의 서툴고 부족한 가사 능력과 남편의 비난 섞인 태도 때문에 많이 싸웠다. 알고 보니, 남편은 내 서툰 가사 능력에 화가 나서 내가 자는 침대 쪽에 양말을 가져다 놓고 언제까지 안 치우는지 지켜보기로 한 것이었다. 내 대답에서 짐작할 수 있겠지만, 나는 그 양말을 3일 동안이나 보지 못했다. 이전과는 달리 이 날은 싸우지 않고 대화를 하면서, 한편으론 사소한 것에 집착한다고 생각했지만, 남편이 상당히 많은 스트레스를 받고 있었음은 분명해 보였다. 남편이 양말을 일부러 가져다 놓고, 어떻게 하면 내가 그것을 보게 만들까 하고 계속 생각하고 있었다는 것은 그가 분명 내가 생각했던 것보다 더 힘든 시간을 보내고 있었음에 틀림없다는 것이다. 한편, 남편은 내 반응을 보고 내가 그저 양말을 바구니에 넣는 것이 귀찮아서라거나 일부러 그러는 게 아니라는 것을 알게 되었다. 그는 내가 정말로 양말을 못 보고 지나쳤다는 것을 깨달았고, 이것은 그가 미처 한 번도 생각지 못했던 것이었다.

우리 부부는 이 책 앞부분에 나왔던 행동 전략들을 활용하여 문제를 해결할 수 있었다. 나는 하루에 한 번이라도 꼭 방을 둘러보고 치워야 할 것들이 있나 주의 깊게 살펴보기로 약속했다. 남편은 나에 대한 불만들을 좀 더 인내심 있고 차분한 태도로 말하기로 약속했다. 예전에도 우리는 이러한 협조적 의사소통을 시도해 보려고 한 적이 있지만 무슨 이유에서인지 이번에는 그때와 좀 달랐다. 우리는 서로에게 좀 더 공감을 가지고 접근할 수 있었다. 지금 돌이켜 보면 그때 그러한 공감을 가능케 한 무언가가 생겨났던 같다. 즉, 우리는 그 문제를 기술하는 새로운 내러티브를 함께 만들어 냈던 것인데, 그로 인해 우리 각자는 해당 문제를 규정하는 방식에 변화를 가져올 수 있었던 것이다. 우리는 우리의 환경에서 어떤 문제나 세부 사항들을 지각하고 경험하는 방법이 서로 근본적으로 다르다는 것을 알기 시작했고, 남편의 경우 편안하게 느끼기 위해서는 질서정연함이나 깔끔한 정리정돈, 청결, 조용함 등이 필요하다는 것을 깨달았다. 남편 또한 내가 어수선함과 정리정돈이 안 된 상태에 매우 둔감해, 아무리 시끄럽거나 어수선한 환경에서도 기쁨과 안정감을 느낄 수 있다는 것을 깨닫기 시작했다. 우리는 각자의 이런 면들이 생물학적으로 타고난 것이므로 서로를 변화시키려 하기보다는 좀 더 효과적인 방법으로 풀어 나가는 것이 낫다고 생각했다.

정리정돈에 대한 서로의 문제를 이해함에 있어 이러한 생물학적 · 생리학적 해석이 상대방을 더 잘 수용할 수 있도록 해 주었지만, 이러한 해석이 실제로도 맞는 걸까? 나는 음악을 크게 틀어 놓고도 집중할 수 있지만, 남편은 조용해야 일을 할 수 있다. 그리고 그의 정리정돈된 방과 그렇지 않은 내 방을 본다면, 이 해석에 대한 증거들은 충분하다고 본다. 물론 우리는 사귀기 시작할 때부터 서로의 다른 점을 알고 있긴 했지만, 싸움이 있은 후 이 차이에 대한 이야기를 좀 더 쉽게 수용할 수 있는 방식으로 수정하게 되었다. 우리의 차이점을 의식적인 통제로는 어떻게 할 수 없는 것으로 설명 틀을 바꿈으로써, 이 차이점은 불만이 아닌 웃으면서 함께 노력할 수 있는 것이 되었다. 물론 우리 부부간의 그러한 차이가 정말로 각자 타고난 것에 기인한 건지에 대한 명확한 근거는 가지고 있지 않다. 그러나 근거가 없다는 것이 서로를 인식하는 방식에 변화를 가져오는 데에 방해가 될 순 없었다. 대신, 우리는 상대방의 행동을 이해하는 방식에 대한 다른 내러티브를 만들었고, 그 결과 상대의 행동을 다른 방식으로 경험하게 되었던 것이다.

생각하는 대로 이루어진다

자신에게 무엇을 이야기하느냐에 따라 우리의 경험이 달라진다는 말이 있다. Shakespeare는 1599년 『햄릿(Hamlet)』을 썼고, "세상에 좋거나 나쁜 것은 없다. 생각이 그렇게 만드는 것뿐이다."라고 말했다(1992, p. 9). Peale이 쓴 『긍정의 힘(Power of positive thinking)』(1954)에서도 볼 수 있듯이, 인간의 의식은 계속되는 자기대화에 의해 형성되고, 이것은 행동을 변화시키는 힘을 가지고 있다. 지난 몇 십 년 동안 사회과학은 포스트모더니즘 철학에 영향을 받아 언어가 어떻게 현실을 형성하는지에 대해 좀 더 포괄적으로 관찰해 왔다(Gergen, 2011, 2009). 이러한 탐구는 사실 합리성, 객관성, 개별적 지식 체계에 대한 모더니스트들의 발상에 도전을 제기하고, 사회적으로 구성된 의미가 어떻게 객관적 현실로 받아들여지게 되는지를 탐구한다. 사회적 구성에 대한 간단한 예로,

나는 보통 학생들에게 20달러짜리 지폐를 들어 보이고 그것이 무엇인지 물어본다. 사실상 종잇조각에 불과하지만 사회적으로 우리는 이 종이에 특정한 가치를 두기로 동의했다. 20달러짜리 지폐의 의미에 대한 동의는 우리의 일상생활에서 여러 영향력을 갖게 된다. 또한 이 지폐가 우리 사회에서 고정적으로 예측 가능한 가치를 지니고 있긴 하지만, 실제적인 가치는 그 지폐를 가지고 있는 사람의 상황에 따라 달라지게 마련이다. 마찬가지로, 학생들에게 내가 하얀색 드레스를 입고 있는 여자 인형과 턱시도를 입고 있는 남자 인형을 보여 주면, 이것은 결혼과 관련된 사회적 상징 이미지이기 때문에 그들이 결혼한 부부를 의미하는 인형이라는 것을 바로 알 수 있다. 다시 한 번, 우리는 어떻게 사회적 의미가 현실이 되고, 다시 이러한 현실이 사회적 기준에 어떻게 영향을 미치는지 볼 수 있다. 이러한 결혼에 대한 상징적 이미지가 두 남자가 결혼하는 것을 이상한 일로 만드는 것일까? 턱시도를 입을 수 없는 형편이라면, 결혼의 의미가 변하는 것일까? 웨딩드레스의 색을 다른 색으로 고르면 의미가 달라지는 것일까? 이와 같은 여러 질문을 던져 볼 수 있을 것이다.

현실의 궁극적인 본질에 대한 당신의 관점이 어떠하든, 당신은 우리의 내러티브가 우리의 경험에 영향을 준다는 것에 대해 동의할 것이다. 이를 인정한다면, 내러티브의 변화가 경험 자체를 변화시킨다는 것도 자연스레 말이 될 것이다. 여기에서 우리는 체계이론 내에서 변화를 촉진시키기 위해 내러티브를 활용하는 최근의 경향에 대해 좀 더 주목할 필요가 있다고 생각된다. 내러티브 치료와 해결중심 치료가 사용하는 기술이나 방법은 다르지만

(Nichols, 2010), 이 두 치료 모두 언어가 우리의 경험을 형성한다는 것을 강조하고 있다.

내러티브 치료는 1970년대와 1980년대에 Michael White와 David Epston에 의해 개발되었는데, 이 치료는 사회적 구성주의에 영향을 받았다(White & Epston, 1990; White, 1995). 보통 포스트 모더니스트라고 불리는 이러한 관점은 진리가 객관적으로 존재한다기보다 사회적 담론을 통한 합의에 따라 형성된다고 본다. 특정한 가치, 신념, 내러티브들은 그것들이 우세한 문화권에서는 주도적인 역할을 갖게 되고, 반대로 무시되거나 하찮게 생각되는 가치나 신념, 내러티브들은 배제된다. White와 Epston은 개인은 자신의 사회적 네트워크에 의해 영향을 받으면서 각자에게 고유한 주된 내러티브를 형성하고, 결국은 이러한 주된 내러티브들이 문제와 고통을 지속시키는 요소가 된다고 했다. 다양한 이유로 인해 우리는 삶의 부정적인 부분을 강조하는 문제 중심의 내러티브들을 형성하기 쉽다. 또한 어떤 사회적 또는 문화적 내러티브들은 자기비난이나 무기력함을 개인의 지배적 이야기에 포함시키게 될 가능성을 높이기도 한다.

문제를 있는 그대로 보기

내러티브 치료 중 가장 중요한 기법은 문제들로만 가득 차 있는 이야기를 재작업하는 외재화(externalization)이다. White와 Epston은 "사람이 문제가 아니다. 문제가 문제다."라는 단순명료하고 우아한 슬로건을 내걸고 문제에 대한 정의의 중요성을 강조했다. 그들은 치료를 찾는 사람들은 대부분 그 사람 자신이 무기력하고, 결함이 있으며 문제라고 느끼게 하는 그들만의 신념 체계와 세계관을 가지고 있다고 하였다. 이러한 틀에서는 변화의 가능성 여부보다는 그 사람한테 무슨 문제가 있는지에만 초점을 맞출 수밖에 없다. White는 다양한 종류의 질문들을 통하여 내담자들이 문제를 그들 자신으로부터 분리해서 바라볼 수 있도록 하였고, 그들의 문제와 다른 식의 관계를 맺도록 도왔다. 예를 들어, 제니는 통제하기 힘든 폭식 증상으로 치료자를 찾아왔다. 그녀는 자신의 이러한 행동을 몹시 혐오했고, 자신이 왜 이러는지 모르겠다며 자신이 변했으면 좋겠다고 말했다. 우리는 제니의 경험을 같이 논의하면서, 제니 자체가 문제가 아니라 폭식이 문제라는 것을 이야기했다. 가끔씩 White는 내담자들로 하여금 자신이 겪고 있는 문제에 이름을 붙이도록 하고, 최대한 생생하고 구체적으로 표면화시키도록 하였다. 나는 문제를 표면화시키는 White의 방식이 아니더라도, 문제를 사람과 분리시킬 수 있는 종류의 질문은 항상 유용하다는 것을 깨달았다. "어떤 때에 폭식 증상에 지고 마나요?" 또는 "폭식이 당신을 정말 후회할 만한 일들을 하게 만드는 것처럼 느껴질 때가 있나요?"라는 식의 질문은 내담자들에게 죄책감을 덜 느끼게 하고 그들의 문제에 대한 치료자의 호기심을 표현할 수 있다.

내러티브 치료의 두 번째 중요한 기법은 문제 이야기에 예외를 두는 것이다. White와 Epston은 사람들이 부정적이고 문제로 가득 찬 내러티브에 매달릴 수 있다고 언급했다. 인지이론의 선택적 주의와 비슷하게, 예외를 찾는다는 개념은 내담자들이 선택적으로 부정적 이야기, 문제로 가득 찬 이야기에 주의를 기울이고, 이러한 내러티브에 모순이 되는 요소는 무시한다고 전제한다. 예외 질문들을 가지고, 치료자들은 내담자들이 이야기의 다른 면을 볼 수 있도록 해당 문제가 별 의미가 없었던 때와 상황에 주목시킨다. 이러한 긍정적인 강조는 변화를 시작할 수 있는 환경을 만들어 주고 변화의 발판을 마련해 준다. 만약 내가 폭식 때문에 힘들어하는 내담자와 작업을 한다면, 나는 "이번 주에 당신이 폭식을 이겨 냈던 경우들을 말해 볼 수 있나요?" 또는 "폭식 때문에 힘들지 않았던 순간들이 언제였나요?"와 같이 물어볼 수 있을 것이다. 이러한 질문에 내포된 호기심은 내러티브를 변화시킬 수 있는 발판을 마련해 주고, 문제 상황뿐만 아니라 긍정적인 순간들에도 집중할 수 있도록 도와준다.

제니의 사례에서 외재화 질문들과 예외 질문들은 그녀가 자신과 자신의 문제와의 관계에 대해 이해할 수 있고, 문제를 성공적으로 조절할 수 있었던 순간들을 인지할 수 있게 도와주었다. 그리하여 그녀는 전에는 인지하지 못했던 패턴들을 발견하게 되었는데, 예를 들면 일이 끝난 후 사람들과 친목 모임을 가질 때에는 폭식을 잘 하지 않았다거나 폭식의 상당 부분이 퇴근 후의 외로움과 연관된다는 것 등이었다. 하지만 외로움에 대한 이러한 새로운 인식이 내러티브 치료가 제공한 변화의 전부가 아니었다. 좀 더 전체적인 관점에서, 그녀는 "나는 폭식증 환자야."라는 말을 "나는 외로울 때 음식을 과하게 먹는 사람이고, 나 자신을 위해 다른 방법을 찾아야 해."라고 말하는 것으로 바꾸면서 행동과 자아의식을 바꿀 수 있었다.

이러한 개념들을 학생들에게 설명하면 그들은 질문들이 너무 정형화되었다고 느끼고, 내러티브를 바꾸는 것만으로 문제를 실제로 해결할 수 있다는 것에 의문을 품곤 한다. 보통은 문제들이 그리 간단한 것은 아니지만, 사람 자체를 문제로 보는 것에서 문제 자체를 더 깊게 인지하고 이해하고 자신으로부터 분리시키는 것으로의 변화는 일반적으로 중요한 치료적 전환을 만든다. 제니의 폭식 문제든 나의 부족한 가사 능력과 같은 문제든 간에, 내러티브적 접근은 내담자가 문제 행동을 현실적이고 새로운 방식으로 다룰 수 있도록 만들어 준다. 문제는 불편하고 해결해야만 하는 것으로 인정되는 동시에("가사 능력 부족이 주로 어떤 때에 결혼 생활에 문제를 일으키나요?"), 관리될 수 있고 직접적으로 접근할 수 있는 것으로 생각된다("집안일을 잘한 때가 언제였나요?"). 즉, 인간은 문제를 짚어 볼 수 있고 또 어느 정도 성공적으로 관리할 수 있다는 것이 내러티브적 접근의 근본적인 견해로, 많은 내담자에게 있어 치료적 변화를 가져오는 요소가 된다.

답은 내담자가 가지고 있다

이와 비슷한 맥락으로, Steve de Shazer와 Insoo Kim Berg는 1980년대 해결중심 치료를 개발했다(de Shazer, 1994). 이론의 핵심은 조금씩 다르지만, 언어와 사회구성주의 철학을 이용하여 변화를 추구한다는 생각은 동일하다. de Shazer와 Berg는 Milton Erickson과 Jay Haley의 작업을 기반으로 치료 기법을 개발하였고

(Erickson & Haley, 1985), 변화에 대한 폭넓고 신중한 관점을 만들기 위해 전략적 치료자들의 작업을 응용했다. 그들은 정신건강 분야가 변화를 강화시킬 수 있는 방법에 집중하기보다 정신병리적인 측면과 정신질환을 일으키는 원인에 지나치게 집중한다고 생각했다. de Shazer는 바람 빠진 타이어를 교체하는 방법을 알기 위해 바람이 왜 빠졌는지 알아야 할 필요는 없다는 유명한 말을 남겼다. 물론 진정한 체계이론가들은 타이어 교체 방법과 바람이 빠진 이유 모두를 아는 것 모두 중요하다고 주장할 것이다. 또한 임상가로서 나는 문제가 계속해서 반복되는 경향이 있는 경우에는 특히 문제와 해결 방법 모두 아는 것이 중요하다고 생각한다. 하지만 해결중심 치료자들은 심리학자들이 해결 방법보다는 부정적인 문제에 너무 치우쳐 있다는 점과 문제에 대해 아는 것에 비해 해결책에 관한 지식은 훨씬 적다는 것을 강조하면서 현대 심리학의 선구자가 되었다. 이렇게 강점, 회복력, 변화에 대한 인간의 내재된 능력의 강조는 최근의 긍정심리학 운동에서 매우 인기 있는 주제들이다(Seligman, 2002). 긍정심리학 운동이 시작되기 이전부터도, 해결중심 치료자들은 인간에게는 발전할 수 있는 능력이 내재되어 있고, 치료자들은 이런 변화에 대한 잠재력을 극대화시키도록 도와주어야 한다는 관점을 가지고 작업했다.

해결중심 치료는 몇 가지 특정한 질문으로 유명한데, 그중 아마 가장 유명한 것은 기적 질문일 것이다. 보통 기적 질문은 치료의 목적을 알아보고 변화를 시작하기 위해 첫 상담 시간에 이용된다. 기적 질문의 예를 함께 보도록 하자. "오늘 밤 당신이 자고 있는 동안 기적이 일어나 오늘 이 치료실에 당신을 오게 만든 문제가 갑자기 사라졌다고 상상해 보세요. 하지만 당신은 자고 있었기 때문에 이러한 기적이 일어났는지 알지 못해요. 무언가 변했다는 것을 알려 줄 만한 첫 번째 단서가 뭘까요?" 이렇게 질문을 한 후 치료자는 내담자가 자신의 문제가 진정으로 해결되었다는 것을 알 수 있는 모든 단서를 함께 탐색해 본다. 다수의 가족 구성원이 포함되어 있다면, 각자에게 이 기적 질문을 답해 보게 하고, 다른 사람의 대답에 귀 기울여 보게 한다. 하지만 이 방법은 개인치료에도 똑같이 유용할 수 있으며, 개인치료의 경우에도 치료자가 내담자를 더 잘 이해하고 변화를 가져올 수 있는 계기를 위해 질문을 잘 활용할 수 있는 능력을 요한다. 제니는 처음에 기적 질문에 대한 반응으로 보통의 내담자들과 비슷하게 극적이고 동화 같은 해결을 이야기했다. 그녀는 "나는 자고 일어나니 살이 20파운드가 빠져 있고, 완벽한 몸매를 가지게 되었어요."라고 이야기를 시작했다. 우리는 그녀의 완벽한 몸매가 어떠한 식으로 완벽한 삶을 가져올지 함께 생각해 보았지만 답은 나오지 않았다. 내가 그녀에게 완벽한 몸매가 그녀에게 무엇을 줄 수 있을지 묻자, 제니는 곧바로 그녀가 가지고 있던 심리적 질문으로 돌아갔다. 그녀는 자신을 있는 그대로 받아들이고 싶고, 자신을 힘들게 하는 방식으로 뭔가를 성취하려는 강박에서 벗어나고 싶다고 했다.

이 기적 질문에 대해 제니가 정말로 어떤 일이 일어났으면 좋겠는지에 대한 답을 찾는 것을 어려워했기 때문에 반대로 무슨 일이 일어나지 않을지 이야기해 보기로 했다. 그녀는 "나는 일어나서 내가 그 전날 무엇을 먹었는지 걱정하지 않고, 오늘은 어떻게 굶을지 걱정하지 않을 거예요."라고 말했다. 이러한 대답은 그녀가 자기 탓을 하는 악순환 안에 갇혀 있다는 것을 알려 주는 데 유용하지만, 해결중심 치료는 단순히 부정적이고 체벌적인 자기 탓을 확인하는 데 그치지 않는다. 나의 과제는 제니 자신이 그녀의 문제가 해결됐다고 느낄 수 있으려면 잠에서 깬 후 무엇을 하고 있어야 할지를 묻는 것이었다. 우리가 그녀의 바람을 더 깊게 이야기해 보면서, 그녀는 자신에게 진정으로 의미 있는 것들, 예를 들어 아름다운 아침을 즐긴다든가, 직장에서 무엇을 성취하고 싶은지에 대한 생각 등에 시간을 더 투자하고 싶어 한다든가 하는 것들에 대해 말할 수 있게 되었다. 제니로부터 자신이 아침에 일어났을 때 문제가 해결되어 있으면 어떨지에 대한 상상 이야기를 듣는 내내 가슴이 찡했다. 그녀는 자신이 쓰는 샴푸 향이 얼마나 좋은지 알 수 있을 것이고, 다이어트에 대해 생각하기보다는 라디오를 듣고, 출근길에 직장에서 해야 할 일들을 메모할 것이다. 비록 작은 것들이었지만, 그것들이 모여 변화가 어떤 모습일지 더 뚜렷하게 만들고, 실제로 그 변화를 가능하게 만들었다.

표면적으로만 본다면 기적 질문은 그저 순진하게 긍정적인 태도를 강권하고, 내담자로 하여금 고통으로부터 도피하기 위해 인위적인 해피엔딩을 강요하는 것처럼 보일 수 있다. 하지만 이 질문을 효과적으로 사용한다면 말이 달라진다. 해결중심 치료의 한 전제는, 내담자들은 자신들이 원하는 해결에 대한 암묵적이고 무의식적인 지식을 가지고 치료에 오기 때문에 치료의 핵심은 이러한 내재된 지식을 밖으로 끌어내는 데 있다는 것이다. 내담자에게 '문제가 해결되었다는 것을 어떻게 알 수 있을까?'라는 질문을 통해 문제들이 단지 해결되어 사라졌다는 것에 초점을 두도록 하는 것이 아니라, 직접적으로 원하는 결과를 살펴보는 쪽으로 초점을 맞추도록 할 수 있게 된다. 내 경험상, 문제에 대한 언어를 원하는 해결에 대한 언어로 바꾸는 것은 어렵기도 하지만 매우 치료적이기도 하다. de Shazer의 자동차 타이어 비유처럼, 문제를 기술하는 것과 해결 방법을 기술하는 것은 서로 별개의 과업이다.

또 하나의 유명한 해결중심 기법은 점진적 변화의 과정을 시작하기 위해 문제의 심각도를 측정하는 것이다. 문제의 심각도를 평정하는 질문의 목적은 내담자로 하여금 해당 문제의 심각성 정도를 평가하게 하고, 문제 상황을 좀 더 나아지게 할 수 있는 구체적인 방법을 확인하도록 하는 데 있다. 다시 한 번, 우리는 제니에게 이렇게 물어볼 수 있다. "10점 만점 중에 10은 식습관에 전혀 문제가 없는 상태이고, 1은 전혀 조절할 수 없는 극도로 힘든 상태라면, 이번 주 폭식에는 몇 점을 주겠어요?" 보통 내담자가 어떤 점수를 얘기하더라도 치료자는 그것을 긍정적으로 재구성해 주어야 한다. "2.5면 나쁘지 않네요!" 그리고 어떤 점수가 됐든 그다음 질문은 항상 같다. "이번 주에 점수를 0.5점(아니면 다른 작은 점수) 더 끌어올리려면 어떻게 해야 할까요?" 치료자는 이 두 질문을 가지고 해결중심 전제(체계가 변화에 저항적이라는 면에서 전략적 전제이기도 한)를 강화하는 작업을 하게 된다. 그리고 이를 통해 변화가 일어나는 효과적인 조건을 만드는 것은 치료자의 역할이다.

하지만 초창기 구조적 치료자들과는 다르게, 해결중심 치료는 역설적인 효과를 기대하는 대신 더 큰 변화의 과정을 시작하기 위한 작고 점진적인 변화들을 추구한다. 제니의 사례에서 만약 제니가 지난주 자신의 폭식에 4점을 주었다면, 4.5로 끌어올리기 위해선 어떻게 해야 하는지 함께 알아볼 것이다. 여기서 제니는 점심에 동료들과 함께 밥을 먹으러 갔을 때 동료들이 자신을 어떻게 판단할까라는 걱정 없이 자기가 먹고 싶은 것을 아무거나 먹을 수 있으면 좋겠다고 말했다. 기적 질문처럼, 해결중심 접근은 치료자가 생각하는 것을 내담자에게 처방하지 않고, 내담자가 하고 싶은 방법을 구체적인 치료 행위로 이어지도록 만들어 준다. 제니는 변화를 꿈꾸고 있었지만, 그것이 쉬운 방법을 통해 해결될 수 있기를 바랐다. 하지만 이러한 쉬운 방식을 찾지 못하는 자신에게 화를 내고 있었는데 이러한 관찰 내용은 치료자인 나에게는 매우 유익한 것이었다.

물론 이렇게 치료가 어렵고 역기능적인 환자들의 내러티브들은 아무 맥락 없이 저절로 생겨나는 것이 아닌데, 내러티브 접근과 해결중심 접근 모두 이렇게 문제로만 가득 찬 이야기들을 지속시키는 사회적 변수들을 분명히 밝힌다. 이러한 접근은 우리의 핵심적 내러티브를 형성하는 문화적 맥락을 언급한다. 내러티브 접근은 단순하게 긍정적 생각과 긍정적 재구조화를 하는 것을 떠나, 우리의 현실을 형성하는 지배적인 내러티브들에 대해 탐구해 왔다. 예를 들어, 여자는 지능적으로 남자보다 열등하다는 생각을 가진 문화에서 산다면, 단순히 자신의 지능에 대한 지식이나 관점만을 바꾸는 것으로는 불충분하다. 대신, 여자로서의 강점과 제한점들을 이해하고, 이러한 제한점들로 인해 받았던 고통에 중점을 둔 이야기를 들여다보게 되면, 결과적으로 여자들이 더 많은 선택권과 권한을 부여받을 수 있는 방향으로 이야기를 다시 쓸 수 있는 무대를 마련할 수 있을 것이다. 이러한 지배적인 내러티브의 변화는 보통 개인과 집단 모두의 수준에서 영향을 미친다.

기존의 내러티브 새로 쓰기

대학원 시절 내가 한 지배적인 내러티브에 대해 비판과 도전을 하고 운이 좋게도 나의 교수님들 중 한 명과 그 내러티브를 다시 쓸 수 있었던 경험을 얘기해 주고 싶다. 대학원 1학기 중반에 처음으로 학술 보고서를 내야 하는 날이 있었는데, 수업 시작 전 교실에서 나는 교수님에게 『보그(Vogue)』 잡지에서 교수님의 책에 관한 서평을 읽었다고 말하고, 교수님에게 그 긍정적인 서평을 보셨는지 물어보았다(교수님은 성취 동기에 대해 연구하셨는데, 성취 동기와 관련된 주제는 『보그』라는 잡지와도 어느 정도 관련이 있어서 서평을 실은 것이라고 생각한다). 교수님은 서평을 읽어 보지 못했다고 대답하고는, 서둘러 수업을 시작하셨다. 그다음 주 교수님은 우리의 보고서를 돌려주며, 학자로서 우리의 실력에 매우 실망하셨다고 말씀하셨다. 교수님은 우리가 더 진중하게 학문적 관심을 발달시킬 필요가 있고, 『보그』 잡지 같은 비학술지를 읽을 시간에 도서관에서 학술지 한 권을 더 읽으라고 하셨다.

짐작했겠지만 교수님이 『보그』 잡지에 대한 이야기를 하신 후에 나는 다른 학생들 앞에서 매우 창피함을 느꼈다. 하지만 나는 도서관에 있는 시간도 정말 많았고, 실제로 교수님이 돌려주신 보고서 점수를 잘 받았기에 교수님의 지적에 화가 나기도 했다. 내가 교수님에게 충고를 받을 때 느낀 그 따끔한 수치심과 『보그』 잡지를 읽는다고 불공평하게 지적을 받은 것을 생각하면서『보그』잡지를 낮은 지적 기준과 동일시하는 그의 잠재적 성차별에 대해 교수님에게 이야기를 해 보아야겠다고 생각했다. 나는 용기를 내어 그의 연구실에 찾아가 내가 느낀 불공평함에 대해 이야기했고, 다행히도 교수님은 내 말을 잘 들어주셨다. 교수님은 내 보고서를 한 번 더 보시고 자신이『보그』독자들도 보고서를 잘 쓸 수 있다는 생각을 연결시키지 못했다는 것을 인정하셨다. 또한 그다음 주 수업 시간에 학생들에게 자신의 지적에 대해 사과하시고, 자신의 말에 약간의 성차별이 내재되어 있는 것처럼 보일 수 있었겠다고 인정하셨다. 나와 다른 학생들은 교수님을 다시 한 번 존경할 수 있었고, 나는 이 경험을 통해 자신감을 크게 얻었다.

이 사건을 내러티브적 관점으로 본다면 우리는 두 가지 이야기 사이의 갈등을 찾아볼 수 있다. 교수님은 패션 잡지를 읽는다는 것은 그 사람의 약한 지적 능력과 가벼움을 보여 준다고 생각하셨고, 나는 이러한 교수님의 생각을 성차별적이고 잘못된 것으로 생각했다. 교수님이 나보다 더 높은 위치에 있었기 때문에 그는 자신의 관점이 맞는다고 생각하고 유지할 수 있었다. 나는 이러한 지배적 내러티브를 수용하고, 학자로서의 대우를 받기 위해서는 내가 패션 잡지를 좋아한다는 것을 숨길 수도 있었을 것이다. 그러나 체계 안의 무언가가 이러한 지배적 내러티브에 도전장을 내밀게 해 주었다. 물론 도움이 되었던 것은 교수님이 내 보고서에 좋은 말들을 써 주었다는 사실이다. 만약 그의 지배적인 이야기가 더 공고하게 자리 잡고 있었다면, 교수님은 여학생들에게 모두 낮은 점수를 주고 나는 교수님 앞에 가지도 못했을 것이다. 하지만 나는 그의 내러티브에 도전할 수 있었고, 이로 인해 우리는 둘 다 새로운 이야기를 형성할 수 있었으며, 이것은 결과적으로 우리 자신과 집단 모두를 위해 좋은 일이었다.

많은 사람이 그렇듯이, 나는 성취하고 성공할 수 있을 것이라는 내러티브와 나의 환경으로 인해 성공하지 못할 것이라는 내러티브 사이에서 싸우고 있었다. 이 갈등의 이유 중 일정 부분은 내가 1960년대에 자란 여성이라는 점에서 비롯되었는데, 내 세대는 성차별에 직접적으로 피해를 받기도 했고 동시에 한때는 사회적 변화에 의해 도움을 받기도 했다. 내가 성차별 없는 환경을 만들고 싶다는 그 교수님의 대답을 믿고, 여자로서 성공할 수 있다는 긍정적인 이야기를 선택함과 동시에 가능한 위험을 십분 고려한 끝에 결국엔 나와 다른 학생들에게 이익이 될 작은 모험을 감행했던 것이었다. 이 변화의 영향을 정확히는 알 수 없겠지만, 졸업 후 20년 동안 내 여자 동기들과 남자 동기들이 비슷한 수준으로 성공했다는 것은 안다. 그렇다면 이 성공이 패션 잡지를 좋아하고 말고를 떠나 우리가 성에 따른 차별 없이 남녀의 지적 능력에 대해 동등하게 생각하는 내러티브를 만들었다는 사실과 상당한 관련이 있지 않을까?

나는 사람들이 자신의 경험을 기술하는 방식에 대한 체계론적 이해 방식을 임상에 적용했을 때 생기는 장점들을 많이 보아 왔다. 내가 계속해서 보아 온 한 가지 예는 미국 문화가 부부의 성적인 관계에 대한 이야기에 영향을 미치는 복잡한 방식에서 나온다. 보통 성별과 성에 대한 우리의 내러티브는 내재적이고 보이지 않지만, 그렇다고 해서 우리의 경험을 형성하는 데 영향을 미치지 않는 것은 아니다. 상담 센터를 찾아온 팀과 지나는 10년차 부부였다. 그들은 모두 진실하고 서로에게 상처를 주지 않으려는 배려심 깊은 사람들이었지만, 서로에 대한 거리감과 그로 인해 상대방이 느낀 상처에 당혹스러워했다. 그들은 서로에게 따뜻하고 정중했지만, 그들이 처음에 바랐던 다정함과 친밀감을 한 번도 경험하지 못했다고 여기고 있었다.

성별 내러티브 변화시키기

이들 부부가 특히 실망했던 부분은 그들의 성적인 문제였다. 팀이 지나보다 더 욕구가 컸다고 부부 모두는 설명했지만, 이러한 불일치가 문제를 일으킨 방식에 대해선 서로 다르게 이야기했다. 지나는 팀이 상황이 딱히 되지 않을 때 성관계를 원하는 경향이 있고, 그가 평소에 혹은 섹스 전에 충분히 로맨틱한 분위기를 만들려는 노력을 보이지 않아 불만이었다. 팀은 지나가 항상 자신을 떨쳐 내기 위한 핑곗거리를 찾고 있다고 생각했고, 충분한 관계를 갖기에는 지나의 욕구가 너무 낮다고 보았다. 그래서 그는 그들이 적절한 부부 상태와 성적인 관계를 유지하기 어려울 정도로 지나의 욕구가 낮은 게 아닌가 걱정했는데, 동시에 지나가 자신을 더 이상 좋아하지 않는 것은 아닌지에 대해서도 그만큼 불안해하고 있었다.

그들의 일화는 팀과 지나가 고통스러운 특정 방식으로 성적 관계를 회피하는 패턴에 갇히게 했던 그들의 내러티브를 알아보는 데 도움이 되었다. 어느 더운 여름밤에 그들은 동네에 있는 식당에 밥을 먹으러 걸어갔고, 집에 돌아오는 길에 앞마당에 잠시 멈춰 서서 꽃을 땄다. 그들 모두 다른 때보다 만족감을 느끼고, 재미있었다고 말했다. 집에 들어와서 지나는 부엌에서 꽃병에 물을 담고 있었는데, 그때 팀이 그녀의 뒤로 와서 한 손으론 그녀의 배를 만지고 다른 한 손으로는 그녀의 허벅지를 만지기 시작했다. 지나는 화를 내며 팀을 밀치고는 "뭐하는 거야?"라고 물었다. 팀은 지나의 반응에 당황했고 "난 오늘밤에 우리가 드디어 간만에 같이 잘 수 있을 거라 생각했어."라고 말했다. 둘은 모두 상대방의 반응에 크게 상처를 받았고, 좌절감과 상대에게 이해받지 못하고 있다는 느낌 때문에 나를 찾게 된 것이었다.

이 사례에서 그들의 의사소통이 엇나가는 방식은 상당히 주목할 만하다. 팀은 지나와 행복한 저녁 시간을 보냈기 때문에 그녀와 더 가깝게 느껴졌고, 반바지를 입은 그녀 모습을 넋을 놓고 바라보았다. 그는 그녀와 더 가까워지기 위해 그녀에게 스킨십을 했지만 그것이 그녀가 부끄러워하고 싫어하는 행동인지 알지 못했다. 그녀가 방어적이었을 때 팀은 지나가 왜 그런지 이해하지 못했다. 그는 자신이 원하는 것을 표현했지만, 이것이 그들을 더 가깝게 만들기는커녕 더 멀어지게 만들었다. 이 시점에서 그들은 두 개의 서로 다른 문화적 내러티브에 따라 행동하고 있음을 알 수 있고, 나는 이 두 내러티브 모두 그다지 유용하지 못했다고 생각한다. 따라서 그들이 자신들이 경험한 것과 믿고 있는 것에 대해 성찰할 때에야 진정으로 둘이 친밀해질 수 있는, 성에 관련된 새로운 내러티브를 다시 쓸 수 있을 것이다. 그들의 문제 중심적

이야기와 이런 이야기를 형성시키는 문화적 맥락에 대한 관찰을 통해 우리는 변화의 장애물이 무엇인지를 이해할 수 있을 뿐만 아니라 변화의 기회도 알아볼 수 있게 될 것이다.

팀은 부엌에 있는 지나에게 사랑을 느끼며 육체적으로도 가까워지기 위해 다가갔다. 팀은 이러한 자신의 마음을 스킨십으로 표현했고, 지나는 이 신체 접촉을 단지 '남자와 근사한 저녁 시간을 보내면 그는 당신과 성관계를 하고 싶어 할 것이다.'라는 그녀의 지배적인 내러티브의 입증으로 받아들였다. 지나를 지배했던 이 내러티브의 사실 여부를 떠나 그녀가 팀의 접근을 이런 식으로 묘사한다면, 지나는 팀에게 실망을 할 수밖에 없게 되어 있다는 것을 알 수 있을 것이다. 지나의 이러한 내러티브는 일반적으로 남자들이 섹스를 원한다는 것에 관한 것이었지, 팀이라는 한 남자가 그녀와 사랑을 나누고 싶다는 것에 관한 것이 아니었다. 또한 팀의 접근은 지나를 부끄럽게 만들었다. 또한 그때 그녀는 팀의 스킨십을 즐기기보다는 자신의 배와 허벅지 사이즈에 대해 스스로 비판적인 '판단'을 미리 내리고 걱정하고 있었던 상태였다. 팀은 스킨십을 할 때 지나가 긴장한다는 느낌은 받았지만, 이것을 지나 자신의 자기부정적인 생각 때문이 아니라 그와 가까워지고 싶지 않은 거부감으로 받아들였다. 그는 그만의 내러티브를 시작한다. 말하자면, 여자들은 결혼을 생각할 정도로 확실해지고 진지해지기 전 관계 초기에만 섹스를 즐기거나 좋아하는 척하며, 그래서 이제는 더 이상 지나가 자신과의 성관계에 관심이 없다고 생각하고는 좌절감을 느낀다. 팀의 내러티브에도 사실인 부분이 있을 수 있겠지만, 그것은 몇 가지 중요한 요점들을 놓치고 있다. 즉, 팀은 지나가 자신과 성적으로 더 가까워질 수 있으려면 먼저 지나가 자신의 몸에 자신감을 가질 수 있도록 도와주는 작업을 필요로 한다는 것을 알지 못하고 있었다.

이 장의 맨 앞에 나온 나의 양말 이야기와 비슷하게, 우리는 이 부부가 더 잘 기능하도록 도와줄 수 있는 행동적 변화들을 분명히 볼 수 있을 것이다. 예를 들어, 팀이 지나와 함께 있는 시간을 좋아한다는 것을 언어를 통해 표현하고, 지나가 덜 부담스럽게 가벼운 키스 같은 행동으로 육체적 사랑을 표현했더라면, 지나는 그의 행동이 그저 자신을 통해 성적 욕구를 해결하려는 것이 아닌 그와 더 가까워질 수 있게 하는 것이라고 믿을 수 있었을 것이다. 이와 유사하게, 만약 지나가 자기의 몸에 좀 더 자신 있고 자신의 성적 욕구에 대해 더 직접적으로 표현했다면 팀은 거부당했다는 느낌을 받지 않았을 것이다. 또한 둘 모두에게 더 만족스런 관계를 만들 수 있는 기회가 되었을 것이다. 성별에 대한 문화적 맥락은 오해를 만드는 데 큰 역할을 할 수 있고, 그들의 성적 욕구에 대한 이야기를 새롭게 만드는 것은 그들이 행동적 변화를 시도하고 유지하는 데 매우 중요하다.

지나와 팀의 사례에서 볼 수 있는 것과 같은 성별에 따른 성적 갈등에 대한 주제는 많은 부부에게서 볼 수 있었다. 팀은 지나가 성적으로 자신을 원하지 않는 것에 불만이 있었지만, 그는 자신의 욕구에 대해서도 양가감정을 가지고 있었다. '남자로서' 그는 그러한 욕구를 갖는다는 사실 자체에는 그다지 불편해하거나 힘들게 느끼는 부분은 없었지만, 그러한 욕구를 어떻게 말해야 하는지 잘 몰랐고, 지나가 싫어하는 눈치면 바로 쉽게 멈춰 버렸다. 다행스럽게도 그는 인간적이고 상대를 존중하는 법을 알았기에 문제를 강제로 밀어붙이진 않았고, 강요하고 싶지 않은 마음에서 자신의 욕구를 쉽게 포기하고 뒤로 물러났다. 내가 그에게 "당신이 아직도 아내를 원한다는 건 정말 좋은 일 같아요."라고 말했을 때 그는 놀라서 나를 쳐다보았다. 그는 거의 체념하고 있긴 했지만, 동시에 성적 욕구가 계속 올라오는 부분을 어떻게 해결해야 할지 몰라 힘들게 느끼고 있었음이 분명했다. 더불어 자신의 성적인 측면에 대한 지나의 경험이 양가적인 메시지에서 비롯되었다는 것을 알아보는 것도 매우 유익했다. 지나는 자신이 젊었을 때는 팀의 관심을 충분히 받을 만큼 날씬하고 매력적이라고 생각했지만, 시간이 지날수록 팀의 욕구가 자신에 대한 사랑과 관심의 표현이라고 연결시키는 것이 어려웠다. 지나는 둘의 성적인 관계가 팀만을 위해서 존재한다고 느끼고, 이 성관계를 그녀에게 더 만족스러운 것으로 만들기 위한 모델이나 언어를 찾지 못하고 있었다. 대신 그녀는 만약 팀이 더 로맨틱하게 다가왔다면 자신이 더 매력적이라고 느낄 수 있을 것 같다는 추상적인 환상을 가지고 있었다.

이 사례에서는 변화를 위한 무대를 마련하는 데 내러티브 기법뿐만 아니라 해결중심 기법 또한 매우 도움이 되었다. 기적 질문에 대해 이야기를 나누면서 팀과 지나 모두 공통적으로 따뜻함과 애정에 대한 바람이 있음을 알게 되었다. 그들은 아침에 눈을 마주치고 하루의 시작과 끝을 침대에서 함께 끌어안고 몸을 부비는 것으로 하고 싶다고 하였다. 그들은 그동안 서로를 회피하고, 서로에게 상처 주며, 서로를 벌주고 있었다는 것을 깨달았다. 이러한 일반적 패턴에서 예외적인 경우를 찾기 위해 노력했을 때, 그들은 둘 다 서로에게 특별했고 성적인 느낌을 받았을 때를 생각해 낼 수 있었다. 하지만 둘 다 그때의 이야기를 하는 것을 부끄러워 했다.

서로 친밀해지고 싶은 그들의 공통적 소망에 대한 논의는 그들의 성적인 관계에 새로운 주제를 개발시킬 수 있는 발판을 마련했다. 팀은 예전과는 다르게 그의 생기 넘치고 흥분된 감정에 대해 지나에게 솔직하게 이야기할 수 있게 되었다. 그들 모두 '팀은 남자이기 때문에 성관계를 원해.'라는 생각에서 보다 더 긍정적이고 관계 지향적인 생각으로 이해를 넓힐 수 있었다. 지나는 '나는 여자이기 때문에 성관계에 소극적인 게 당연해.'라는 이야기를 팀에게 좀 더 특별하고 매력 있는 존재로 느껴지길 원했었다는 이해로 대체할 수 있었다. 또한 이 과정에서 자신이 성적 매력의 상대로 적합한가 아닌가, 성적 대상화가 되고 있는가 아닌가 하는 관점에서 자신의 몸과 성적 욕구에 대한 자의식을 줄이고 팀과 충분히 함께 즐길 수 있는가 없는가 하는 방식으로 시각이 바뀌었다. 여기에 소개된 내용은 전체 치료 과정의 작은 일부분에 지나지 않는다. 게다가 여기까지 오는 실제 과정은 기술한 것보다 훨씬 더 복잡했다. 하지만 이러한 내러티브의 변화가 자신과 상대방에게 덜 비판적인 동시에 더 많은 관심과 호기심을 가지고 접근할 수 있게 해 주었고, 결과적으로 이러한 변화들은 서로를 전과 다르게 대할 수 있게 해 주었다.

현대의 체계이론가들은 포스트모더니스트들이 강조한 경험을 형성하는 언어의 중요성에 동의한다. 체계이론은 현실이 사회적으로 구성된다는 견해에 덧붙여, 지배적인 내러티브가 어떻게 개인과 사회적 문제들을 지속시키는지 설명하고 있다. 변화를 방해하는 문제 중심적 이야기를 인지하고 이에 직면토록 하기 위해 내러티브 치료자들은 내담자들이 자기 자신과 문제 상황을 분리할 수 있게 도와주고, 그 문제와 다른 식의 관계를 맺도록 내담자의 역량을 강화시킨다. 이와 비슷하게, 해결중심 치료자들은 내담자가 스스로 문제 해결 방법을 확인하고, 점진적 변화를 위해 긍정적 언어를 사용하도록 돕는다. 이 모든 치료 접근법은 맥락의 중요성과 변화의 순환적 특성을 강화한다.

제 9 장

이론, 연구, 조직에서 체계이론의 적용

플랫폼으로서의 체계이론
연구의 활용 극대화시키기
조직에서의 효능
완전한 원

나는 체계이론이 인간의 행동을 관찰하는 데 있어서 귀중한 렌즈가 된다고 믿고 있다. 이 책을 통해 체계론적 개념이 어떻게 개인, 부부, 가족들과 작업하는 데 도움이 되었는지 보여 주고 싶었다. 체계이론의 장점이자 단점은 매우 광범위하게 응용될 수 있다는 것인데 내 경험상 체계이론의 가치는 상담실에서만 국한되지 않는다. 체계이론은 다른 심리학 이론들을 이해하고 통합하는 데 상당한 가치가 있다. 또한 체계이론은 심리학 연구들을 평가하거나 발달시키고, 더불어 조직과 집단을 들여다보고 관리하는 데 있어서도 가치가 있다. 이러한 응용들에 대해서 이 책에서 다 자세히 설명할 수는 없지만, 체계론적 관점이 어떻게 활용되는지에 대한 전반적인 설명 없이 이 책을 끝낼 수 없을 것 같다.

이 책에서 언급되었던 다양한 가족치료 이론에서 볼 수 있듯이, 체계이론은 다른 심리학 학설의 기초가 되는 메타이론으로 사용될 수 있다. 체계이론은 광범위하고 큰 그림이 필요한 패턴뿐만 아니라 특정한 순간순간의 상호작용을 설명할 때에도 가장 적절히 이용될 수 있다. 따라서 그 두 극단 사이 수준의 문제를 분석해야 할 때에는 다른 심리학 이론을 함께 고려하는 것이 도움이 되곤 한다. 심리학 이론에 대한 '둘 다/이럴 수도 저럴 수도' 식의 접근은 어느 이론이 맞는지 또는 궁극적인 진실인지를 변별하려는 방식이 너무 단순하고 순진하다고 말한다. 대신, 맥락과 관점의 중요성을 아는 것은 다음과 같은 좀 더 세련되고 유용한 의문을 갖는 데 도움이 된다. 즉, '이론의 강점과 제한점은 무엇인가?' '한 이론이 다른 이론과 어떤 점에서 비슷하고 어떤 점에서 핵심적으로 다른가?' '한 이론과 다른 이론을 접목하게 되면 무엇을 얻고 무엇을 잃는가?' 등이다. 이러한 문제들에 대해 고찰할 때, 나는 언어와 관련된 비유가 유용하다고 생각한다. 심리학 이론들은 각각의 언어와도 같다. 심리학 이론은 각기 다른 언어처럼 공통적인 기초 개념들을 가지고 있지만, 서로 다른 지역과 역사로 인해 다른 독립체들로 진화했다. 하지만 모든 인간이 개별 언어를 초월하는 언어 습득 능력을 갖추고 있는 것처럼, 체계이론도 메타이론으로써 사용될 수 있다고 생각한다. 심리학자로서 다양한 이론을 사용하는 것이 하나의 이론만을 사용하는 것보다 많은 장점이 있을 테지만, 더 중요한 것은 각각의 이론이 자신만의 언어를 가지고 있다는 것을 인정하고 존중하는 것이다. 내 경험상 체계이론은 모든 언어는 결국 인간의 언어라는 더욱 폭넓은 관점을 제공하고, 심리학 이론들의 차이점을 잘 이해할 수 있게 도와주는 플랫폼을 제공해 준다.

플랫폼으로서의 체계이론

체계이론은 이론과 이론을 엮어 줄 뿐만 아니라, 각 이론을 통합할 수 있는 조직 구조로서도 사용될 수 있다. 지금까지 다수의 통합 모델이 개발되었지만(Breunlin, Schwartz, & Kune-Karrer, 1992; Gurman, 2008), 나는 Pinsof의 통합적 문제중심 치료 모델(Pinsof, 1994)에 가장 익숙하므로 이 모델이 체계이론의 핵심과 어떤 관계가 있고 어떻게 연결되어 있는지 간단하게 설명하고자 한다. Pinsof의 모델은 독자적인 개별 이론이 아니다. 중요한 심리학적 이론을 잘 활용할 수 있도록 도와주는 조직적인 방법론이다. 이 모델은 비용 대비 효율적이고, 모든 치료 기법을 적재적소에 활용하고 개개인에 맞춤으로써 치료 효과를 극대화시킬 수 있도록 설계되었다.

Pinsof는 추가 요소들을 통해 자신의 모델을 업데이트시켰지만(1995), 간결한 설명을 위해 여기서는 [그림 9-1]에 제시된, 더 적은 변수들을 담고 있는 구(舊) 모델을 소개하겠다. 개인적인 경험으로는, 개념의 명확성과 치료적 유용성 측면에서 이 모델의 구 버전과 신 버전에 큰 차이는 없다.

Pinsof는 먼저 표의 왼쪽에서부터 오른쪽으로 세 가지 치료 양식(가족치료, 부부치료, 개인치료)를 정리하였다. 그리고 표의 왼쪽 열에 세 종류의 심리학적 이론(행동주의적 이론, 경험적 이론, 역사적 이론)을 강조하였다. 표에 그려진 대로 우리는 개인 · 부부 · 가족 치료를 행동주의적 · 경험적 · 역사적 이론을 사용하여 진행할 수 있다.

흔히 치료자들은 이 모든 치료 양식의 틀 안에서 내담자들을 보게 되는데, 혼자서 이런 모든 치료 방법을 구사하고 동원하거나 다른 치료자들과 협력하여 작업을 하게 된다. 치료자들은 내담자들의 문제가 이러한 각 단계의 문제들로 구성되어 있다는 생각에 익숙해져 있다. 이와 비슷하게, 대부분의 치료자는 위의 이론들을 사용하거나 접해 본 적이 있고, 많은 심리치료 연구에 따르면 자신을 절충주의라고 생각하든 통합주의라고 생각하든 간에 치료자들은 대부분 하나 이상의 이론을 실제 치료에 이용하는 것으로 알려져 있다. 또한 대부분의 현대 이론은 태생적으로 일종의 통합

치료 방향	양식/맥락		
	가족/공동체	부부/양자관계	개인
행동주의적/상호작용의			
−사회적 학습			
−전략적			
−기능적			
−구조적			
경험적			
−인지적			
−정서적			
−의사소통			
−인간관계			
역사적			
−원가족			
−정신역동적			
−정신분석적			

[그림 9-1] Pinsof의 통합적 문제중심 치료 방향/양식(1994)

모델이라고 볼 수 있다. 인지행동이론은 Pinsof 모델에 나타나 있는 두 개의 단계(즉, 인지와 행동-역자 주)를 통합한 것이고, 현재 정신역동이론들은 Pinsof 모델의 경험과 역사 단계를 결합한 것이다.

개인적인 경험으로는, Pinsof가 설명하는 단계들은 사용할 치료 방법들을 정리하는 데 충분히 도움이 될 만큼 명확하다고 생각한다. 행동주의적 단계들은 구체적이고 관찰 가능한 행동을 다루고, 직접적인 행동 변화의 중요성에 주의를 기울인다. 이 단계와 연관이 있는 전통적 이론에는 행동주의적 부부 및 가족 치료, 전략적 치료, 구조적 치료 등이 있다. 이 단계에 속하는 치료들의 목표는 내담자가 새로운 행동 방식들을 경험해 보고 서로를 다르게 대해 보는 것이다. 반대로 경험적 단계에 해당하는 치료에서는 내담자가 상담실 안에서 경험하는 현재 감정과 생각들을 알아본다. 이렇게 직접적인 지금-여기의 경험이 치료의 주된 초점이 된다. 이 치료의 목표는 내담자의 생각과 감정들이 문제에 어떻게 영향을 미치는지 알아보는 것이다. 궁극적으로 생각과 감정은 문제를 해결하거나 관계를 회복하는 데 도움이 되어야 한다. 앞에서 알아보았던 Virginia Satir(1972)나 Carl Whitaker(1977)의 이론들이 이 단계에 속해 있지만, 정서 중심적 접근과 인지치료적 접근 또한 포함된다. 세 번째 단계는 행동과 경험을 결정짓는 무의식의 역할을 관찰하는 역사적 접근이다. 이 단계는 정신역동과 원가족 관점을 통합하고 있다. 이 단계의 공통적인 생각은 초기 경험이 어떤 기본 틀과 패턴을 만들어 내는데, 이것은 나중에도 계속해서 추구되고 반복된다는 것이다.

나는 이 모델이 치료를 계획하는 데 도움이 되는 지도와 같다고 생각한다. Pinsof는 비용 대비 효율성을 높이기 위해선 표 왼쪽 위에서부터 시작한 다음 적은 수의 대상으로 옮겨가고, 필요한 대로 이론적인 전략들을 좀 더 추가할 수 있을 것이라 말한다. 모든 조건이 같다면, 사람들의 드러나는 문제 행동을 최대한 많이 바꿀 수 있으면 가장 좋은 결과가 나올 것이라 생각해 볼 수 있을 것이다. 하지만 Pinsof는 치료에서 대단히 중요한 문제가 치료 동맹이고, 긍정적인 치료 동맹 관계를 형성하기 위해서는 내담자와의 협력이 필요하다고 강조한다. 이러한 치료 관계를 만드는 방법 중 하나는 내담자가 문제를 어떻게 이해하고 있는지 잘 듣고, 내담자가 문제를 다루기를 선호하는 방식으로 문제를 해결해 나가는 것이다. 치료자는 필요에 따라 각각의 단계를 순차적으로 진행할 수도 있고, 각 세션에서 여러 단계의 방법들을 동시에 적용해서 진행할 수도 있다. 치료의 형식과 진행 방식은 치료자가 내담자에게 가능한 치료 옵션들을 알려 주고, 내담자의 필요에 가장 맞는 치료를 찾아가면서 결정할 수 있다.

이 모델은 여러 가지 가족치료 이론을 통합하고 있다는 것을 볼 수 있다. 그렇다면 이 모델은 체계이론을 어떻게 사용할까? 우리는 먼저 이론들부터 살펴보고 다시 내담자를 관찰함으로써 여러 단계에서 답을 찾아볼 수 있을 것이다. 이론들이 결합된 방식을 보면 우리는 다중 관점의 영향과 다중적이고 순환적인 인과성의 기반을 명백히 알 수 있다. 표가 평면적인 공간에 그려져 있어서 직선적 방식으로 보일 수 있으나, 실제로는 이론들이 양방향으로 영향을 주고받는 순환적인 방식으로 조직되어 있다. 각각의 이론은 다른 이론들과 관계가 있고, 다른 치료 방법들에서도 서로 응용될 수 있는 가능성을 공유하고 있지만, 동시에 문제에 대한 이해에 있어 고유한 설명 틀을 제공하고 있다. 마지막으로, 이 모델도 변화는 추구의 대상인 동시에 저항의 대상이기도 하다는 체계론적 관점에 기초를 두고 있다. 또한 어떤 문제든 여러 방식과 여러 단계가 유지된다는 이해를 통해 처음에 선택한 방법이 문제를 해결하지 못한다면 다른 선택들이 있다는 것을 알 수 있다.

내담자와의 작업에서 체계론적 요소를 찾아보면, 가장 우선시되고 중요한 것은 이 모델이 관계에 바탕을 두고 있다는 것이다. 치료자는 내담자가 속해 있는 많은 맥락의 존재를 인지하여 따뜻하고 배려 있는 관계를 형성할 수 있도록 노력한다. 치료자는 내담자가 문제에 대해 누구를 탓하는 것에서 벗어나 자신이 직접 변화를 일으킬 수 있도록 돕는 방식으로 순환적이고 다중적인 인과성을 확인하게 된다. 요컨대, 이 모델은 '둘 다/이럴 수도 저럴 수도' 식의 관점을 기초로 하고, 맥락의 역할을 확인하고, 변화에 대해 균형적이고 창조적인 관점을 가지며, 치료자와 내담자 그리고 내담자와 내담자 사이의 협동적인 의사소통을 강조한다.

이전 장에서 언급된 팀과 지나의 사례는 체계론적 · 통합적 치료의 장점을 잘 보여 준다. 팀과 지나는 치료를 열심히 받았던 부부였지만, 치료의 진척은 우리가 원했던 것보다 훨씬 더 느리고 고르지 못했다. 부부는 팀의 오랜 우울증을 치료하던 상담가에 의해 부부치료에 의뢰되었다. 팀은 자신의 개인적 문제가 나아질수록 그의 결혼 생활에서의 문제들에 주목하게 되었고 이를 다루어 보고자 했던 것이었다. 치료 전반에 팀과 지나는 그들이 함께 놀러 다니는 것을 좋아했지만 3년 전 집을 마련하면서부터 여행 횟수를 줄였다고 이야기했다. 지나는 계속해서 팀에게 집 안을 새로 꾸미고 정리하는 일을 해 달라고 요구했는데, 팀은 지나의 태도가 종종 지나치게 비판적이기도 하고 너무 많은 것을 요구한다고 느끼기도 했다. 반면, 지나는 팀이 그의 역할을 하지 않으려 하고 자신만 너무나 큰 책임을 떠맡았다고 생각했다. 우리는 처음에 서로의 의견을 주의 깊게 듣고, 상대방에게 좀 더 직접적으로 요구할 수 있도록 도와주는 의사소통 능력을 발달시키는 데 집중했다. 우리는 처음에는 회피했다가 나중에 서로를 공격하게 되는 부부의 패턴을 확인하고, 이를 시간과 역할에 대한 좀 더 분명한 타협과 협상으로 대체하도록 도왔다. 그 결과, 두 사람 모두 그들의 문제를 좀 더 직접적으로 표현할 수 있는 방법을 배웠고, 그로 인해 서로에게 부정적인 감정을 덜 느낄 수 있었다. 하지만 그들 모두 무언가를 놓치고 있는 것 같다고 느꼈고, 큰 변화를 느끼지 못한다고 이야기했다.

그들의 초기 문제는 해소됐지만, 우리 중 누구도 치료를 통해 목적을 달성했다고 느끼지 못했다. 나는 아직 무엇이 더 변해야 하는지 알기 위해 내가 설명한 체계론적 통합 모델을 사용했다. 우선, 그들의 문제를 경험적 단계에서부터 차근차근 알아 가 보기로 했다. 팀은 그가 우울했을 때 느꼈던 허무함에 대해 얘기했다. 팀은 자신의 곁을 지켜 준 지나의 인내심과 견고함에 감사했지만, 그의 우울증이 나아지자 지나와 어떻게 다시 가까워질 수 있을지 알지 못했다. 그는 집안일에 더 적극적으로 관여함으로써 자신의 헌신을 보여 주려 했지만, 지나에게 인정받고 사랑받는다는 느낌 대신 오히려 인정받지 못한다는 느낌을 받았다. 지나 또한 팀이 우울증을 앓고 있었을 때 자신까지 무너지면 안 된다고 생각하면서 느꼈던 감정에 대해서 이야기했다. 그녀는 팀이 우울증을 극복했다는 것에 기뻐했지만, 남편이 힘들었을 때 자신 또한 얼마나 힘들었는지를 그가 다 알아주길 바라고 있다는 것을 깨달았다. 그런데 그들의 이러한 정서적 거리감을 알아보는 중에 8장에서 언급되었던 부엌 사건이 일어난 것이다. 이때 우리는 그들의 생각과 감정에 대해 더 깊게 알아보았고, 그들의 성별에 따른 신념과 기대감이 어떻게 그들의 경험에 영향을 주었는지 알아보았다. 이후 부부는 서로를 더 잘 이해할 수 있었고 전보다 다정하게 대했지만, 여전히 그들이 결혼 초기에 느꼈던 편안함과 흥분감은 느끼지 못하고 있었다.

전에 설명했던 단계와 비슷하게, 우리는 만족감의 부족을 문제로 삼기보다 서로가 가지고 있는 불만족감을 있는 그대로 가지고 치료실에 앉아서 함께 어떤 변화가 필요한지 생각해 보았다. 팀은 자신의 우울증으로 인해 힘들었을 지나에게 미안함을 표현했고, 그녀에 대한 그의 성적 욕구에 관해서도 비슷한 미안함을 가지고 있었다는 것을 알 수 있었다. 하지만 이런 감정을 말하는 것만으로는 나아지지 않자, 우리는 이러한 죄책감의 근본 원인을 찾아보기로 했다. 지나와도 이와 비슷한 방법으로 그녀가 느끼는 감정을 알아보았는데, 이 과정을 통해 우리는 지나가 결혼 생활에서 어떤 바람이나 욕구가 있으면 안 된다는 느낌에 갇혀 자신이 원하는 것을 제대로 표현하지 못하고 있다는 것을 발견했다. 치료가 좀 더 진행되면서, 우리는 팀이 아버지의 성격과 태도 때문에 고통받았던 어머니를 자신이 지키지 못했다는 죄책감을 느끼고 있다는 것을 알게 되었다. '남자다움'에 관한 그의 양가감정은 아버지에 대한 부정적 감정들로 인해 더 복잡해졌다. 반대로 지나와 아버지는 매우 친했는데, 불행하게도 아버지는 그녀가 10대 때 돌아가셨다. 그녀는 아버지가 돌아가시면서 가장 역할을 해야 했기 때문에 자신은 절대 무너지면 안 되고 누군가에게 의지하면 안 된다고 느끼게 됐던 것이다.

　나는 팀과 지나가 서로에게 다시 처음과 같은 애틋한 감정을 가질 수 있도록 행동주의적·경험적·역사적 단계를 조합하여 치료에 사용하였고, 이것은 결과적으로 그들의 결혼 생활을 다시 소생시켰다. 우리는 이 부부의 역동과 각자의 개별적인 문제 모두를 다루었다. 물론 각각의 접근 방식들이 유용하기도 했지만, 진정한 치료의 힘은 이 접근들의 조합에서 비롯되었다. 팀과 지나는 현재의 의사소통 맥락과 문화적 맥락, 발달과 가족 경험에서 비롯된 내재된 패턴에 대해 이해할 수 있었다. 체계론적 관점에서의 개입 없이도 그들은 행동적인 측면에서 변화했을 수 있고 그들이 반복하고 있던 가족 패턴에 대해 성찰했을 수도 있었겠지만, 체계이론은 이러한 변화들이 강화될 수 있도록 도와주었고, 결과적으로 서로가 지지받고 있고 깊이 이해받고 있다고 느끼게 도와주었다. 그들은 결혼 초기에 느꼈던 것과 비슷하게 자신과 상대방을 잘 이해하고 사랑받는 느낌을 받을 수 있었다.

연구의 활용 극대화시키기

앞서 나는 체계론적 관점이 어떻게 심리학 이론들을 이해하고, 평가하고, 사용할 수 있는지 설명했는데, 심리학 연구에도 이와 같이 적용될 수 있다고 생각한다. 2장과 3장에서 우리는 전통적 서양 연구의 한계, 특히 환원주의와 고립주의 관점을 통해 인간의 행동을 연구할 때 따르는 한계점에 대해서 살펴보았다. 체계이론은 이 비판에서 한발 더 나아가 우리가 여러 가지 연구를 이해하고, 평가하고, 사용하면서 이러한 한계점을 극복할 수 있는 풍부한 발판을 제공해 준다. 기본적으로 우리는 연구가 어떠한 주장이든지 지지하도록 남용될 수 있고, 많은 심리학 연구의 결과가 100% 정확하게 해석되는 것은 거의 불가능하다는 것을 알고 있다. 내가 가족들에게 심리학 연구들을 인용하여 특정 상황을 매번 나에게 유리하게 만들고 있지는 않은지 걱정될 정도이다. 나는 어디선가 언뜻 엄마와 가깝게 지내는 남자가 더 나은 배우자나 연인이 된다는 연구 결과를 본 적이 있다. 나는 열다섯 살짜리 내 아들과의 친밀한 관계가 어떻게 나와 그 아이에게 이익이 될 수 있는지에 대해 저녁 식사 자리에서 이야기를 꺼내기 전까지 그 연구를 자세히 들여다보지도 않았다. 현재까지도 가족들은 내가 '연구에 의하면'이란 말로 이야기를 시작하면 놀려 대지만, 이 예는 실제로 체계이론이 내가 연구 결과를 어떻게 영리하게 사용할 수 있도록 도와주는지 잘 보여 준다. 이 예에서 나는 연구의 결과는 알았지만('엄마와 가까운 아들은 더 좋은 애인이 된다.'), 이 연구 결과가 어떻게 나왔고 실제로 무슨 의미인지는 정확히 알지 못한다. 나는 명백히 연구를 적합하지 않은 방식으로 사용했다. 나는 단지 아들에게 이 연구 결과를 말해 주며 누군가에게 좋은 연인이 되고 싶으면 나와 아주 친밀하게 지내야 한다는 말을 정당화시킨 것이다. 나는 여기에 더 좋은 연인인 사람이 좀 더 나은 삶을 산다는 나의 다른 결과를 또 끼워 넣었다. 상식적으로는 이 두 가지 주장 모두 맞는 말일 수 있다. 하지만 이 결론들이 실제 제대로 된 연구들로 뒷받침되는 사실인 걸까?

체계이론은 이러한 개별 연구의 진실을 확인해 줄 수는 없지만, 대신 연구에 대한 우리의 질문과 전제가 무엇인지 명확하게 해 주고, 그 질문에 대해 우리의 전제를 바탕으로 일관성 있게 대답할 수 있게 도와준다. 앞선 예의 상황에서 나는 연구자들이 말한 엄마와의 친밀성과 좋은 연인이 되는 것의 관계에 대한 정의가 내가 생각하는 것과 같다고 추측한다. 나는 이 연구에 참여한 표본에 대해서도 자세히 모르고, 이 표본이 내가 원하는 결과를 입증해 줄 수 있는지에 대해서도 알지 못한다. 90세인 엄마와 아직도 가까운 60대 아들을 대상으로 연구했을 수도 있고(물론 90세가 되어서도 나는 아들과 가깝게 지내고 싶지만), 그러므로 이 결과를 15세인 아들에게도 일반화시킬 수 있을지 없을지 모른다. 연구에 사용된 표본뿐만 아니라, 질문과 대답에 사용된 개념과 언어들도 알아보아야 한다. 엄마와 가깝다는 뜻이 말 그대로 한 침대에서 같이 자는 것을 뜻한다면, 내가 이 연구 결과에 동의할 수 있을까? 우리 집이라면 이것은 적용되지 않을 것이다. 하지만 다른 문화에서는 한 침대에서 자는 것이 엄마와의 친밀성을 설명하는 데 완벽히 맞을 수도 있을지 모른다. 마지막으로, 체계이론은 변수의 인과성에 대해서도 질문을 할 것이다. 이 상황에서 나는 엄마와 친하게 지내는 것이 나중에 좋은 연인이 되는 데 도움이 된다고 말하고 있지만, 사실 반대로 한 사람에게 좋은 연인이 되는 것이 어머니와 친하게 지내는 데 도움이 될 수도 있는 것이다 .

만약 우리가 더 나은 질문과 함께 특정 연구가 그 질문에 대해 어느 정도까지 답해 줄 수 있는가를 이해하고자 한다면, 체계이론이 이에 대해 많은 통찰을 줄 수 있다. 나는 앞서 언급된 연구를 자세히 들여다보았다. 이 연구는 33쌍의 대학생 커플을 대상으로 한 것으로, 연인 관계에서 행복하다고 답한 남성들이 엄마와도 가깝게 지낸다는 정적 상관을 보여 주고 있다(Roberts & Stein, 2003). 우리는 남성이 엄마와의 친밀감을 통해 어떻게 여자와 가까워지는지를 배우고, 이러한 학습을 나중에 자신의 연인 관계에 적용할 수 있을 것이라고 추측해 볼 수 있다. 나는 이러한 해석이 매우 그럴듯하다고 보고, 연구자들이 이것을 입증하기 위해 더 깊은 연구를 해 보았으면 한다. 그렇지만 우리는 이 연구가 33명의 남자 대학생이라는 적은 표본을 대상으로 하였다는 것을 분명히 염두에 두어야 한다. 엄마와 가까운 것이 마카로니를 좋아한다거나 테니스를 잘 친다거나 낯선 이에게 공손한 것과도 연관이 있는지 우리는 알 수 없다(적어도 내 아들에게는 모두 해당되는 것이지만!). 또 엄마와 친하다고 말한 그 남자 대학생들이 교수와도 친한지, 개와도 친한지, 우체부와도 친한지 알 수 없다. 이러한 상관관계들이 모두 비약일까? 엄마와 친하다고 말한 남자들은 다른 모든 사람과도 친하다고 보고하는가? 상관성이 인과성과 관련 있다는 사실, 따라서 방법론적인 오류로 인해 잘못된 결과가 얻어질 수 있다는 사실은 많은 연구 문헌에 매우 잘 기록되어 있다.

　내가 든 예가 다소 설득력이 떨어질 수도 있지만, 실제로 많은 자연과학에서 볼 수 있듯이 연구는 잘못 해석될 수가 있는데, 특히 특정한 현상을 분리시키고자 하는 연구들은 실제 사회에서 일어날 수 없는 일들을 인위적으로 만드는 것이기 때문에 틀린 결과를 얻을 수 있는 소지가 다분하다. 마카로니를 좋아하는 사람이 실제로 다른 변수들보다 좋은 연인이 되는 것과 가장 밀접한 관계가 있을 수도 있을 것이다. 만약 이것이 사실이라면 왜 그런 걸까? 마카로니를 좋아하는 사람들이 대체로 삶에 만족해하고 행복지수가 더 높은 걸까? 이러한 그들의 특성 때문에 이들의 애인이나 배우자들은 이들을 만족시키기 더 쉬운 것일까? 체계이론은 이러한 질문들에 답하는 것이 쉽지는 않지만 질문들을 던지는 것은 중요하다고 강조한다. 또한 체계이론은 비판적 사고는 궁극적으로 맥락적 사고라는 것을 보여 준다.

　치료자로서 나는 체계이론이 내가 연구들을 좀 더 현실적이고 유용하게 활용할 수 있도록 도와준다고 생각한다. 부부 사이에 한 번의 부정적 상호작용을 상쇄시키기 위해서는 다섯 번의 긍정적 상호작용이 필요하다는 연구는 아마 가장 유명한 부부 연구 중 하나일 것이다(Gottman & Gottman, 2008). 나는 이에 상당히 공감하는데, 실제 임상 장면에서 부정적 상호작용이 긍정적 상호작용보다 영향이 더 크다는 것을 종종 확인하기 때문이다. 그렇다고 해서 부정적 상호작용이 몇 번 있었고 긍정적 상호작용이 몇 번 있었는지 일일이 세어 보아야 한다고는 절대 생각하지 않는다. 치료자로서 이 연구가 타당하다는 것을 어떻게 알 수 있으며, 또 이

것을 어떻게 적절하게 사용할 수 있을까? 나는 치료자들이 많은 연구를 읽고 활용해야 할 의무가 있고, 동료 연구자들로부터도 배울 것이 많다고 생각한다. 부정적·긍정적 상호작용의 비례에 대한 연구를 보면, 연구자들이 열심히 의미 있는 질문을 찾으려 하고, 또 그들의 가설의 부당성을 증명하는 증거들이 있다면 그것을 기꺼이 인정하려 하는 것을 볼 수 있다. 처음에는 부정적 상호작용이 매우 독소적인 요소이고, 따라서 부부치료에서 가장 중요한 부분은 이러한 부정적 상호작용을 먼저 없애는 것이라고 믿어졌다. 하지만 더 주의 깊게 이루어진 연구들에 의하면, 부부는 균형을 맞춰 줄 수 있는 긍정적 상호작용이 충분히 있다면 상당한 정도의 부정적 상호작용이 있어도 괜찮다는 결과가 나왔다. 이것이 임상적으로 어떻게 적용될 수 있을까?

　체계이론은 맥락과 인과관계의 문제를 정확히 짚는 데 도움을 줄 뿐만 아니라 현실을 존중하고 합의적인 관점을 가지고 의사소통할 수 있도록 도와준다. 임상에서 이러한 협동적인 의사소통은 연구에 관해 이야기하고 활용할 수 있게 해 주는데, 이러한 관점이 나중에는 우리가 연구를 평가하고 수정할 수 있는 능력을 키워 줄 수 있기를 나는 바란다. 나는 치료실에서 "연구 결과에 따르면 이러한 패턴은 흔해요. 당신도 그런가요?"라고 물어보곤 한다. 나는 연구에 대해 알고 인용하는 것이 나에 대한 신뢰성을 증가시켜 줄 뿐만 아니라 내담자가 내 연구에 대한 관점에 동의하고 말고를 떠나 문제가 무엇인지 빨리 이해하는 데 도움이 된다는 것을 알았다. 내가 "연구에 의하면 한 번의 부정적 상호작용을 무마하기 위해선 다섯 번의 긍정적 상호작용이 필요하답니다. 두 분에게도 맞는 말 같으세요?"라고 물으면 그들이 동의를 하든 말든 질문 자체는 매우 의미 있는 것이라고 생각한다. 만약 내담자가 "네, 정말 도움이 되네요! 제가 배우자한테 화를 내고 나면 죄책감이 들었는데, 그 뒤에 다섯 번의 좋은 말을 해 주면 괜찮아질 수 있을 것이라는 것을 알게 되니 좀 더 잘할 수 있을 것 같아요."라고 말한다면, 연구의 활용이 매우 도움이 되었다는 것을 알 수 있다. 반대로, 내담자가 "그 통계가 나와는 크게 상관없는 것 같네요. 모든 부정적 말이 다 똑같지는 않으니까요. 어떤 것은 두 번의 좋은 일만으로도 괜찮아지겠지만, 어떤 것은 열 번이 필요할 수도 있을 거예요."라고 말한다면, 치료자로서 나는 여러 유형의 상처를 치유해 줄 수 있는 것들에는 무엇이 있는지 함께 계속해서 논의해 봐야 할 것이다. 연구에 대한 체계론적 관점은 연구가 진실만을 또는 단 한 가지의 확고한 진리만을 제공해 주는 것이 아니며 언제든 수정될 수 있다고 얘기한다.

최근 심리치료의 효과에 대한 과학적 입증의 필요성이 증가하면서 나는 체계론적 관점이 그 어느 때보다 더 필요한 때라고 생각한다. 체계론적 관점은 우리가 알고 있는 것을 더 명확하고 현실적으로 보는 데 도움이 된다. 예를 들어, 우리는 "인지행동치료가 불안증을 치료하는 데 효과적인 것으로 밝혀졌다."라고 말할 수 있을 뿐만 아니라 "인지행동치료는 불안을 치료하는 데 있어서 다른 치료들보다 더 많이 연구되었다고 할 수 있다. 그러나 인지행동치료를 다른 치료들과 비교했을 때, 비교적 단기간 동안에는 꽤 나은 효과를 보이지만 이후의 시간들에서는 효과가 비슷하다. 정신역동치료는 환자들이 직접 그 방법을 선택했을 때 효과가 훨

썬 좋았고, 무작위 배정을 했을 때는 그 정도는 아니었다."라고 말할 수 있다. 또한 이러한 미묘하고 다소 회색지대적인 분석은 분석 자체가 쉽지 않은 면이 있고, 어느 치료가 일방적으로 더 우수한가를 가리는 대부분의 분석 방식에 비하면 그다지 일반적인 방법도 아니다. 그러나 체계이론은 이러한 양단간 접근 방식과 달리 회색지대적인 측면을 관찰해 볼 수 있는 기회를 제공한다.

'어떤 특정한 상황과 특정한 환자들에게 가장 효과적인 치료법은 무엇인가?'라는 최근의 질문은 고전적인 체계론적 질문이다. 또한 연구 결과를 순환적이고 재귀적으로 응용할 수 있는 능력은 연구에 대한 체계론적 접근을 완성시킨다. 만약 내가 내담자에게 연구 결과들을 보여 줄 수 있다면, 그들은 연구의 어떤 부분이 자신과 연관이 있고, 연관이 있지 않은 부분은 어떻게 변화시킬 수 있을지 알 수 있을 것이다. 시간이 흐르면서 체계론적 관점은 이러한 내담자의 대답을 모으고, 이렇게 모아진 데이터를 연구에 다시 어떻게 이용할 수 있을지에 대한 피드백을 주게 될 것이다. 나는 아마 연구자에게 "당신의 연구 결과, 긍정적 상호작용과 부정적 상호작용의 5:1 비율은 매우 중요하지만, 이 평균 수치는 임상적으로 중요한 무엇인가를 놓치고 있는 것 같아요. 나는 반복적으로 내담자들로부터 긍정적 상호작용을 통해 상쇄되어야 하는 부정적 상호작용의 종류들 사이에는 질적인 차이가 있다고 들었어요. 상쇄되어야 하는 것과 그럴 필요가 없는 부정적 상호작용들의 차이점에 대해 통찰력을 가질 수 있도록 추가적인 연구를 해 주실 수 있나요?"라고 물어볼 수 있다. 이렇게 좋은 체계 작업을 통해 연구자는 나의 성찰에 감사해할 것이고, 나는 연구자의 유용한 연구 결과에 감사해할 것이다. 우리는 이런 상호 보완적 과정에서 우리의 경험이 현실에 대해 더 분명한 인식을 형성한 것을 볼 수 있게 될 것이다. 내가 이러한 협동을 너무 단순화시켜서 말하는 것처럼 보일 수 있겠지만, 이러한 체계론적 협동이야말로 심리학의 예술과 과학 모두에서 진전을 가져오는 데 꼭 필요하다고 생각한다.

조직에서의 효능

체계이론을 치료실 밖에서 응용할 수 있는 또 하나의 장소는 우리가 매일매일 일하는 조직이고, 조직 정치의 측면을 굳이 고려하지 않고도 쉽게 체계론적으로 접근할 수 있다. 조직 안에서 내 자신의 행동들을 돌아볼 때면, 체계이론이 문제들이 발생하는 것을 막아 주고 성공을 극대화시키는 데 도움이 되어 왔다는 것을 느끼곤 한다. 내가 박사 후 과정을 밟고 있었을 때, 내 슈퍼바이저가 정신보건 센터에 가족치료 서비스를 계획해 보라고 한 적이 있다. 돌아보면, 만약 내가 체계이론 수련을 받지 않았다면 중대한 실수들을 저질렀을 것이라고 생각한다. 그래서 이러한 수련을 받은 것에 대해 매우 감사하게 느끼고 있다.

프로그램을 계획하면서 나는 프로그램의 목적에 대해 슈퍼바이저와 이야기를 나누었다. 우리는 내가 해야 하는 일의 개요를 설정했는데, 이는 가족치료에 대한 내 전문 지식을 이용해서 센터 직원들의 기술을 증진시키는 것에 초점을 맞추는 것이었다. 하지만 그의 최종 반응은 "다른 모든 것을 떠나 센터를 행복한 곳으로 만들어 주세요."였는데, 언뜻 하찮아 보이는 그 말이 프로그램 구성에 영향을 많이 주었을 뿐만 아니라 나와 직원들과의 관계를 돈독히 발전시키는 데에도 큰 도움이 되었다. 나는 처음에는 이런저런 미팅과 회의를 통해 10대 임산부들 및 미혼모들과 직접적으로 치료 작업을 하는 센터 직원들을 위한 수련 프로그램을 개발하게 될 것이라 예상했다. 하지만 슈퍼바이저의 의견에 따라서, 초기에는 내 에너지의 대부분을 직원들과 좋은 관계를 형성하는 데에 쏟았다. 그리고 물론 작업하고자 하는 체계에 직접 들어가 보는 것이 새로운 과정을 시작하는 데 좋은 방법이라는 것을 알고 있었던 것도 있었다.

미팅 중에 언급되는 가족들에 대한 문제를 토론하는 와중에, 애초의 내 예상과는 달리 정신보건 센터에서는 내가 직접 내원 가족들을 상담하고 치료하기를 원한다는 것을 알게 되었다. 하지만 내 계획은 센터 입장에서 필요한 것을 충족해 줄 수 있는 서비스를 개발하는 것이었고, 협동 계획을 개발하고 소통할 수 있는 능력은 프로그램의 성공을 이끄는 데 매우 중요한 역할을 했다.

다음으로 풀어야 할 과제는 비밀 유지의 문제에 대한 것이었다. 나는 내가 속해 있던 상담 회사가 정신보건센터에 가족치료 사례를 의뢰하는 것을 왜 꺼리는지 궁금했는데, 다행히도 그 이유 중 적어도 하나는 빨리 알 수 있었다. 정신보건센터 직원들끼리는 내담자의 정보를 모두 공유하고 있었는데, 그들은 상담 회사에서 파견된 상담가들이 내담자들에게 도움이 될 만한 정보들을 자신들과 공유하지 않는다고 생각하고 있었다. 센터 직원들은 내가 상담 시간에 무슨 일이 있었는지 그들과 공유하길 원했다. 반대로 나는 안전상의 문제가 되는 응급상황이 아니면 내 상담은 완전히 비밀보장이 되어야 한다고 생각했다. 나는 내가 비밀을 완전하게 유지할 경우와 그렇지 않을 경우 직원들과의 소통에 어떠한 영향을 줄지를 생각했고, 결국 두 가지 경우 각각의 의미에 대해 분명히 알게 되었다. 내가 다른 직원들에게 받아들여지고 그 체계 안에 속하기 위해선 그들의 기준을 따라야 한다는 것을 알았지만, 동시에 나는 그들과 다른 구별된 독립체이고 싶었고, 그들의 체계에 없던 것을 새로이 제공하고 싶었다. 나는 체계에서 분리된 정체성을 갖고 있지만 한편으론 그 체계와 연결되어야 하는 고전적인 분화의 문제를 마주하고 있었다. 이러한 분화를 성취하기 위해서 나는 명확하고 친화적인 의사소통을 연습해야 했다. 나는 치료를 시작할 때마다 센터 직원들과 매주 만나 그들과 함께 협력해서 일하는 것을 좋아한다고 내담자들에게 말했다. 그리고 내담자들은 내가 센터 직원들과 정보를 일정 정도 공유하는 것이 도움이 된다는 것을 자주 느끼곤 했다. 그와 동시에 비밀이 잘 유지된다고 내담자가 느낄 때 가장 솔직해지고, 그렇기 때문에 좋은 치료 효과 또한 기대할 수 있다는 것도 나는 잘 알고 있었다. 그래서 나는 내담자와 상담이 끝나기 전에 이러한 대립되는 요구들을 모두 충족하기 위해 어떤 정보를 직원들과 공유해도 되는지 결정하는 식으로 상담 시간을 구성하였다. 그리고 다음 상담 시간 초반에 직원 미팅에서 논의된 내용을 내담자와 다시 상의하였다.

처음에 나는 이렇게 경계와 의사소통에 대한 의도적이고 분명한 강조가 내담자들보다 나를 위한 것 같다고 느꼈지만, 내담자들도 내가 상담 시간을 시작하고 끝내는 방법에 만족했다. 하지만 시간이 지날수록 나의 이러한 명확한 의사소통에 대한 강조가 사실상 내 역할을 다른 직원들과 구별하는 규칙과 경계를 만들고 있다는 것을 깨달았다. 나의 내담자들은 상담 시간에 그들이 하고 싶은 말은 무엇이든 할 수 있었고, 상담 시간이 끝날 때에는 이런 정보들을 어떻게 더 큰 체계와 공유하고 접점을 찾을 것인지에 대한 계획을 논의할 것이라는 것을 알고 있었다. 어떤 때는 그다지 공유할 정보가 없을 때도 있었고, 또 어느 때는 꼭 공유해야만 하는 중요한 정보가 있기도 했다. 나는 이러한 나의 차별화된 역할과 기능이 프로그램의 성공에 중요한 요소가 된다는 것을 알았다. 내 역할의 기능은 내담자들이 정서적으로 지지를 받고 있다고 느낄 수 있도록 도와주고(비밀 유지를 통해 보호받을 수 있다는 것을 통해서), 추가적인 문제 해결 자원들을 통해 권한을 부여받은 느낌을 가질 수 있도록 해 주는 것이었다(상담 후 정보를 공유할지 말지 결정할 수 있는 권한을 통해서). 이 두 가지 기능 모두 내 의사소통을 통해 분명하게 전달되었고, 센터 내에 새롭게 세팅한 치료 체계의 구조에서도 명백히 드러났다.

가족치료 프로그램을 구성하는 데 있어서 다른 어려운 점들도 있었지만, 일 년쯤 되었을 때 나를 깨우치게 한 문제가 발생했다. 일 년 동안 가족치료 프로그램을 제공한 후 나는 직원들을 대상으로 양육에 대한 워크숍을 열어 달라는 초청을 받았다. 나는 이 워크숍이 센터에서 처음 일을 시작할 때 내가 마음속에 그렸던 일들 중 하나였기에 매우 기뻤다. 나는 많은 자료와 임상 사례를 준비했고, 직원들에게 보여 주기 위해 내가 가장 좋아하는 양육에 관한 책을 가져갔다. 나는 양육에서 규칙과 책임의 중요성에 대해 이야기하고, 직원들이 볼 수 있도록 책을 돌렸다. 그러던 중 한 직원이 나에게 "이 책엔 아이를 때리면 안 된다고 쓰여 있네요."라고 말하였다. 그의 말에 암시되어 있는 의미를 알지 못한 채 나는 "맞아요! 그 책은 여기서 내가 내담자들에게 사용해 온 양육 철학을 서술하고 있고, 때리는 것 외의 다른 훈육 방법을 사용하는 것에 대한 중요성을 강조하고 있어요."라고 대답했다. 하지만 그 직원이 보내는 미덥지 않다는 듯한 눈초리에 나는 이 문제에 대해 무언가 더 있다는 것을 눈치채게 되었다.

이때 나는 내 관점을 잠시 내려놓고 그들의 관점을 들어 볼 필요가 있다는 것을 느꼈다. 그리고 나서야 그들 대부분이 자신들의 관점과 방식에 대해 매우 열정을 가지고 있다는 것을 깨달았다. 그들은 아이를 때리는 것이 잘못된 것이라는 말을 많이 들어 보았지만, 그것이 보호자가 자녀에게 그만큼 많은 관심과 높은 기대를 가지고 있다는 것을 반영하는 양육의 핵심적 행동이라고 생각한다고 했다. 나는 때리는 것에 대한 문화적 맥락을 이해하기 시작했고, 내가 생각하기엔 화를 내고 제어를 하지 못하는 행동들이 다른 이들에게는 염려와 관심의 신호로 해석될 수도 있다는 것을 알게 되었다. 운이 좋게도 그 직원은 그곳에서 오래 근무했기에 가족들이 훈육, 질서, 구조를 가질 수 있도록 내가 도와주는 것을 보아 왔다. 이러한 목표가 신체적 체벌 없는 양육 방법을 지지했다는 것을 그들은 몰랐지만 말이다. 동시에 나 역시 이 직원들이 그 동네에서는 나름 성공한 사람들이라는 것을 알았던 터라, 체벌에 대한 그들의 관점을 그저 무시할 수만은 없었고 이에 대해 다시 생각해 보게 되었다.

워크숍이 거의 끝날 때쯤 우리는 체벌에 대한 생각을 서로 강요하지 않기로 동의하였다. 직원들은 내가 내담자들에게 자녀를 때리는 것 대신 다른 효과적인 훈육 방법이나 행동 통제 방법을 찾아보라고 권유하고 있다는 것을 알고 있었다. 또한 그들은 나의 임무가 지역사회에서 부모들의 행동을 처벌하는 것이 아니라 그들의 기능을 향상시켜 주는 것이라는 것도 이해하고 있었다. 나는 부모에게 체벌을 권유하지 않고도 좋은 결과를 성취한 것에 대해 직원들이 인상 깊게 느끼고 있다는 것을 알 수 있었다. 물론 이것은 내가 이룬 결과가 아닌 치료에 임했던 가족들의 업적이었다. 하지만 이 모든 대화가 우리의 눈을 넓혀 주었고, 환자의 문제 행동 관리에 대해 각자가 기존에 가지고 있던 인식과 생각들을 드러내 놓고 논의할 수 있는 기회가 되었다. 나는 때리는 것을 피하고, 대신 좀 더 인간적이고 효과적인 훈육 방법을 택해야 한다는 내 의견을 바꿀 생각은 없었다. 하지만 이 워크숍에서 나와 다른 관점을 가진 사람들의 의견을 듣고 나의 의견을 말하는 것을 통해 건설적인 대화의 중요성을 배웠다. 나는 문화적 맥락의 중요성과 같은 결과에 이를 수 있는 다수의 길이 있다는 것을 많이 배웠다.

완전한 원

앞서 언급한 것처럼 체계론 수련은 건강한 경계를 형성하고, 문제 해결을 위해 좋은 의사소통을 사용하고, 다양한 관점을 인정하는 데 도움이 되었으며, 이는 지역사회 가족치료 프로그램의 성공에 중요한 역할을 했다. 그리고 나는 계속해서 이러한 원칙을 나의 삶의 많은 영역에서 유지하고 있다. 그렇다고 오직 체계이론만이 실용적 가치가 있다고는 절대 생각하지 않는다(마지막 장에서 이 책에 대한 판촉 활동을 하고 있는 것은 아닌지 걱정된다). 하지만 내가 이 책을 쓴 이유에 대해서 여러 단계로 설명해야 할 필요가 있다고 본다. 지적인 차원에서 본다면, 내게 있어 체계이론은 어려움이 있을 때 기댈 수 있는 베이스캠프 같은 역할을 한다. 내가 Michael Pollan의 미국 음식 정책에 대한 토론을 읽는다든지, 공립학교와 사립학교의 상대적인 장단점들에 대해 알아본다든지 간에, 체계이론은 생각을 정리하거나 아이디어를 떠올리고 또는 건설적 행동을 위한 다양한 옵션에 대해 생각하는 데 도움이 된다. 나는 내담자들과 같이 체계이론을 사용할 때 똑같은 명료함과 효능의 경험을 갖고 있다. 체계에 대한 기초적인 질문들을 평가할 수 있을 만큼 잘 숙련되어 있을 때, 나는 내가 문제를 잘 다루어 가면서 앞으로 나아갈 수 있도록 준비가 되어 있다는 것을 발견한다. 구체적인 리스트를 적자면 끝이 없겠지만, 내 생각을 다음과 같은 일곱 가지 질문들을 통해 정리해 보고 싶다.

첫째, 문제가 어떠한 맥락들에 내포되어 있는가? 나는 문제나 안건을 어떻게 생물학, 개인, 부부, 가족, 지역사회 등의 수준으로 설명할 수 있는가? 이러한 체계의 하위체계들은 어떻게 함께 작용하며 또 어떻게 경쟁하는가?

둘째, 문제의 원인에 대해서 체계 구성원들은 각자 어떻게 설명하고 있으며 이 인과성은 어떻게 다시 재구성될 수 있는가? 문제를 유지시키는 순환적 패턴은 어떤 것이고, 이러한 패턴을 강화시키는 다수 요소는 무엇인가?

셋째, 문제에 대해 소통되고 있는 것은 어떠한 것들인가? 문제에 대한 암시적인 의사소통과 명시적인 의사소통 사이의 갈등에는 무엇이 있나? 어떻게 하면 의사소통이 더 효과적일 수 있는가?

넷째, 문제의 변화를 고무하는 힘은 무엇이고, 변화에 저항하는 힘은 무엇인가?

다섯째, 가장 적절한 체계의 구조를 성립시키는 규칙, 역할, 경계는 무엇인가? 구조는 어떻게 기능을 잘하고, 또 문제에 어떻게 기여하는가?

여섯째, 체계 안에서 반복되는 역사적이고 발달적인 패턴은 무엇인가? 이러한 패턴들이 변화에 어떻게 저항하고 어떻게 정체성에 영향을 끼치는가?

일곱째, 문제에 영향을 미치는 문화적 이야기에는 무엇이 있는가? 이러한 보이지 않는 이야기가 어떻게 억압을 강화시키고 권한 부여를 억제하는가? 자기수용이나 변화를 촉진시키기 위해서는 이러한 이야기가 어떻게 쓰여야 하는가?

치료자이자 교수로서의 나는 이러한 질문을 짚어 볼 수 있는 특권을 가지게 되었다. 나는 건강한 관계에서 체계이론이 어떻게 융통성, 명료성, 호기심을 증가시키는지 목격해 왔다. 이 강력한 세 가지의 연합을 통해 관계를 치유하고 고무하는 작업은 매우 감동적이다. 당신도 나와 같은 영감을 받았으면 한다.

참고문헌

Ackerman, N. (1966). *Treating the troubled family*. Northdale, NJ: Jason Aronson.

Anderson, C. M. (1986). *Schizophrenia and the family: A practitioner's guide to psychoeducation and management*. New York, NY: Guilford Press.

Anderson, V. A. (1997). *Systems thinking basics: From concepts to causal loops*. Waltham, MA: Pegasus Communications.

Bandura, A. (1977). *Social learning theory*. Englewood Cliffs, NJ: Prentice-Hall.

Bateson, G. (1972). *Steps to an ecology of mind*. New York, NY: Ballantine Books.

Bateson, G. (1979). *Mind and nature*. New York, NY: Dutton.

Beebe, B., & Lachmann, F. M. (2002). *Infant research and adult treatment: Co-constructing interactions*. Hillsdale, NJ: Analytic Press.

Bertalanffy, L. V. (1968). *General system theory: Foundations, development, applications*. New York, NY: Braziller.

Bowen, M. (1985). *Family therapy in clinical practice*. New York, NY: Jason Aronson.

Breunlin, D. C., Schwartz, R. C., & Kune-Karrer, B. M. (1992). *Metaframeworks: Transcending the models of family therapy*. San Francisco, CA: Jossey-Bass.

Bronfenbrenner, U. (1979). *The ecology of human development*. Boston,

MA: Harvard University Press.

Buirski, P. (2005). *Practicing intersubjectively.* Lanham, MD: Jason Aronson.

Buirski, P., & Haglund, P. (2001). *Making sense together: The intersubjective approach to psychotherapy.* Northvale, NJ: Jason Aronson.

Carter, E. A., & McGoldrick, M. (1988). *The changing family life cycle: A framework for family therapy.* New York, NY: Gardner Press.

Catherall, D. (1992). Working with projective identification in couples. *Family Process, 31*(4), 355–367.

Christensen, A., & Jacobson, N. S. (2000). *Reconcilable differences.* New York, NY: Guilford Press.

Davidson, M. (1983). *Uncommon sense: The life and thought of Ludwig von Bertalanffy (1901-1972), father of general systems theory.* Los Angeles, CA: J. P. Tarcher.

de Shazer, S. (1994). *Words were originally magic.* New York, NY: W. W. Norton.

Erickson, M. H., & Haley, J. (1985). *Conversations with Milton H. Erickson, M. D.* New York, NY: Triangle Press.

Faloon, I., Leff, J., Lopez-Ibor, J. J., May, M., & Okaska, A. (2005). Research on family interventions for mental disorders: Programs and perspectives. In N. Sartorius (Ed.), *Families and mental disorders* (pp. 235–257). New York, NY: John Wiley and Sons.

Fisher, R. & Ury, W. (1991). *Getting to yes: Negotiating agreement without giving in.* New York, NY: Penguin Books.

Fraser, J., & Solovey, A. D. (2007). *Second order change in psychotherapy: The golden thread that unifies effective treatments.* Washington, DC: American Psychological Association.

Freud, S. (1909). Analysis of a phobia in a five-year-old boy. In S. Freud, *Collected papers* (Vol. III). New York, NY: Basic Books.

Freud, S., & Strachey, J. (1962). *The ego and the id.* New York, NY: W.

W. Norton.

Gergen, K. (2001). Psychological science in a postmodern context. *American Psychologist, 56*(10), 3-32.

Gergen, K. (2009). *An invitation to social construction.* Washington, DC: Sage.

Goldner, V. (1985). Feminism and family therapy. *Family Process, 24*(1), 31-47.

Goldner, V., Penn, P., Sheinberg, M., & Walker, G. (1990). Love and violence: Gender paradoxes in volatile attachments. *Family Process, 29*(4), 343-364.

Gottman, J. M., & Gottman, J. S. (2007). *And baby makes three.* New York: Crown.

Gottman, J. M., & Gottman, J. S. (2008). Gottman method couple therapy. In A. S. Gurman (Ed.), *Clinical handbook of couple therapy* (pp. 138-164). New York, NY: Guilford Press.

Greenberg, L. S. (2002). *Emotion-focused therapy: Coaching clients to work through their feelings.* Washington, DC: American Psychological Association.

Gurman, A. S. (2008). Integrative couple therapy: a depth-behavioral approach. A. S. Gurman, Ed. *Clinical handbook of couple therapy.* New York, NY: Guilford Press.

Haines, S. G. (1998). *The manager's pocket guide to systems thinking & learning.* Amherst, MA: HRD Press.

Haley, J. (1963). *Strategies of psychotherapy.* New York, NY: Grune & Stratton.

Haley, J. (1973). *Uncommon therapy: The psychiatric techniques of Milton H. Erickson, M. D.* New York, NY: W. W. Norton.

Haley, J. (1976). *Problem-solving therapy.* San Francisco, CA: Jossey-Bass.

Haley, J. (1980). *Leaving home: The therapy of disturbed young people.* New York, NY: McGraw-Hill.

Hanson, B. G. (1995). *General systems theory beginning with wholes.* Washington, DC: Taylor & Francis.

Hayes, S., Follette, V., & Linehan, M. (2004). *Mindfulness and acceptance: Expanding the cognitive-behavioral tradition.* New York, NY: Guilford Press.

Hayes, S., Strosahl, K., & Wilson, K. (1999). *Acceptance and commitment therapy: An experiential approach to behavior change.* New York, NY: Guilford Press.

Heims, S. J. (1991). *The cybernetics group.* Cambridge, MA: MIT Press.

Hoffman, L. (1981). *Foundations of family therapy: A conceptual framework for systems change.* New York, NY: Basic Books.

Jacobson, M., & Christensen, A. (1998). *Acceptance and change in couple therapy: A therapist's guide to transforming relationships.* New York, NY: W. W. Norton.

Jacobson, N., & Margolin, G. (1979). *Marital therapy: Strategies based on social learning and behavioral exchange principles.* New York, NY: Brunner/Mazel.

Johnson, S. M. (2002). *Emotionally focused couple therapy with trauma survivors: Strengthening attachment bonds.* New York, NY: Guilford Press.

Johnson, S. M. (2004). The practice of emotionally focused couple therapy (2nd ed.). New York: Brunner/Routledge.

Karson, M. (2008). *Deadly therapy: Lessons in liveliness from theater and performance theory.* Lanham, MD: Jason Aronson.

Karson, M. (2010). Personal communication.

Kerr, M. E., & Bowen, M. (1988). *Family evaluation: An approach based on Bowen theory.* New York, NY: W. W. Norton.

King, D. B., & Wertheimer, M. (2005). *Max Wertheimer & Gestalt theory.* New Brunswick, NJ: Transaction.

Klein, M. (1946). Notes on some schizoid mechanisms. *International Journal of Psycho-Analysis, 27,* 99-110.

Koestler, A. (1979). *Janus: A summing up*. New York, NY: Vintage Books.

Kuhn, T. S. (1970). *The structure of scientific revolutions* (2nd ed.). Chicago, IL: University of Chicago Press.

Laszlo, E. (1972). *Introduction to systems philosophy*. New York, NY: Gordon and Breach.

Linehan, M. (1993). *Cognitive-behavioral treatment of borderline personality disorder*. New York, NY: Guilford Press.

Markman, H. J. (1993). Preventing marital distress through communication and conflict management training: A four and five year follow-up. *Journal of Consulting and Clinical Psychology, 61*(1): 70-77.

Markman, H. J., Stanley, S., & Blumberg, S. (1994). *Fighting for your marriage: Positive steps for preventing divorce and preserving a lasting love*. San Francisco, CA: Jossey-Bass.

McIntosh, P. (1988). *White privilege and male privilege: A personal account of coming to see correspondences through work in women's studies*. Wellesley, MA: Wellesley College, Center for Research on Women.

Minuchin, S. (1974). *Families and family therapy*. Cambridge, MA: Harvard University Press.

Minuchin, S. (1997). Structural family therapy. In *Seeds of hope: Harvesting the heritage of family therapy in Chicago*. Chicago: University of Illinois at Chicago.

Minuchin, S., & Fishman, H. C. (1981). *Family therapy techniques*. Cambridge, MA: Harvard University Press.

Munger, M. P. (2003). *The history of psychology: Fundamental questions*. New York, NY: Oxford University Press.

Napier, A., & Whitaker, C. A. (1978). *The family crucible*. New York, NY: Harper & Row.

Nichols, M. P. (2010). *Family therapy: Concepts and methods* (9th ed.). Boston, MA: Allyn and Bacon.

Nichols, M. P., & Schwartz, R. C. (2001). *Family therapy: Concepts and methods* (5th ed.). Boston: Allyn and Bacon.

Patterson, G. R. (1970). Reciprocity and coercion: Two facets of social systems. In C. A. Neuringer (Ed.), *Behavior modification in clinical psychology*. New York, NY: Appleton-Century-Crofts.

Patterson, G. R. (1971). *Families: Applications of social learning to family life*. Champaign, IL: Research Press.

Patterson, G. S. (1993). Outcomes and methodological issues relating to treatment of anti-social children. In T. Giles (Ed.), *Effective psychotherapy: A handbook of comparative research*. New York, NY: Plenum Press.

Peale, N. (1954). *The power of positive thinking*. New York: Prentice-Hall.

Pinsof, W. (1994). An overview of integrative problem centered therapy: A synthesis of family and individual psychotherapies. *Journal of Family Therapy, 16*(1), 103-120.

Pinsof, W. (1995). Integrative problem-centered therapy: A synthesis of family, individual, and biological therapies. New York: Basic Books.

Pittman, F. S. (1987). *Turning points: Treating families in transition and crisis*. New York, NY: W. W. Norton.

Pittman, F. S. (1989). *Private lies: Infidelity and the betrayal of intimacy*. New York, NY: W. W. Norton.

Pollan, M. (2006). *The omnivore's dilemma: A natural history of four meals*. New York, NY: Penguin Press.

Pollan, M. (2008). *In defense of food: An eater's manifesto*. New York, NY: Penguin Press.

Rampage, C. (2002). Working with gender in couple therapy. In A. A. Gurman (Ed.), *Clinical handbook of couple therapy* (pp. 533-545). New York, NY: Guilford Press.

Roberts, S., & Stein, S. (2003). Mama's boy or lady's man? *The Variance of Psychological Science: Within and Between*. Atlanta, GA:

American Psychological Society, 15th Annual Conference.

Satir, V. (1972). *Peoplemaking*. Palo Alto, CA: Science and Behavior Books.

Satir, V. M. (1983). *Satir step by step: A guide to creating change in families*. Palo Alto, CA: Science and Behavior Books.

Scharff, D., & Scharff, J. (1987). *Object relations family therapy*. New York, NY: Jason Aronson.

Segal, H. (1973). *Introduction to the work of Melanie Klein*. New York, NY: Basic Books.

Seligman, M. (2002). Positive psychology, positive prevention, and positive therapy. In C. Snyder (Ed.), *Handbook of positive psychology* (pp. 3-9). New York, NY: Oxford University Press.

Senge, P. (1990). *The fifth discipline: The art and practice of the learning organization*. New York, NY: Doubleday.

Shakespeare, W. (1992). The tragedy of Hamlet, prince of Denmark. (Barbara Mowat and Paul Werstine, Eds). New York: Washington Square Press.

Sheehy, N. (2004). *Fifty key thinkers in psychology. Routledge key guides*. London: Routledge.

Siegel, D. J., & Hartzell, M. (2003). *Parenting from the inside out: How a deeper self-understanding can help you raise children who thrive*. New York, NY: J. P. Tarcher/Putnam.

Skinner, B. (1974). *About behaviorism*. New York, NY: Knopf.

Solovy, A. D., & Duncan, B. L. (1992). Ethics and strategic therapy: A proposed ethical direction. *Journal of Marital and Family Therapy, 18*(1), 53-61.

Tannen, D. (2001). *You just don't understand*. New York, NY: Harper.

Tansey, M. A., & Burke, W. F. (1995). *Understanding countertransference: From projective identification to empathy*. New York, NY: Routledge.

Wachtel, E. F., & Wachtel, P. L. (1986). *Family dynamics in individual psychotherapy: A guide to clinical strategies.* New York, NY: Guilford Press.

Walters, M., Carter, B., Papp, P., & Silverstein, O. (1988). *The invisible web: Gender patterns in family relationships.* New York, NY: Guilford Press.

Watzlawick, P., Bavelas, J. B., & Jackson, D. D. (1967). *Pragmatics of human communication: A study of interactional patterns, pathologies, and paradoxes.* New York, NY: W. W. Norton.

Watzlawick, P., Weakland, J. H., & Fisch, R. (1974). *Change: Principles of problem formation and problem resolution.* New York, NY: W. W. Norton.

Weinberg, G. (1961). *An introduction to general systems thinking.* New York, NY: Dorset House.

Wertheimer, M. (1959). *Productive thinking.* New York, NY: Harper.

Weisstein, Eric W. (2010). "Young Girl−Old Woman Illusion." From *MathWorld*—A Wolfram Web Resource. http://mathworld.wolfram.com/YoungGirl−OldWomanIllusion.html (accessed June 28, 2010).

Whitaker, C. (1976). The hindrance of theory in clinical work. In P. J. Guerin (Ed.), *Family therapy: Theory and practice.* New York, NY: Gardner Press.

Whitaker, C. A. (1977). *The family crucible: The intense experience of family therapy.* New York, NY: Harper Collins.

Whitaker, C. A. (1981). Symbolic−experiential family therapy. In A. A. Gurlman (Ed.), *Handbook of family therapy.* New York, NY: Brunner/Mazel.

White, M. (1995). *Re-authoring lives: Interviews & essays.* Adelaide, Australia: Dulwich Centre Publications.

White, M., & Epston, D. (1990). *Narrative means to therapeutic ends.* New York, NY: W. W. Norton.

Wiener, N. (1948). *Cybernetics: Or control and communication in the animal and the machine.* Cambridge, MA: Technology Press.

찾아보기

인명

내용

저자 소개

Shelly Smith-Acuña

덴버 대학교의 임상심리대학원(Graduate School of Professional Psychology) 박사과정 디렉터로 체계이론, 가족치료, 부부치료를 가르치고 있다. 동시에 성공적인 개업 상담가로도 일하고 있다.

역자 소개

강은호(Kang, Eunho)

삼성서울병원에서 정신건강의학과 임상교수를 역임했고, 한국정신분석학회, 대한수면의학회 총무이사, 대한불안의학회 이사 등으로 일했으며, 미국정신신체의학회(American Psychosomatic Society)에서 학술위원으로 활동하기도 했다. 화이트 연구소에서 정신분석적 치료과정을 이수하였고, 현재 뉴욕정신분석연구소(Institute for Psychoanalytic Training and Research: IPTAR)에서 연수 중이다. 저서로는 『나는 아직도 사람이 어렵다』(문학동네, 2014)가 있다.

최정은(Choi, Jeong-Eun)

성신여자대학교 심리학과 졸업 후, 순천향대학교병원, 가톨릭성모병원에서 정신건강 임상심리사, 연구원으로 일했다. 2009년 제주 의료법인 한라의료재단의 승인을 얻어 한라병원 부설 임상심리연구소를 기획하여 임상심리수련감독자를 역임하였고, 한라대학교 보건행정과에 심리상담이론 과목을 개설하여 '인간심리의 이해'의 지평을 넓혔다. 경찰청과 교육청, 가정법원 등에 심리평가 위촉 위원과 EAP 협회, 가족상담센터 상담가 및 자문위원, 정신건강증진시설 등의 인권교육강사로 활동 중이다. 법조계의 회복적 사법모델 및 치유를 위한 체계론적 상담과 강의, 워크숍을 기획하고 있다. 오랜 시간 명상과 요가로 심신수련을 하며 몸-마음-영성의 전인적 통합치유를 위한 체계론적 상담을 연구 중이다.

체계이론의 실제
개인 · 부부 · 가족치료에의 적용
Systems Theory in Action:
Application to Individual, Couples, and Family Therapy

2019년 4월 10일 1판 1쇄 인쇄
2019년 4월 15일 1판 1쇄 발행

지은이 • Shelly Smith-Acuña
옮긴이 • 강은호 · 최정은
펴낸이 • 김진환
펴낸곳 • ㈜ **학지사**

　　　　　 04031 서울특별시 마포구 양화로 15길 20 마인드월드빌딩
대표전화 • 02)330-5114　　　　팩스 • 02)324-2345
등록번호 • 제313-2006-000265호

홈페이지 • http://www.hakjisa.co.kr
페이스북 • https://www.facebook.com/hakjisa

ISBN 978-89-997-1818-2　93180

정가 15,000원

이 도서의 국립중앙도서관 출판시도서목록(CIP)은 서지정보유통지
원시스템 홈페이지(http://seoji.nl.go.kr)와 국가자료공동목록시스템
(http://www.nl.go.kr/kolisnet)에서 이용하실 수 있습니다.
(CIP 제어번호: CIP2019011535)

교육문화출판미디어그룹 학지사

심리검사연구소 **인싸이트** www.inpsyt.co.kr
원격교육연수원 **카운피아** www.counpia.com
학술논문서비스 **뉴논문** www.newnonmun.com
간호보건의학출판 **학지사메디컬** www.hakjisamd.co.kr